现代工程项目财务风险与审计研究

熊明良　吴航宇　简路鹏　著

中国商业出版社

图书在版编目（CIP）数据

现代工程项目财务风险与审计研究 / 熊明良，吴航宇，简路鹏著. -- 北京 : 中国商业出版社，2023. 12
ISBN 978-7-5208-2824-6

Ⅰ. ①现… Ⅱ. ①熊… ②吴… ③简… Ⅲ. ①工程项目管理－财务管理－研究②基本建设项目－审计－研究 Ⅳ. ①F284②F239. 63

中国国家版本馆CIP数据核字(2023)第247137号

责任编辑：袁　娜

中国商业出版社出版发行
（www.zgsycb.com　100053　北京广安门内报国寺1号）
总编室：010-63180647　编辑室：010-83128926
发行部：010-83120835/8286
新华书店经销
天津和萱印刷有限公司印刷

*

787毫米×1092毫米　16开　17.25 印张　300千字
2023年 12月第 1 版　2023年 12月第 1 次印刷
定价：88.00 元

* * * *

前　言

随着我国进入深度发展的城市化后期，重大工程建设对拉动内需、促进经济社会协调发展等方面具有显著的推动作用和重要意义。为了确保工程项目能够顺利实施，工程企业应加强对自身财务风险的预防、审计规划与管理，这样才能更好地将企业的发展目标落到实处，只有不断地加强企业的财务安全管理、财会审计管理，才能让企业发展得更快，走得更远。

现代工程项目的财务风险与审计主要包括资金管理、资产管理、成本管理和税收管理等方面的内容。对工程企业管理者而言，他们应该从这些方面加强对公司财务风险的管控，特别是应该借助专业的财务管理人员以及审计人员来加强企业的战略性和全周期性管理。这样才能让工程企业的项目运作以及日常经营都处于良好的发展状态，工程企业也才能获得可持续的发展。

不仅如此，工程企业的经营是人、财、物的紧密结合。只有人力资源、企业投入的各项资金以及企业投资购买或租赁的机器、设备与原材料等物料都处于适当的配置状态，该工程企业的潜能才能真正发挥出来。毋庸置疑，良好的工程企业经营还建立在完善的风险管理，特别是对财务风险的管控上，只有做好了这方面的管控与审计，才能确保工程项目得到最佳的实施，工程企业的经营风险才能得到最佳防范。

本书第一章对现代工程项目财务风险与审计的基本概念与理论等内容作了简要阐述。第二章从风险评价、风险识别等角度出发，对现代工程项目财务风险评价与审计控制问题进行了深入分析。第三章从全周期财务风险识别角度出发，对现代工程项目全周期财务风险与审计管理问题展开了研讨。第四章从审计管理目标等层面出发，对现代工程项目财务内部审计控制问题展开了探讨。第五章对现代工程项目竣工财务决算审计质量控制问题展开了深入探究。第六章从风险控制体系设计等角度对现代工程项目财务风险控制体系构建问题进行了深入分析。第七章对现代工程项目财务内部审计信息化建设问题展开了深入分析。同样，第八章从案例分析的视角对现代工程项目财务审计展开了深入研究。

付梓之际，百感交集。首先，笔者要对本书所参阅、引用的文献资料的有关研究者表示最诚挚的敬意和感谢。其次，由于研究水平有限，书中难免有疏漏之处，笔者在此恳请广大读者批评指正，以便在今后的研究中进一步加以修正。

本书内容全面，重点突出，简明扼要，可读性、实用性较强，是一本适合财会专业教学的参考用书。

目 录

第一章　现代工程项目财务风险与审计的基本概念与理论

第一节　现代工程项目财务风险与审计的基本概念

一、工程项目

（一）项目的概念及特征

项目是指在一定约束条件下，具有特定目标的一次性任务。它与常规任务之间的关键区别是，项目通常只做一次。项目的基本要素主要有以下四点。

1. 项目的总体属性

从根本上说，项目实质上是一系列的工作，现实项目的具体定义依赖于该项目的范围、过程、对结果的明确要求及其具体的组织条件。

2. 项目的过程

项目是必须完成的、临时性的、一次性的、有限的任务，这是项目过程区别于其他常规“活动和任务”的基本标志，也是识别项目的主要依据。各个项目经历的时间可能是不同的，但各个项目都必须在某个时间完成，有始有终是项目的共同特点。

3. 项目的结果

任何项目都有一个与以往、与其他任务不完全相同的目标（结果），它通常是一项独特的产品或服务。

4. 项目的共性

项目也像其他任务一样，有资金、时间、资源等许多约束条件，项目只能在一定的约束条件下进行。

由上述内容可以看出，项目有其明显的特征：明确的目标，独特的性质，资源成本的约束性，项目实施的一次性，组织的临时性和开放性，项目的系统性和整体性，特定的委托人，结果的不可逆性。项目管理，是一种被公认的成功、高效的管理模式。项目管理从根本上讲就是通过组织和管理采取措施，确保项目总目标，包括费用目标、时间目标、质量目标的优化实现。

（二）工程项目的概念

工程项目是最常见、最为典型的项目类型。工程项目是指为达到预期的目标，投入一定量的资本，在一定的约束条件下，经过决策与实施的必要程序从而形成固定资产的一次性事业。工程项目管理是通过项目组织和项目经理的努力，在有限的资源约束条件下，运用系统的观点、方法和理论对工程项目进行组织、计划、控制、指挥、协调、评价、教育和激励等一系列工作，以实现工程项目目标的活动过程。工程项目管理最为关键的核心要素有以下四个方面。

1. 工程项目质量管理

其是为了确保项目达到客户所规定的质量要求所实施的一系列管理过程，包括质量规划、质量控制和质量保证等。

2. 工程项目费用管理

其是为了保证完成项目的实际成本、费用不超过预算成本。费用管理的过程，包括资源配置、成本、费用预算控制管理等项工作。

3. 工程项目时间管理

其是为了确保项目最终按时完成的一系列管理过程，它包括具体活动的界定、活动的排序、时间估计、进度安排以及时间控制等项工作。

4. 项目组织类型的选择

其应将工程项目的规模、性质、内容、要求等与企业的素质、条件、基础结合起来分析，选择最适宜的项目组织机构，不能生搬硬套某一种形式。与具体工程项目相适宜的项目组织机构是确保项目能够成功的最基本保证。

（三）工程项目的物流与信息流

1. 工程项目中的物流模型

良好的建设项目物流合作系统能够为承包商提供有效的物流供应服务，即在正确的时间、正确的场所为整个项目的建设过程提供最令用户满意的服务。由于所有物流服务环节的承包商都是在合同基础上进行合作，项目物流管理者对合同各方的协调与运作对于一个项目的成功是十分重要的，而对于项目合同的正确计划是建筑企业和用户进行有效的建设项目物流管理的关键因素。

工程项目的物流管理是与工程活动过程密切相关的。在这些与工程项目物流有关的管理活动中，主要物流管理内容包括资源供应（物资资源、设备资源和人力资源）、供应计划、资源配送、资源运输与储存管理等。具体内容则包括控制系统管理、安全安装、安排活动先后顺序和解决工程项目现场多种不同产品的集成管理。

建设项目物流过程可以被分为内部过程和外部过程。外部过程指的是工程项目建设商与它的供应商之间的物流过程；而内部过程则是指建设商与业主、最终用户之间的物流联系。传统的工程项目物流方面的研究一般都集中在工程项目内部物流管理，但是，随着工程项目物流管理研究的不断发展，项目外部物流被上升到与内部物流同样重要的位置。

2. 建设项目的组织信息流传递系统

建设项目的组织信息流传递系统对于工程项目组织管理具有很大的影响。信息流传递系统的延迟可能由以下原因造成：人力资源问题导致的延迟，物流资源导致的延迟，设备安装原因导致的延迟，界面管理产生的信息延迟等方面。调查结果显示，主要引起工程项目信息延迟的因素汇总起来，其中由于信息沟通不畅导致工期拖延的概率约占28%，主要是因为沟通无效或缺乏足够的信息，尤其是从下层分包商到项目管理层的信息沟通延迟后果更严重。

建设项目的组织信息流传递系统可以分为三个层次，五个主要部分。

三个层次：战略层、中间层、操作层。五个大的主要部分支持操作构成，它们分别是战略层、技术结构、中间层、支持层、操作层。操作层实际是工程项目组织目标实现过程中的工作执行层。在工程项目组织中，执行层人员主要是指具体的作业层人员。

以上五个主要部分之间的信息传递构成了组织沟通、决策与达成组织目标的重要因素。了解整个组织的运行情况可以帮助组织确定问题发生的位置和相应的解决办法。工程项目的复杂性决定了项目组织中有大量的信息传递工作。此时，组织结构决定了组织信息流通渠道。同时，由于项目组织还要面对组织内外部所产生的不确定性。组织如何应对不确定性是它的运作是否成功的关键因素。

第一层次：项目所有者或项目的上层领导者。该层是项目的发起者，包括企业经理、对项目投资的财团、政府机构、社会团体领导。其居于项目组织的最高层，对整个项目负责，其最关心的是项目整体经济效益。该层一般分为两个层次，战略决策层（投资者）和战略管理层（业主）。投资者通常委托一个项目管理主持人，即业主，由他承担项目实施全过程的主要责任。他通过确立目标、选择不同的方案、制订实现目标的计划，对项目进行宏观控制，保证项目目标的实现。例如，第一，制定项目战略决策，如确定生产规模，选择工艺方案。第二，制订总体计划，确定项目组织战略。第三，确立项目任务的委托，选择项目经理和承包单位。第四，批准项目目标和设计，批准实施计划等。第五，确定资源的使用，审定和选择工程项目所用材料、设备和工艺流程等；提供项目实施的物质条件、与环境的协调和必要的官方批准。第六，各子项目实施次序的决定等。

第二层次：项目管理者，即项目组织层。项目管理者通常是一个由项目经理领导的项目经理部（或小组）。项目管理者由业主选定，为其提供有效的独立的管理服务，负责项目实施中的具体的事务性管理工作。他的主要责任是实现业主的投资意图，保护业主利益，保证项目整体目标的实现。

第三层次：具体项目任务的承担者，即项目操作层，包括承担项目工作的专业设计单位、施工单位、供应商和技术咨询工程师等。他们构成项目的实施层，主要任务和责任有：一是参与或进行项目设计、计划和实施控制。二是按合同规定的工期、成本、质量完成自己承担的项目任务及必要的管理工作，如质量管理、安全管理、成本控制、进度控制。三是向业主和项目管理者提供信息和报告。四是遵守项目管理规则。

由三个层次、五大主要部分组成的信息沟通系统促进了组织层次之间的沟通协调，如果信息被集中存储起来，完全可以大大提高组织的绩效。信息的精确性与提供的及时性是组织决策过程中的关键因素。组织中信息流通范式说明了一个项目的信息流通途径，可以帮助组织分析问题、解决问题。项目组织可以从减少过程信息的途径数量控制组织中大量信息的产生。

（四）工程项目的特点

工程项目是指为达到预期目标，投入一定量的资本之后，在特定的约束条件下，经过决策和实施的必要程序，从而形成固定资产的一次性事业。即最终成果是“工程”的项目，如建造一栋大楼、一座桥梁、一个工厂或者一个电站等。工程项目集投资和建设活动于一体，其主要特征是一次性、整体性、长期性和风险性。

（1）一次性。工程项目是一次性项目，就其成果来说是单件性的，而且投资额特别大，因此在建设中只能成功不能失败，如达不到项目预期目标将产生非常不利的影响，甚至关系到工程企业的发展。

（2）整体性。一个完整的工程项目往往由多个单项工程组成，每个单项工程又都有独立的设计文件。但在总体设计范围内，各单项工程具有不可分割的联系，一些大的工程项目还有许多配套工程，再加上某些工艺的特殊性。这都要求整个工程项目的建设要有周密的计划，使各个环节紧密衔接，协调进行，保持连续性，一旦开工就不能中断。

（3）长期性。一个工程项目的建设要依次经过投资决策、勘察设计、招投标、施工、竣工验收与决算等多个步骤，且要按照先后顺序依次进行，不能跨越，这就使得工程项目建设的整个过程往往需要较长的时间。一般来说，普通的工程项目需要2～3年，规模稍大的综合性项目往往需要4～5年，甚至更长的时间。

（4）风险性。工程项目在其长期的建设期内，只消耗人力、物力、财力，而没有任何产出，同时会受到诸如环境、地理状况等很多不确定性因素的影响，因此，投资的风险很大。

二、工程项目管理概述

（一）工程项目管理的含义

1. 工程项目管理的定义

工程项目管理，从直观上看，就是对工程项目进行管理。但这种理解只是表面的，我们应通过对其内涵、任务和特点的理解来抓住其本质。

2. 工程项目管理的含义

工程项目管理就是应用项目管理的理论和方法对工程项目决策、实施的全过程进行全面的管理。它是项目管理的一大类，其本质就是工程建设者运用系统工程的观点、理论和方法对工程建设进行全过程、全方位的管理，实现生产要素在工程项目上的优化配置，为用户提供优质产品。

对工程项目管理含义的理解应把握以下三个方面。

（1）管理的主体是多方面的。一般来说，在工程项目生命周期中除业主为了项目的顺利实施而进行必要的项目管理，设计单位、管理咨询（监理公司受业主委托）、从事工程施工的承包商和材料设备的供应商等都要站在各自的立场上进行项目管理，政府有关部门也要对工程项目的建设实施必要的监督管理。本书是站在业主的立场上来讨论工程项目管理的。

（2）管理的对象是工程项目生命周期的全过程。工程项目管理的对象包括项目的投资决策、勘察设计、招投标、施工、竣工验收与决算等全部内容，而不仅仅是其中的某一个阶段，因此，不要把工程项目管理理解为仅局限在项目实施阶段或施工阶段的管理。

（3）管理的着眼点是工程管理。任何一个工程项目都是一个投资项目，如果研究的着眼点在于项目价值形态、资金运动的角度，那就属于投资项目管理的研究范畴，而工程项目管理的首要着眼点是工程管理。

（二）工程项目管理的任务

工程项目管理的具体任务大致包括以下六个方面。

1. 建立项目管理组织

工程项目管理的首要任务是建立项目管理组织，明确各参与方在项目实施过程中的组织关系和联系渠道，并选择合适的项目组织形式，做好项目实施各阶段的计划准备和具体组织工作，建立本单位的项目管理班子，聘任项目经理及各有关职能人员。

2. 费用控制

费用控制即通过编制费用计划（业主编制投资分配计划、施工单位编制施工成本计划），采用科学的方式方法将费用控制在计划范围内。

3. 进度控制

进度控制就是编制满足各种需要的进度计划，把那些为了达到项目目标所规定的若干时间点连接成时标网络图，安排好各工序的先后顺序和开工、完工时间，经常检查计划进度执行情况，处理执行过程中出现的问题，协调各单项工程的进度，必要时对原计划做适当的调整。

4. 质量控制

质量控制是规定各项工作的质量标准，对各项工作进行质量监督和验收，处理质量问题等，它是保证项目成功的关键任务之一。

5. 合同管理

合同管理包括起草合同文件，参加合同谈判，签订、修改合同，处理合同纠纷、索赔等事宜。

6. 信息管理

信息管理的任务是明确各项目参与方以及本单位内部的信息流，信息传递的形式、时间和内容，并确定信息收集和处理的方法、手段。

工程项目管理的核心问题是控制，项目管理组织的建立、合同管理和信息管理的实施都是为了有效地进行项目目标的控制，确保目标即质量好、工期短、投资少的实现，但这几方面的工作是相互关联的，偏废了哪一方面都会影响其他方面的管理，导致项目的失败。

（三）工程项目管理的特点

工程项目管理具有以下四个方面的特点。

1. 目标的明确性

这是由工程项目的特点所决定的。任何工程项目都有明确的建设目的，有明确的工期和投资限额要求，有明确的质量和功能标准。工程项目管理的各参与方（业主、工程咨询单位、设计单位、承包商及供应商）所追求的目标，就是在项目限制条件的约束下，实现项目的总目标。

2. 责任的明确性

任何一个工程项目的实施，首先都要签订各种严谨、合理的工程建设合同（咨询服务委托合同、设计委托合同、施工承包合同等），明确各参与方的责任和义务，并在项目的实施过程中，相互监督和促进对合同的履行；其次是工程项目管理参与方在组建各自的项目管理组织机构时，要根据项目总目标的需要，设置部门和岗位，并明确其职责和任务（当然也要赋予其相应的权力），明确组织中工作人员的责任，制定完备的工作制度，严格履行合同。

3. 管理的复杂性

工程项目管理的复杂性具体包括以下三个方面。

第一，工程项目管理是项目生命周期全过程的管理，项目选择、论证、决策，项目设计、招标投标、建筑安装以及项目运营和后评价，时间范围很长。

第二，工程项目管理系统中参与和涉及的主体是多方面的，有业主及其项目管理班子、受业主委托的工程咨询公司、设计单位、工程承包商、供应商、政府监督管理部门以及各种配套服务部门。这些主体之间的关系，有的是领导与被领导的关系，如业主与上级主管部门的关系；有的是经济合同关系，如业主与咨询工程师、承包商之间的关系；而有的只是工作协调关系，如业主的咨询工程师与承包商之间并没有具体的经济合同。在这样的系统中，管理和组织的涉及面广，协调的难度大。

第三，现代工程项目技术和管理内容的复杂性，工程项目的一次性和固定性，再加上工程施工易受气候、水文、地质等环境因素的影响，也决定了工程项目管理的综合性和复杂性。

4. 管理的科学性

工程项目管理科学性的具体描述如下。

（1）管理思想的科学性。在项目管理理论中，项目被看作一个开放的系统，即系统内部及与环境之间有物质能量和信息交流。由于系统内部各子系统的交互作用，再加上外部复杂因素的干扰，时常使得项目各子系统以不合理的方式运行，使得项目的实施偏离计划指标。所以，为保证项目最终目标的实现，必须对项目运行进行动态控制，及时反馈信息并加以处理，即调整计划、采取措施以纠正偏差。系统理论已成为现代项目管理的思想和哲学基础。

（2）管理组织的科学性。依据现代管理组织理论，采用开放系统模式并运用科学的法规和制度规范组织行为，确定组织功能和组织目标，协调管理组织系统内部各层次之间及系统和外部环境之间的关系，提高管理组织的工作效率。

（3）管理手段和管理方法的科学性。即应用数学模型、计算机技术、管理经验、管理者才能和权威等，将定量分析与定性分析相结合，以实现管理过程的系统化、网络化、自动化和最优化，从而提高项目管理的科学性和有效性。

三、财务风险概述

（一）财务风险的内涵

自20世纪90年代以来，企业发展面临巨大机遇的同时，也存在着许多风险，其中就包括财务风险。现如今，越来越多的企业因忽视对财务风险的防范与管理，导致企业无法跟上时代的脚步而逐渐淘汰。基于此，财务风险的研究与控制越来越受到人们的重视。

1. 财务风险的概念

财务风险是指企业财务活动中存在对企业财务状况有负面影响的因素，从而导致企业的实际收益达不到预期目标的各类风险。一方面，财务风险是指企业因负债经营需按时偿还债务而产生的筹集资金的风险，风险的衡量方式主要是资产负债率；另一方面，财务风险是企业经营中对财务有影响的一切经济表现。企业以货币化的形式暴露风险，也反映了企业的业务风险体系和财务风险控制体系等，能较好地对财务风险进行控制，从而最大限度地保证企业发展的稳定性。纵观企业生产经营的全过程，每一个阶段都可能存在财务风险，从而对企业收益造成不同程度的影响。

2. 财务风险影响因素

财务风险影响因素主要分为外部因素和内部因素。

影响财务风险的外部因素有：企业缺乏完善的财务管理系统，无法满足企业对复杂经济环境的管理需要；因国家相关政策的出台或变化，企业无法及时筹集资金，从而对企业经营有负面影响的融资风险；银行利率的变化，在一定程度上对企业财务风险影响；银行相关政策体系不成熟，没有完善的管理系统，对企业申请贷款的处理工作不及时，从而导致企业财务风险的增加。

影响财务风险的内部因素同样也是多方面的，对其内部因素进行总结归纳，主要有以下三点：第一，财务工作人员缺乏较强的风险意识，不能在企业生产经营中对财务风险进行有效的控制管理，企业财务工作中作出的决策不具备准确性与科学性；第二，企业相关管理机制不完善，具体体现在财务管理内部控制机制、企业存货和应收账款管理机制等存在漏洞，给企业的财务工作带来更大的风险；第三，企业的资本结构存在较大的问题，具体体现为布局不合理，需要企业经营者去加强管理。上述因素都对企业财务风险有不同程度的影响。①

（二）财务风险的分类

随着时代的发展，国内外学者对财务风险的相关研究越来越重视，对其了解越来越深刻，关于财务风险的定义越来越全面和详细。财务风险有以下几种分类方式。

1. 根据财务风险概念划分

根据概念，财务风险可划分为狭义财务风险和广义财务风险。

狭义的财务风险是指企业的不合理资本结构可能带来财务风险的可能性，企业不正当融资的风险使企业预期收入下降。企业的融资结构主要包括债务融资和权益融资，如何合理分配两者的比例是企业管理层必须重视的问题。债务融资比

① 邵立敏，邵立杰，张战友，等. 中小企业融资风险的预警系统研究 [J]. 中国商论，2017（33）：50-51.

例过小，企业就不能充分利用财务杠杆的作用，获取足够的利益；而债务融资比例过大，企业则会面临更大的财务风险，因此企业管理层必须在保持利用财务杠杆获益的情况下合理平衡债务融资和权益融资的比例。

广义的财务风险是指企业由于生产经营中的各种不稳定因素而无法实现预期回报的情况。例如，国家宏观经济政策的调整会引起企业产品结构的变动，进而在调整过程中可能产生一定的财务风险；对自然条件依赖性比较强的农业上市企业在自然环境发生变化时也会随之产生一定的财务风险；市场需求的变动、生产技术的更新换代不及时等也会在一定情况下给企业带来不同程度的财务风险。

2. 根据企业的经营活动划分

按照企业的经营活动，财务风险可划分为融资风险、投资风险、经营风险、现金流量风险、收益分配风险。

（1）融资风险。融资的目的是保证企业能稳定发展，企业主要通过不同的措施来达到筹集资金的目的，一方面是企业发行股票，通过股民购买该股票来筹集资金。另一方面是向银行或其他企业借款，并按期偿还本金和利息。如果由于某种原因无法及时偿还贷款，融资风险就会增加。

（2）投资风险。企业在金融证券的投资或在进行金融业务活动中面临的风险被称为投资风险，其出现的原因是在投资过程中投资实际收益率与预期收益率之间的差距。本书从企业生产的投资入手，重点分析生产性资本投资所产生的风险。

（3）经营风险。经营风险指的是企业在生产经营中因自身技术不先进或对企业认知能力存在缺陷导致企业的实际收益与预期目标有一定差距所产生的风险，经营风险对企业的发展有着巨大的影响，可能会给企业带来巨大的经济损失。

（4）现金流量风险。当企业现金流入和流出的时间不一致时会出现资金风险，理论上称为现金流量风险。要保证企业的正常运转需要充足的资金，即企业从投资、贷款中获得的资金应该多于企业正常业务运转所需的支出，否则将会出现资金链断裂的风险。

（5）收益分配风险。收益分配风险是在企业资本收益分配过程中产生的，收益分配的对象是企业的投资者。如果在企业生产经营过程中，不进行收益分配工作，就会造成企业缺乏凝聚力和工作的积极性，甚至会失去潜在的投资者。但是，一旦收入分配出现失衡，企业在投资以及扩张时就将失去很大的自由权。因此，必须合理分配收入以避免风险。

（三）财务风险的来源

财务风险是指企业财务相关部门不合理或错误的融资，导致财务利润与预期目标存在差距，这种情况的出现是因为企业在生产经营中对各方面因素的分析控制达不到预期效果。在现实中，往往存在委托代理的情况，企业往往在财务数据出现问题时才会考虑对财务风险进行调控。在企业资本运作的各个过程中都会导致财务风险，特别是资金的转入或流出过程，财务风险的形成受到多方面因素的影响，这是导致其形成过程复杂的主要原因。

企业经营管理的环境和企业内部财务管理的现状都可能导致财务风险的形成，甚至会使企业运营中结构发生不同程度的变化，进一步使企业业务结果出现偏差，从而增加财务风险。通过分析框架，我们可以对造成财务风险的各种因素进行分析和归纳，找出原因，从根本上对这些原因进行研究，有针对性地预防和采取有效的措施，降低企业在生产经营中面临的财务风险。

（四）财务风险的特征

财务风险存在于企业生产经营的方方面面，严重影响着企业的高效稳定发展，甚至关系到企业在市场中的生存。财务风险比业务流程中面临的其他风险更为广泛。比较受认可的是中国学者向伟德提出的：财务风险绩效是企业的财务状况。而财务结果的不确定性，则是由于客观商业环境的不确定性以及决策失误等导致的主观风险、组织失败、管理失误。

财务风险是在资本的运作过程中，由于生产经营的各种不确定性因素而产生的。这种观点也得到国际社会的普遍认同。本书立足于广义的财务风险的概念，对工程企业的财务风险进行识别与分析研究。财务风险特征主要体现为以下三个方面。

1. 不确定性

财务风险存在着不确定的特征，这对企业生产经营有着不同程度的影响。与此同时，这些因素也在不断发展与变化，这就使得企业面临的财务风险也充满了变化。在进行资本运作时，财务风险给企业带来的损失是不确定的。

2. 客观性

财务风险是客观存在的，不取决于人类的意愿。它存在于企业发展、公司管理的每个环节，无法采取措施彻底消除，因此在企业发展过程中，只能最大限度地减小这种风险。企业要采取有效的措施来降低财务风险出现的可能性，建立健全各种风险管理系统来降低财务风险对企业的负面影响。

3. 共存性

由于风险所带来的损失是不确定的，无论这种损失实实在在地存在还是有发生的可能性，是否能被量化，都对企业发展起着不可忽视的影响，它可能会推动企业健康发展，也有可能会给企业带来负面的影响，财务风险是具有双重效应的，不能单方面消灭其中一种效应。正是由于这一特性，在某种特殊情况下，财务风险带给企业的损失往往对企业的发展有着不同凡响的效果，为企业创造更大的效益，在一般情况下，这两者共同存在且具有相同的属性关系，即带来损失的程度与带来效益的程度成正比，具体来说，财务风险越低的项目，往往带来的效益也就越低，投资的风险越小相应的回报也就越小。

四、财务风险管理概述

（一）财务风险管理界定

财务风险管理是一种具有相对特殊管理功能的风险管理分支，它的出现和发展与现代科学技术发展以及其他管理经验的丰富和完善密不可分。财务风险管理指的是主体对财务活动过程中面临的风险进行管理的过程，这一过程包括对财务风险的识别、评价以及控制①。通过这一系列的操作，可以有效地减少因财务活动造成的损失，对于提高企业的经济效益颇为有利。

企业财务风险管理是由董事会、管理层等共同实施的价值创造过程，目的是识别影响公司的潜在财务要素并加以防范或控制。财务风险管理的目标是通过各种方法，在尽可能减少财务风险损失的前提下，提高企业经济效益。财务风险管理需要不断地进行完善和改进，需要从发展的角度进行分析和评估，其风险应对策略和方案需不断进行调整。

（二）财务风险管理内容

1. 财务风险识别

只有精准识别出企业出现的财务风险，才能对其进行财务风险管理，此后才能对其进行评价和控制以完成整个财务风险窥探。

财务风险识别的方法主要有定性分析和定量分析两类，有财务比率分析法、

① 丁莹．中小企业财务风险管理问题研究 [J]. 中国储运，2021（12）：141-142.

德尔菲法、专家调查法等。

（1）财务比率分析法。根据可查询到的与该企业或行业相关的准确的财务数据，如企业年报等，通过计算相关的财务指标和其变化情况，找出偶然的不正常的状况，并由此对整个企业的财务情况作出合理的评价。

（2）德尔菲法。德尔菲法也被称为专家意见法。这种评价方法就是邀请几位专业的财务风险专家先对施工企业的财务状况进行实地调研，然后各自独立做出评价结果，最后各位专家一起探讨并得到一个比较准确的评价报告。其主要缺点是不仅工作量很大，而且各位专家的意见很难统一。

（3）专家调查法。通过书面调查的形式收集各个专家的预测意见以进行未来发展的规划。

三种方法的具体优劣势见表1–1。

表1–1　财务识别方法的优劣势

方法	优势	劣势
财务比率分析法	消除规模影响	综合程度低
德尔菲法	成本低 便于集思广益 简单、易行、快速	有一定片面性 工作量大
专家调查法	不受空间、时间限制	可靠性受主观影响较大

根据表1–1，本书最终选取财务比率分析法进行分析，通过对企业的资产负债表、利润表和现金流量表进行分析，了解企业的盈利能力、偿债能力、营运能力、发展能力和现金流量状况，识别出企业存在的风险。此外，根据所识别和分析出的财务风险的状况，推断和探究财务风险产生的背景和原因。

2. 财务风险评价

财务风险评价主要是通过资产负债表、利润表、现金流量表，对企业的财务状况进行分析，重点分析企业的资产状况、负债情况、收益情况，从而判断企业的财务状况是否安全可靠。此外，还可以从财务报表的会计信息中挖掘出企业在投资、经营等方面的内在联系，为企业提供更加准确和有效的决策依据。财务风险评价的方法同样分为定性和定量的评价方法。在理论研究中，通常使用定量的评价方法，结合数据及相关模型进行计算和统计，把风险大小落实在数据上。

单变量判定模型：通过单一的财务比率来评价财务风险。

多元线性判别模型：主要是Z–Score模型，它的形式是：$Z=1.2\times1+1.4\times2+$

3.3 × 3+0.6 × 4+0.999 × 5，有助于选择最佳的财务指标，通过数学计算的方式更加准确。

人工神经网络模型：该方法是动态的财务风险的评价方法，它由一个输入层、若干中间层和一个输出层构成，在使用中可以尽量减少主观性。

功效系数法：这种方法是基于多目标规划，根据标准值将指标划分为区间分类，并计算出指标的评估系数，再根据权重值来获得各种风险的综合系数。

四种方法的具体优劣势见表1-2。

表1-2　财务评价方法的优劣势

方法	优势	劣势
单变量判定模型	指标单一，简单易行	具有一定的片面性
多元线性判别模型	预测精准度高，客观性强	忽视企业的成长能力
人工神经网络模型	避免主观影响	比较复杂，技术要求高，工作随机性强
功效系数法	偏差较小	指标评价标准要求严格

综合来看，工程企业通常将传统的功效系数法用以搭建财务预警模型，但传统的功效系数法存在部分弊端，因此，本书适当调整该模型的不合理之处，将其与熵值法结合搭建财务风险评价模型，从而为工程企业的财务风险预警提供思路和借鉴。

3. 财务风险控制

财务风险控制的目标主要包括两个方面：一是企业在损失发生之前的风险控制目标，二是在损失发生之后的财务风险控制目标。对企业进行风险识别和评价后，对于企业已经出现财务风险的，就需要加快速度采取控制措施加以控制，以减少企业的损失；如果目前没有产生财务风险，应该继续监控企业的财务状况，做好预防工作。财务风险控制的手段有以下四种。

（1）防患财务风险。企业可以在财务活动的各个环节通过防患未然降低风险。例如，在筹资活动中，可提前做好各种筹资方式的风险评估，对于风险较大的方式要审慎；而在投资活动中，可以对投资的项目进行评估，优先选择收益稳定、风险可控的投资项目。

（2）规避财务风险。规避财务风险首先要求企业制订全面的风险防控方案，对企业的经营方案和战略的财务风险进行合理预测，同时与企业实际经营情况相匹配；其次在实施方案时，对方案的执行情况进行实时管理和监督；最后如果发现财务风险的迹象迅速作出调整，如有必要可以停止方案。

（3）分散财务风险。分散财务风险可以理解为稀释财务风险，将财务风险化大为小，通过增加项目的方式将财务风险分散到多个项目上，降低财务风险发生的可能性以及影响程度。通过这个方法，企业可以根据实际情况利用将高风险高收益的项目和低风险低收益的项目组合起来的方法来降低风险。

（4）转移财务风险。转移财务风险是财务风险管理方式中的重要一环，管理者可以通过转嫁风险的方式避免自己承担风险，如联合经营、项目分包等方式。可以这么说，风险转移就是通过签订合同的方式，将商品所有权的风险进行转移，如从卖方转移到买方。

（三）财务风险的计量

1. 财务风险计量的含义

对财务风险的计量其实也是财务风险防范的一种方法，只不过它是从定量的角度出发，能起到一定的预测和识别作用。

2. 计量指标的选定

要对企业的财务风险进行计量，首先需弄清楚一个问题，那就是如何界定计量的对象与范围，即计量指标的选取。虽然评价企业财务和经营成果的指标很多，但是评价财务风险的指标不宜过多，应从重要性、系统性、操作性方面选取以下七个指标，以反映企业的偿债能力、营运能力、盈利能力和成长能力。

（1）营运资本资产率。营运资本资产率=营运资本/总资产。营运资本是投入流动资产的那部分资本，是短期内能变现或运用的资产，因此它在一定程度上反映了企业的短期偿债能力。

（2）长期负债权益比率。长期负债权益比率=长期负债/股东权益。该指标反映所有者权益对债权人权益的保障程度，从另一个角度反映企业的长期偿债能力。

（3）总资产周转率。总资产周转率=营业收入/平均总资产。该指标反映企业的投资总额是否产生了足够的业务量。资产总额的周转速度越快，说明销售规模越大，盈利能力和偿债能力越强。

（4）总资产利润率。总资产利润率=利润总额/平均资产总额。总资产利润率指标反映企业总资产能够获得利润的能力，是反映企业资产综合利用效果的指标。该指标越高，表明资产利用效果越好，企业的活力越强，经营管理水平越高。

（5）主营业务比率。主营业务比率=主营业务利润/利润总额。主营业务比率指标揭示主营业务利润所占的比率。通常来说，该项比率越高，说明企业的盈利越稳定。

（6）总资产扩张率。总资产扩张率=（本年资产总额-上一年资产总额）/上一年资产总额。总资产扩张率反映了企业总资产的扩张程度。通常来说，该指标反映了企业积极扩张的程度，但是该指标过高就包含一些风险，因此该指标需要综合分析。

（7）营业活动收益质量。营业活动收益质量=经营活动产生的现金净流量/营业利润。营业活动收益质量表明了营业利润中以现金形式流入的部分，通常该指标越高说明营业利润的质量越高。

（四）财务风险的类型

由于企业的资金运动贯穿企业生产经营活动的全过程，根据经济主体在财务活动中的逻辑顺序可将财务风险划分为以下四类。

1. 筹资风险

企业筹资方式有两种，分别为债务筹资和权益筹资。就债务筹资而言，其优势是企业若能合理利用财务杠杆则可以减轻企业税负，但企业债务到期时要及时全额偿还。当存在偿还不及时或资金不足情况时，企业将可能面临偿债风险。就权益筹资而言，其最大的优势就在于企业所筹集到的资金在一定程度上能直接转化为权益资金，不存在到期还本付息的压力，但是会存在其他方面问题。如利润的分配等，若不能及时对利润进行分配，将会在很大程度上影响企业的信用，更为严重时甚至会导致企业发生筹资风险。

2. 投资风险

由于财务风险的不确定性以及市场经济不断变化的影响，投资者对被投资项目不能及时获取准确且充足的有效信息，同时投资者自身也可能对投资风险缺乏有效的认识，最终导致投资者获得的实际收益与预期收益相比有一定的差距。因此，投资决策就显得尤为重要，它是衡量投资者能否获得报酬的重要基础。只有作出正确的投资决策才能有效地降低投资风险，获取最大经济收益。

3. 营运风险

营运风险对企业来说至关重要，企业能否健康持续地发展下去，关键在于企业能否正常营运，然而企业正常运营的最大保障是企业的营运资金，此时就需要在资金方面做好相关的管理工作。

企业只有保证资金的正常运转才能维持企业在后期的健康可持续发展。资金是在不断的运动和循环中实现保值和增值，若不能合理配置和有效利用资金，企业将可能存在营运方面的财务风险。

4. 成长风险

随着企业的不断发展，投资者将资本投入企业并不断扩大其规模，目的在于获得相应的报酬，这就要求企业在稳定的环境中不断成长并获得经济利益。在资产营运过程中主要通过总资产增长率、主营业务利润率和利润增长率等指标反映企业成长状况，同时也表明企业在后期是否具有较大发展潜力，并促进企业进一步发展。①

五、财务审计的重要性

1. 财务审计重要性的概念

我国审计准则对重要性的定义是："重要性取决于在具体环境下对错报金额和性质的判断。如果一项错报单独或连同其他错报可能影响财务报表使用者依据财务报表作出经济决策，则该项错报是重大的。"学术界对会计重要性和审计重要性这两个概念理解上的差异主要是各自所处角度不同造成的，对会计重要性的概念界定往往从信息提供方的角度出发，而对审计重要性的概念界定则往往站在信息鉴证方的立场上来讲，两者对重要性的定义本质上都服务于共同的会计报表使用者，因此在概念上两者不存在本质区别。

对财务审计重要性的概念界定还需要对其外延和内涵做到全面准确的把握，这是本书研究的基础和前提。首先，对财务审计重要性的定义完全是基于会计报表来展开的。没有会计报表的相关数据，财务审计重要性水平也就尤从谈起。具体来说，若某一项在会计报表中的错报或者漏报已经达到改变或影响报表使用者判断的程度，则可以认为这项错报或漏报是重要的；反之，则认为

① 施佳慧．国有企业投融资财务风险类型与防控分析 [J]. 财富生活，2023（02）：4−6.

是不重要的。其次，财务审计重要性的概念从本质上讲，与会计重要性概念相同，也是服务于会计报表使用者的使用需求的，重要性概念的应用目的即提高会计报表使用者的使用效果和使用效率，更好地服务于市场需求。最后，财务审计重要性的实际应用差异来自被审计单位的内外部环境的差异。被审计单位因受行业属性、管理结构、财务风险等因素影响，各自的内外部环境各有差异，审计人员在确定财务审计重要性水平时的依据和设定方法自然也应该有所差异，进一步讲，即使对于同一个被审计单位来说，其面临的内外部环境也是不断变化的，审计人员在不同审计期间对财务审计重要性的判断也应当因时而变、适时而定。[①]

2. 财务审计重要性水平的概念

财务审计重要性水平是以金额来评价会计报表错报的具体指标。实务工作当中，财务审计重要性水平要由财务审计人员运用职业判断来评价。具体来讲，财务审计人员需要在审计实践中全面评估被审计单位存在的、来自各方面的风险因素，准确识别财务审计过程中可能引发审计风险的相关风险，从而初步设定财务审计重要性水平，而这个设定必须明确到具体金额。

在审计实践中，财务审计重要性水平实质上是被审计单位对会计信息错报项目（漏报）的最大容忍度——一个临界点，也是衡量一个决策是否失误的具体指标，因此财务审计重要性水平实质上是对错误或遗漏资金多少的量化工具，它是财务审计重要性的定量体现。

财务审计重要性水平的应用目的在于，尽可能地降低审计过程中的审计风险，最大限度地提升审计效率，从而取得最高质量的审计成果。财务审计重要性水平具有贯穿性，具体表现为财务审计人员对财务审计重要性水平的设定或调整的决策贯穿审计工作的始末。如在审计准备和计划阶段，财务审计人员应当以被审计单位各种风险要素的初步评估结果为依据，初步确定财务审计重要性水平。随着财务审计工作的进一步展开，财务审计人员应当以对被审计单位内外部环境更加深入、更加全面的理解为基础，合理评估前期确定的财务审计重要性水平的合理性，并对其进行优化和调整，从而使评价的重要性水平符合实际。在财务审计实践中，如果财务审计人员对财务审计重要性水平的设定过高，超过实际的重要性水平，可能会将本应重大的错报认定为非重大错报，这会使财务审计人员面

① 韦超．对审计准则中的重要性的思考[J]. 现代商业，2017（27）：122-123.

临较大的审计风险。如果财务审计人员把财务审计重要性水平设定得过低，将非重大错报认定为重大错报，将明显增加审计工作的业务量，浪费审计项目小组的资源和精力，进而导致整个财务审计工作效率和效果的劣化。

第二节　现代工程项目财务风险与审计的基本理论

一、工程项目全生命周期管理理论

传统的工程项目管理模式是将工程项目分为决策、实施、运营等几个独立的阶段，为了达到工程建设的目标，对工程建设的每个阶段进行系统的管理。全生命周期理论认为任何事物都有生命周期，寿命都会终结是自然界的发展规律。全生命周期理论在产品管理方面应用得较多，即产品生命周期。

近年来，根据全生命周期理论的思想理念，学者们开始将其应用于工程的项目管理方面。工程项目全生命周期管理理论将工程项目管理理论和全生命周期理论结合在一起，将工程项目的每个阶段关联，使它们相互作用形成一个完整的生命周期系统。

工程项目的全生命周期包括项目计划、项目准备、项目实施、项目完成四个阶段，其中每个阶段又包括若干子阶段。具体每个阶段的特点及内容总结如下。

（一）工程项目计划阶段

这是工程项目的第一个阶段，也就是规划期。这一阶段主要涉及工程项目的需求调研、立项请示、有关部门审核、公司决策、立项批复等内容。

（二）工程项目准备阶段

这一阶段的主要内容是进行设计委托、设计审查、下达设计批复、下达投资计划等工作，这些都是为工程项目的具体实施所做的准备工作。

（三）工程项目实施阶段

这一阶段主要是建设单位完成设计、施工、监理等的招投标，签订各项合同，开展工程施工等工作。这一阶段的最大特点是工程建设环境相对稳定，是工程项目主体工程建设的重要时期。

（四）工程项目完成阶段

这一阶段是工程项目建设的最后环节，在该时期，工程项目的建设结束，需要建设单位提出暂估申请，并及时组织初步验收，使工程进入试运行阶段，最后还需组织工程的竣工验收、竣工财务决算、竣工财务决算审计。为了满足工程项目管理的需要，需明确工程项目建设周期的每个阶段及其内容，使工程审计有更清晰的目标，也有利于切实可行的审计建议的提出。

二、审计风险管理理论

由于风险具有不确定性，因此，对风险进行管理的目的是减少企业的损失或者增加企业的收益。

工程项目审计的风险，也就是在审计工程建设的整个过程中存在的不确定性所导致的不好的后果。根据工程项目建设管理的不同阶段，可以将工程竣工财务决算审计风险划分为可行性研究阶段审计风险、设计阶段审计风险、招投标及施工阶段审计风险、验收阶段审计风险、财务决算审计风险等。

（一）可行性研究阶段审计风险

决策阶段是工程项目的前期计划阶段，也就是规划期。这一阶段的审计风险主要是核查工程项目的需求调研是否真实、及时；需求调研报告是否完整符合标准；立项及立项批复是否经过有关部门审核，是否通过公司决策等内容。做好工程项目决策阶段的审计，对工程项目的财务、经济、环境等方面作出评价，控制审计风险要求有关审计机构的工作人员必须严肃、客观、公正。

（二）设计阶段审计风险

设计阶段的审计风险主要是检查设计文件是否规范，设计概算是否与项目建议书的概算相符，施工图的设计内容是否符合设计方案，下达设计批复的流程及其内容是否合规等。设计文件不符合要求，概算不准确等任何一方面都会导致设计阶段审计风险的产生。

（三）招投标及施工阶段审计风险

这一阶段的审计风险主要来自招投标的程序、过程、结果以及具体施工中的任何一个环节，例如，施工过程中的设计变更、签证资料、隐蔽过程等。审计机构和人员要严格把控有关真实性、合法性和有效性的审计，及时发现审计风险，减少由审计风险导致的审计后果。

（四）验收阶段审计风险

工程项目初步验收合格后需要进行结算审计来确定工程的实际造价，审计机构和人员要对工程变更、现场签证等造价增删资料的真实性、合法性和有效性进行确认和最后把关，结算审计也是审计风险的高发区，审计人员要及时发现影响工程质量及进度的各种审计风险。此外，工程验收的程序及验收的真实性等，均会导致审计风险的发生。①

（五）财务决算审计风险

建设部门和财务部门在工程竣工验收合格后，要编制工程的初步竣工决算报表及决算说明书等资料，这一阶段的审计风险在于审查财务决算是否全面真实反映了竣工项目的财务状况和建设成果，核实整个项目的投资情况和经济效益。

三、委托代理理论

一般认为，委托代理关系产生于企业所有权与经营权的分离，其本质上是一种契约关系。按照委托代理理论的代表人詹森和麦考林的界定，委托代理关系是指一个或多个行为主体雇用另一些行为主体，为其提供服务并支付相应报酬的明确或隐含的契约关系。契约关系是交易主体之间基于平等地位、自愿原则建立的权利义务关系，在契约关系约束下交易主体追求自身利益最大化。委托人与代理人通过互相选择，最终订立契约，便代表他们之间委托代理关系的产生。委托人是契约的主动提供方，但代理人可以接受，也可以不接受委托人的契约。

企业的内部审计和社会中介机构的审计均适用委托代理理论。为了降低代理成本，企业需要进一步加强内部审计以及购买独立的社会审计服务。企业的内部审计部门属于企业自身的职能部门，其目的是对企业所有者的利益进行保障，而社会审计机构属于独立的第三方，它为企业的利益相关者提供服务。随着工程审计的发展，各单位工程审计力量普遍已经不能满足工程审计工作量的需要，目前委托中介机构进行工程项目审计已成为建设单位工程审计的主要方式，这也是解决工程审计力量不足的主要办法。工程项目的完整审计一般包括施工结算审计及竣工财务决算审计，施工结算审计在前，竣工财务决算审计在后，而且竣工财务决算审计过程中还需要对施工结算审计的结果进行复核。

一般实施施工结算审计的中介机构主要是工程造价咨询单位，实施竣工财务

① 汪振纲．风险管理审计理论述评 [J]. 会计之友（中旬刊），2010（02）：55–57.

决算审计的中介机构主要是会计师事务所。建设单位与中介机构之间的权利义务主要依靠双方自愿签订的审计业务约定书来界定。

工程项目的建设单位为了得到审计结果，将审计工作委托给中介机构，这使得建设单位与中介机构之间形成了委托代理关系。中介机构的审计人员以独立的身份进行审计，对工程项目的财务报表及报告进行审查，发表意见，使工程的财务状况及建设成果得以如实反映，以保证双方委托代理关系的存续。

四、成本效益理论

如果对内部控制和财务报表分开进行审计，审计人员则需要针对企业内部控制审计及其财务报表分别开展审计工作，并分别给出审计结果及报告。而现在的整合审计则是审计人员实施审计程序开展整合工作以获取、评价证据的数量和质量，得出最终结论，也即把两种方法作为一个整体同步进行。在单独进行审计的情况下，内部控制审计与报表审计分开进行的重复性工作不仅给企业带来了不必要开支，还给审计人员增添了工作压力。同时，财务报表审计这一审计方式无论在理论或者实务方面都已经比较成熟，其审计的相关程序和方法大同小异，成本也相对稳定。因此，如果将两种审计方式进行整合，在工作中交叉运用，将两种方式得到的证据和得出的结论相互印证，可以减少两者的工作量，从而减少工作的成本和费用。

五、协同效益理论

从审计这一工作本身的目的可以看出，它是为了其所审内容没有重大错报或缺陷而给出的合理保证，只不过报表审计是对报表作出保证，而内部控制审计是为内部控制作出保证。因此，两种工作的最终目标均是得出有用的高质量的审计报告，提高相关信息的可靠程度，为相关信息的使用者提供有意义、有价值的信息与线索，提高其决策的可行性，二者最终的落脚点可以说是相同的。

审计人员在进行报表审计的时候，需要熟悉审计单位的相关情况及环境，其中就包括内部控制，如果打算运用内部控制则需对其进行相应的测试，通过两种方式得到的证据可以相互佐证并运用。在开展报表审计的时候，审计人员可以通过内部控制审计得出的相关信息，判断是否存在内部控制相关缺陷对整个审计过程产生影响，必要时考虑是否对相关测试的时间安排和范围等作出调整；在进行内部控制审计时，审计人员要对其判断的报表错报对内部控制有效性可能产生的影响保持警觉，以及对报表审计的实质性程序等相关问题可能导致的结果进行判断和评价。因此，审计人员可以通过其在一种审计过程中得出的相关结论，判断审计工作当中的关键要素和可能存在重大及相关风险的地方，同时他们又可以将审计资源和重点安排集中在该领域和事项中，提升其指向性和整体工作的效率，为另一审计工作的开展提供相关信息和线索，并指明方向，进而提升整个审计工作的效率。

当前，上市公司的实力日益雄厚，规模也更大，交易活动更多，在对上市公司的财务报表进行审计的过程中，如果过度依赖实质性程序，所需要进行收集的资料是比较多的，工作量也是很大的。想要取得预期的目标还存在着很大的困难，而且这种操作方式和成本效益原则的基本要求也是不相契合的，采取这种模式，企业无论是在审计工作资金成本上的开支还是在人力成本上的开支都是比较大的，这就会在无形中增加企业的负担和压力。为此，如果企业能够整合审计的基本方式，借助内部控制工作的优势作用来提升审计的质量和效率，不仅能够降低风险、减少危机，还可以减少审计人员的工作总量。

六、组织管理理论

从对两种方式的结合使用实践不难看出，两种审计方式互相推动、齐头并进。以往单独对内部控制和财务报表进行审计时，两种审计要求在同一时间完成，因此企业会对其报表和内部控制同时审计。如此一来，两项审计工作所花费的时间、成本及资源，包括两项工作的难度，都无形中增加了企业的压力。

为了满足相关信息使用者的要求，审计人员对企业的财务报表和内部控制工作的效益情况进行审计后，需要对其审计报告进行发表，其中审计的意见要尽可能地简化，要让读者更加容易理解，这样也可以不断地提升审计工作的效率。在审计分析的模式之下，还可以让管理责任和审计责任变得更加明晰。对企业的财务报表进行单独审计时，管理层需要履行一定的义务：对内部控制工作进行科学的规划，规避财务报表当中出现虚假行为和不实信息。对报告进行整合，可以让管理层的职责履行情况更加明晰。

另外，出具一份报告能够有效协调内部控制审计和报表审计结论不一致的情形下对使用者产生的歧义。一般来说，在内部控制有重大缺陷的情况下，会对其内部控制出具否定意见。在这种情况下，如果公司进行了相应的调整和修改，则对其财务报告的审计结果不会产生不利影响。相反，单独审计的情况下有两份报告，报告使用者很容易产生疑惑、歧义和误解，为何内部控制存在重大问题，而财务报表却没有问题。以前有过类似的情况发生，一个公司两种审计结论，并且内部控制及其报表的结果还是刚好相反的，这样一来便使相关信息使用者及外界相关行业产生了疑惑和不解。而这一情况如果是出现在整合审计中，则是将其结合成一种报告的形式，不同的是会清晰表明其内部控制是否健全；如果内部控制存在严重问题，这些问题也会影响其报表，但若被审计单位认真对待并进行相应的调整，修正了错误，企业同样可以获得理想的报告结果。如此一来，就能减轻或者规避报告使用者产生的疑惑及误解。

七、全面风险管理理论

企业为了最终实现成本最小化、利益最大化的目标，需要对企业管理的各个环节以及对企业经营时的风险进行评估与监控，这样不仅可以培养企业的风险文化意识，还可以对企业的风险管理体系进行进一步的升级与优化，目前大多数公司的风险管理体系都有管理策略、内部控制等，这也就是常说的全面风险管理。为了企业对于全面风险管理的建立与实施更加科学有效化，企业应该遵循以下原则。

（一）预测先导原则

企业为了对风险进行成功的规避，就要保证在对风险进行预估时，所得出的结果是科学的、准确的。为了达到上述目标，企业在选择实施手段时，要将理论与实际结合，要将公司的发展现状与发展前景结合，这样才能确保成功地规避风险。

（二）权衡轻重原则

企业要将风险进行性质与等级的分类，这样才能在后续的风险管理中，更好地对风险进行评估，企业在制定风险管理策略时，不仅要结合自身的管理方法，还要考虑财务状况。

（三）避免超载原则

企业的管理者对于自身的风险管理能力要有清楚的认知，这样才能保证企业的项目风险不会超过管理者所能承受的范围。

（四）成本效益原则

在对风险进行管理时，不同的方法会产生不同的成本，企业应该将成本与绩效结合，对性价比高的方案进行选择与实施。在对风险进行评估时，如果企业发现最终的风险损失超过了风险成本，那么管理者应该谨慎考虑是否投资该项目。

八、信息不对称理论

信息的不对称理论多应用在经济市场中，该理论的定义是，工作人员掌握的各种信息与实际情况是有出入的。工作人员掌握的信息越多，该公司在市场中的地位就越有利。该理论的主要内容是，在交易双方进行买卖时，售卖方往往比购买方更加了解商品的各种信息与数据，对于商品不了解的购买方，往往会向售卖方询问商品的信息，因此要减少信息不对称问题带来的危害。为了解决市场中的信息不对称问题，政府应该发挥作用。市场不对称状况首先是被应用在经济领域的，但是随着时代的发展，该理论已经成为现代信息经济学的核心内容，因此该理论的适用范围也越来越广。

在企业的财务风险管理中，信息不对称主要是指会计信息不对称，企业选择不同的会计方法都会使会计的报表信息在披露时偏向不同的信息使用者，进而造成财务风险，企业管理者要高度重视，积极加以妥善处理。

第二章　现代工程项目财务风险评价与审计控制

第一节　现代工程项目财务风险评价与审计控制概述

一、工程项目财务风险评价概述

（一）财务风险评价界定

1. 财务风险评价的定义

财务风险评价是专业风险评估机构通过构建完善的财务风险评价模型，输入施工企业的财务指标数据信息，对公司的财务风险指标进行综合性量化分析，最终得出被评估企业的财务风险评价报告。财务风险指标主要有资产负债率、速动比率、总资产报酬率等。

2. 财务风险评价的内涵

财务风险的评价主要从定性和定量两方面进行。就定性方面而言，有较大主观因素存在，但更容易计算并直观表现。而定量主要是将相关指标与标准值比较后赋予数值，将其量化，从而通过计算得出结论，但一个明显的弊端就是在一定程度上忽略了外部影响因素，导致评价结果不能全面反映企业财务风险的大小。目前，企业财务风险评价更多使用定性与定量相结合的方法，以更加全面地反映企业财务风险。

（二）工程企业财务风险评价的基本目标

工程企业财务风险评价应该能够回答项目投产后的盈利能力、清偿能力及生存能力、风险大小等问题，因此，工程企业财务风险评价的基本目标具体如下。

1. 了解项目的盈利能力

主要是在考察项目建成投产后所产生的收入、成本、利润及税金等基础上，通过一系列反映项目盈利能力的指标的计算，并根据指标值判断拟建项目建成投产后的盈利程度。

2. 了解项目的清偿能力

这一方面包括项目收回全部投资的能力，即项目的财务清偿能力，项目的这种能力越强，投资者收回全部投资的时间越短；另一方面还包括项目建成后对建设过程中借款的偿还能力，即项目的债务清偿能力，项目的这种能力越强，偿还全部建设投资借款所需要的时间越短。工程企业财务风险评价在估算投资资金、安排资金来源及还款计划等的基础上，通过一系列反映项目清偿能力的指标的计算，并根据指标值可以判断项目的清偿能力有多大，是否足以支撑项目顺利运行。

3. 了解项目的风险情况

工程企业财务风险评价通过对项目的不确定性进行分析，可了解项目的风险水平，提出应对风险的策略，以保证项目的顺利实施，并取得良好的综合效益。

（三）工程企业财务风险评价的基本原则

企业财务风险是一个科学严谨的过程，在开展工程企业财务风险评价之前，要确定如下评价原则。

1. 系统性原则

各指标之间要有一定的逻辑关系，它们不但要从不同的侧面反映工程企业财务风险的主要特征和状态，而且要反映工程企业财务管理的内在联系。

2. 典型性原则

务必确保评价指标具有一定的典型性，尽可能准确反映工程企业财务风险的综合特征，即使在减少指标数量的情况下，也要便于数据计算和提高结果的可靠性。

3. 科学性原则

各指标体系的设计及评价指标的选择必须以科学性为原则，能客观真实地反映工程企业财务风险的特点和状况，能客观全面反映各指标之间的真实关系。

4. 可量化原则

在指标选择上，要特别注意在总体范围内的一致性，指标体系的构建是为科学评价工程企业财务风险服务的，指标选取的计算量度和计算方法必须一致，各指标尽量简单明了、微观性强、便于收集。

5. 目的性原则

设计企业财务评价指标，首先应当目的明确，既充分反映主办企业的投资者的根本目的，充分考虑企业对有关各方利益的保障程度，还要能综合衡量企业的社会效益。

6. 全面性原则

作为企业财务评价指标，要能衡量企业财务状况、经营成果和资金变动方面的全貌，而不能顾此失彼。

7. 动态性原则

为了准确地评价企业的生产经营情况，还必须考虑企业未来的生存与发展能力，即用动态的观点来对企业进行分析与评价，而不能仅仅依据企业某一时点或某一时期的资料来进行分析判断。很显然，现有的评价指标体系尚缺乏这一方面的考虑。

8. 可操作性原则

用于分析和评价企业财务情况的各项指标所需的资料必须易于取得。否则，指标再好，也会由于无法获取相关的资料而缺乏实际应用价值。

9. 深入性原则

设计企业的生产经营与财务状况的指标体系，不仅要能使人们从中得出对企业各有关方面的一般性评价，而且应有利于人们进行进一步分析，做到由此及彼、由表及里，使人们顺藤摸瓜、层层深入，真正找出企业所存在的问题及产生问题的原因。当然，用于评价工程企业财务风险评价的外部指标，尚无法遵从这一原则的要求；但如果将企业内部的分析与评价指标，用于对企业进行彻底的分析与评价，就必须考虑这一原则。

（四）工程企业财务风险评价的主要内容

工程企业财务风险评价主要是利用有关基础数据，通过基本财务报表，计算各项财务评价指标，进行财务分析。在进行财务评价时，通常按照以下步骤进行。

1. 基本财务数据分析

项目财务基本数据主要包括项目投资、成本费用、销售收入、税金、利润以及其他与项目有关的财务数据等，分析项目的财务基本数据就是要对这些内容进行测算分析，为整个工程企业财务风险评价奠定基础。

2. 基本财务报表分析

财务报表是在财务基本数据分析与估算的基础上编制的，它是对项目进行财务评价指标分析及不确定性分析的基础。工程企业财务风险评价中所需要编制的财务报表主要包括投资估算表、资金筹措和使用计划表、成本费用估算表、借款还本付息表、销售收入估算表等辅助性财务报表及财务现金流量表（全部投资、自有资金）、损益表、资产负债表等基本财务报表。

3. 计算财务评价指标

工程企业财务风险评价指标主要包括反映项目的盈利能力和清偿能力的指标。依据《建设项目经济评价方法与参数》的规定，反映项目盈利能力的指标主要包括投资利润率、投资利税率、静态投资回收期、资本金利润率等静态指标以及财务净现值、财务内部收益率、动态投资回收期等动态指标；反映项目清偿能力的指标主要有项目借款偿还期、资产负债率、流动比率、速动比率等。

《建设工程企业财务风险评价参数》主要公布各行业的投资平均（基准）收益水平，为项目提供权威性的参考标准。将财务评价指标值和相应的基准财务评价参数相比较，就可以判断项目在财务上是否可行。

4. 进行不确定性分析

所谓不确定性是指投资项目的未来与目前预测之间的偏差。由于工程企业财务风险评价所需要的大部分财务数据都来自预测，与项目未来现实不可能是完全一致的，这就需要对项目进行不确定性分析，以预测一些主要因素发生变化对工程企业财务风险评价指标的影响程度，进而加强项目经营管理。不确定性分析主要包括盈亏平衡分析和敏感性分析等。

5. 得出财务评价的结论

在上述分析的基础上，将所计算出的财务评价指标值与财务评价参数进行比较分析，以判断项目的盈利能力、偿债能力，并根据项目的不确定性分析对项目实施的风险水平作出评价，综合分析，最终得出工程企业财务风险评价的结论，评价该项目在财务上的可行性和合理性。

（五）工程项目财务风险评价的作用与意义

1. 工程项目财务风险评价的作用

（1）诊断作用。财务风险评价对工程企业的财务风险具有一定的诊断作用，工程企业可以依据财务风险评价结果追溯出现异常财务状况的项目，从而及时对相关的财务环节进行诊断，并剖析其产生的根源，进而采取针对性较强的防控措施，最大限度降低风险的危害程度。

（2）防御作用。工程企业在财务风险发生后应该结合其危害程度进行综合性评价，尽管该评价是事后评价，不具备前瞻性和诊断性，但是对其进行科学合理评价有利于工程企业衡量和识别今后工作中的潜在风险。因此，工程企业不仅要详细记录和分析已发生的财务风险，而且要在总结经验教训的基础上不断完善财务风险管控体系，防止以后类似风险再次发生，进而有效提高工程企业的财务风险防御能力。

2. 工程项目财务风险评价的意义

工程项目财务风险评价的最终目标在于项目在最短的时间内以最小的成本投入获得最大的收益，即最大限度地追求项目效益。因此，工程项目财务风险评价对项目投资主体及其他机构和个体都具有十分重要的意义，主要表现在以下三方面。

（1）企业进行项目投资决策的重要依据。投资主体进行项目投资主要是为了盈利，因此，他们需要对项目的未来盈利能力及风险水平作出判断，而工程项目财务风险评价可以对拟投资项目的盈利能力及风险水平进行系统分析，从而为投资主体的投资决策提供科学的依据。

（2）有关部门审批拟建项目的重要依据。投资项目的财务效益如何不仅与企业自身的生存和发展息息相关，而且会对国家财政收支状况产生影响，还关系着整个社会的资源配置。因此，有关部门在审批拟建项目时，必须将财务效益作为项目决策的重要依据。

（3）金融机构确定是否批货的重要依据。作为经营货币资金的特殊企业，金融机构经营管理的主要目标是盈利，而大部分投资项目具有数额大、周期长、风险大等特点，这就要求金融机构通过对项目进行财务评价研究和风险分析，全面了解并科学地分析拟建项目的贷款偿还能力，进而确定是否予以贷款①。

二、工程项目财务风险评价方法

对财务风险进行客观评价主要有定性和定量两种方式，具体评价方法主要有以下五种。

1. 单变量模型判别法

单变量模型判别法就是仅用一个财务指标的数据信息来评价预测企业财务危

① 王勇，方志达．项目可行性研究与评估 [M]. 北京：中国建筑工业出版社，2004：78.

机。这种方法的最大优点是操作性极强；其最大缺点是单一财务指标往往比较片面，不利于管理层全面了解施工企业的财务状况。

2. 多元线性判别法

多元线性判别法是利用被评价企业的多个财务指标构建评价模型，然后依据其各项财务指标的数据信息对企业财务风险进行综合性评价。最常用的是Z计分法，这种方法的最大优点是精确度非常高；最大缺点是由于需要严格的方差和协方差，其可行性不高。

3. 层次分析法

层次分析法就是对工程企业的多项财务指标进行定量分析与定性分析，最终得出综合性评价结果。这种方法的具体步骤分为以下六步：第一步，明确层次分析的课题内容；第二步，构建评价指标体系，主要有目标层、准则层和方案层；第三步，构建两两比较的判断矩阵；第四步，分别计算出各层次指标相对于准则层的权重分值，并对其检验和排序；第五步，分别计算出各方案相对于目标层的排序权重分值，并对其进行排序；第六步，依据各种数据信息对工程企业的财务风险作出综合性评价。这种方法的优点是不仅适用范围较广，而且具有极强的可操作性。

4. 功效系数法

功效系数法是一种多运用于对研究对象公司的相关指标进行衡量和数理规划的定量财务风险评价方法。功效系数法把研究对象公司的相关测算指标划分成上下两个档位，根据计算公式的要求综合使用加权的数理方法，整体测算出研究对象公司的财务风险综合评价系数，依托其等级水平划分结果对研究对象公司的财务风险状态展开评价。

这样的评价过程能够帮助评价信息的使用者，客观地审视所评价公司的财务风险状况，更加客观科学地获得其评价结果。

5. 熵值法

熵值法的运用最初源自对多个数理指标的离散程度大小进行判别的数学方法。把熵值法引入对研究对象公司的财务风险评价时，最重要的就是明确得出评价指标的信息熵，当所需评价指标的信息熵越大，证明该指标的作用越小，也就说明需要评价的指标权重较小。反过来讲，指标的信息熵较小时，权重反而较大。熵值法的合理运用能够使评价的过程更科学和更客观，能够形成相对成熟的评价结果。

本书涉及的工程企业财务风险评价问题，是对某一事项的定性评价。层次分析法特点鲜明，具有极强的可操作性。因此，本书使用层次分析法对工程企业的财务风险进行综合评价。

三、现代工程项目财务审计控制及方法

（一）财务风险控制的概念

财务风险控制的定义是企业为了对资金运用中可能存在的风险进行监督与控制，进而采取一定措施，这不仅可以使财务风险不断降低，还能将不确定的因素减少。这不仅可以实现对财务风险的控制，还可以达到预期目标的收益最大化。

（二）工程项目财务风险控制的方法

对财务风险进行控制可以从制定相关的制度入手，也因为目前对财务风险进行控制是大多数企业都会进行的一个方面，随着时代的进步，目前工程企业也会运用技术手段对财务风险进行控制与管理。笔者整理了大量的资料与文献，发现目前学者对于技术手段的分类大致有以下五种。

1. 分散法

其指的是公司将自身具有的风险通过一定手段转移给接收方，从而降低自身风险的做法。举例来说，当企业开始实施项目时，如果该项目的实施风险较大，该企业就会选择其他企业作为合作伙伴，进行利益与风险分享，进而降低自身所承担的风险。

2. 回避法

回避法就是常说的对财务风险进行规避。工程企业在开始实施项目前，会对项目中的风险进行评估，为了更好地对项目进行评估，许多企业会采取风险评估体系，该体系对不同的财务指标对风险的影响有着具体的衡量方法，通过后期的手段将风险的等级程度降到最低。举例来说，工程企业可以对项目中的风险进行实时监控，将项目进行具体的细分，对每个细分的内容进行风险评估，对每部分的内容都选择风险最低的实施方法，这样可以对项目的财务风险进行有效的规避。

3. 转移法

即企业将财务风险转嫁到别的企业或个人，在风险转嫁过程中，各企业不

能利用欺诈手段给企业或他人带来损失，应以合法的手段降低成本及损失的同时提升集中管理与承担风险能力。公司也能够采用保险或非保险的方式，把不需要的风险转移至二级市场。保险转移，即将企业的风险转嫁至保险公司，通过支付保险金额来减轻其自身的风险；非保险转移，是通过其他方式对企业财务风险进行转移。企业可以在不积累高集中度风险交易项的情况下，提高其初始风险承受能力。

4. 降低法

即为了降低风险产生的概率或损失而采取的行动。通常情况下会结合多种风险控制手段来降低风险发生的概率，运用多种方法对公司抵御损失的能力进行巩固提升，通过制定风险管理制度、实施风险控制措施等手段可以有效抵御企业风险带来的损失，降低其发生的可能性等。但通常实施此法所需的成本也较高。

5. 接受法

即风险承担，指的是在企业存在风险且风险程度在可接受范围内，或是采用其他方法处理风险会造成成本高于收益的情形时，企业通常选择承担此风险。风险接受法具体操作中包括两种含义：一是理性承担风险，企业提前便对风险的大小和可能造成的损失进行了预估，划分出了相应补偿资金，当损失发生时便进行相应补偿；二是非理性承担风险，企业事前对风险认知缺乏以及无法确定相应损失，面对风险时只能被动承受风险带来的后果。这种操作方式极易引发资金周转问题，为企业带来巨大财务风险。公司在实施风险承担的操作时，可设定专项的风险储备金，或直接把风险损失摊入成本，抑或用费用来冲减收益。

第二节 现代工程项目财务风险识别与成因分析

一、工程企业财务风险识别

企业进行财务风险识别的目的是及时发现对企业发展造成障碍的不利因素，现有的财务风险识别方法有很多，可以帮助企业树立全局意识，帮助企业通过分析其财务风险的影响因素，对企业发展面临的风险有一定的了解，为今后的风险防范打下坚实的基础。①

① 吴远志．建筑工程企业财务风险测度及防范研究 [D]. 上海交通大学，2018：13.

（一）盈利能力风险识别

首先应深入地分析该公司的盈利能力，以准确地识别企业自身存在的盈利风险性，而所谓盈利能力是指其取得一定的利润，并且实现良好的经营成果的具体能力水平。该项指标会对企业偿债及盈利等的风险有显著的影响。如果有比较强的盈利能力，具有更高的经营水平，将有能力获得更高的利润，将会相应地降低企业的盈利风险性。在进行盈利能力评价的时候，主要涉及资产报酬率以及销售利润率等多个指标，其中，前者是指在企业的总资产余额均值中净利润所占的具体比例，该指标能够清晰地体现出资金投入之后所获经济利润的具体能力水平。后者指净利润/企业营业收入值，该指标清晰地体现了实现经济利润的具体能力水平。净资产等于企业总资产减去企业的总负债之后所得的值；而企业的净资产收益率所指的则是在净资产当中净利润的实际占比。它清晰地体现出了企业通过其自有资金来实现净收益的具体能力水平。

管理者可通过上述指标来分析本企业的盈利风险。为此，管理者应当深入地分析研究营业的利润以及收入等相关数据，可通过利润表相关数据来获知企业自身盈利能力的高低程度。通过整个利润表中的相关数据可知，其在全年中开展各类经营时所取得的盈利水平以及整体效益的状况。

（二）营运能力风险识别

企业开展营运风险识别的过程中，着重针对的是其营运的能力，所用的指标包括总资产、流动资产、存货以及应收账款等方面的周转率。而企业的应收账款周转率主要是指营收与应收账款净额之比，如果该项指标较大，则意味着有更高的应收账款管理水平，此外企业也有更强的应收账款变现能力。而其中的存货周转率是指企业营业成本与存货余额均值之比，如果其值较大，就意味着存货可以使企业具有更快地获得现金的效率。企业的流动资产周转率，实际上为在企业的流动资产余额均值中其营收的占比，如果该项指标较高，则将会有更低的营运风险。最后，企业的总资产周转率指的就是企业的营业收入与企业自身总资产余额均值之比。

工程企业应该不断加强内部管理，提高资产利用率，重视“两金”占用问题，加大清收力度，提高资金营运效率。

（三）偿债能力风险识别

工程企业在实际的运营中需要考虑各种风险因素的影响，避免给企业带来损失。基于财务的角度，在构建风险分析模型中，主要通过各种关键指标进行评估。结合实际，本书选择了债务偿还能力作为研究对象，现分别从长期偿债能力以及短期偿债能力进行分析。债务在公司的经营中占有重要地位，涉及的相关财务指标较多。其中和短期偿债能力有关的包括两类：一为速动比率；二为流动比率。和长期偿债能力有关联的主要是资产负债率。现分别对以上概念进行分析，从而完成工程企业的风险评估。企业的流动资产除以负债得到的结果就是流动比率；企业的流动资产减去存货后的数值除以负债，得到的数值就是速动比率。以上两项指标的数值越大，表示企业承担债务风险的能力越强。一般情况下，速动比率和流动比率的结果存在下述两种情况，就能表明企业的偿还负债能力处于较高水平，而且也能说明企业经营中的资金流能够有效运转，并且为经营提供了强有力的资金支撑。企业总负债金额除以资产金额的结果就是资产负债率。此结果能够对长期债务的偿还水平进行分析，通常此数值越小，风险指数就越低。

假设下面就是某工程企业资产负债表的部分数据，我们可对该公司短期偿债能力和长期偿债能力等相关财务数据作出以下统计分析。

1. 某工程企业短期偿债能力分析

表2-1　某工程企业短期偿债能力分析

年度	2016年	2017年	2018年	2019年	2020年
流动比率	1.14%	1.12%	1.11%	1.13%	1.09%
速动比率	0.63%	0.69%	0.67%	0.72%	0.92%

由表2-1可以看出，某工程企业的年度流动比率和速动比率存在较大的差异，说明在短期偿债能力上较弱，如果不能加以控制会产生较大的风险。结合具体的数值分析，从2016年到2020年流动比率的最高和最低值分别为1.14%、1.09%；两者之间的差异仅为0.05%，基本上能够保持平衡，上下浮动不大，说明资产和负债之间的数值接近。相对来说，资产的总额不高，必然会降低偿还债务的能力。从速动比率的数值上看，除了2020年的结果为0.92%，其他年份的数值均在0.7%上下波动，表明流动负债如果使用变现强的资产进行偿还，能力明显不足。经过分析2020年的数值结果发现，其增长的原因主要是受到了流动负债减少的影响。

因此，基于上述分析，为了降低风险，工程企业应在管理上提升，保证存货以及应收账款的正常流转。

2. 某工程企业长期偿债能力分析

表2-2　某工程企业长期偿债能力分析

年度	2016年	2017年	2018年	2019年	2020年
资产负债率	0.73%	0.79%	0.81%	0.85%	0.91%

从表2-2可以看出，某工程企业的资产负债率从2016—2020年由0.73%增长到0.91%，该指标呈现出了不断增长的趋势。根据上述分析可知，一旦此项目的数值增大，势必会增加企业偿还债务的风险，同时也表明企业应对长期债务的能力下降。另外，调查的结果还显示，长期债务在工程企业中的占比为10%，和短期债务相比，形成了明显差异。这种结构上的失衡很容易提升工程企业的偿债风险系数，使短期内的偿还债务迅速增加，给该企业带来很大压力。因此，偿债风险受到结构不合理的影响，会产生一系列不良反应。

（四）发展能力风险识别

工程企业的风险识别基于长期发展能力的评估，采用了和上述类似的方法，确定了几个关键性的财务指标如营业收入增长率、营业利润增长率。分析工程企业的发展能力，从而完成对发展风险的识别。

1. 营业收入增长率情况

在企业的经营指标中，营业收入属于关键性的指标。根据将本年收入增加/减少额同往年收入数据相比得出的数值，就能对企业的发展能力进行评估。在实际中通常用营业收入增长率来表示，其计算过程和上述表述相同，通过此数值还可以对企业的成长性进行客观评价。

2. 营业利润增长率

企业经营最主要的目的是获取利润。对利润的变动进行评估的指标有多种，其中应用最多的为销售利润增长率。从名称上可以看出其数值结果就是对销售利润的反映。因此，也被定义为营业利润增长率。数值的计算过程为：企业当年营业利润增加值除以往年营业利润总额，然后乘以百分之百。其数值越高，表示企业产生的利润越多；同时也说明企业具有较强的盈利能力。

二、工程企业财务风险成因分析

（一）工程企业财务风险形成的外部原因

1. 宏观经济环境变化带来的财务风险

近年来，随着产业结构的升级以及转型，经济结构逐步发生了变化，经济发展进入新常态，整体朝向平稳过渡。作为传统企业的工程企业在转型期表现出了极大压力，尤其在产业结构的调整中，会面临很多困难，如何保持产业的主导地位成为巨大挑战。同时落后的产能以及过剩的资源也会制约企业发展，优势变成劣势；另外其他外部条件因素也会带来影响，如资金等。

2. 市场供求关系带来的财务风险

近年来，随着社会固定资产投资的增加，工程建设在社会发展中的促进作用越来越明显，在改变人们生产生活的同时，市场需求也随之增加，并在前期的发展阶段中表现出了对量的单一追求。

根据事物发展规律，当量变到了一定程度会产生质变。工程企业的发展也是如此，这和新兴产业的多样化需求有关。尤其在现代发展需求中把节能环保作为重要的内容推行，使得企业必须提高适应能力，加强技术应用，如工程的环保要求、工程质量评测等。此外，工程质量需求提升还包括市场竞争带来的压力。

3. 资本市场的影响

从影响财务风险的因素分析，基于资本的角度，把利率变动作为考虑的主要内容。结合工程企业的经营实际可知，工程项目不仅需要的资金多，而且项目的施工时间长。在资金的运作中需要大量的资本进行调整，一旦出现问题，对财务结构造成的冲击可想而知。在具体的风险分析中可以结合两种不同的途径：一为使用固定利率作为公司负债筹资的方式，利息会随着利率下降而增加；二为使用浮动利率作为公司负债筹资的模式，利息会随着利率上涨而增加。不管哪种形式财务风险发生的概率都非常高。

（二）工程企业财务风险形成的内部原因

1. 财务风险管理专业型人才缺乏

每个公司的财务风险管理都是该公司管理内容中的重点，工程企业在对财务风险进行管理时，要选择具有丰富的风险管理经验以及眼光特别敏锐的工作人员。但是目前工程企业对于财务风险管理不够重视，该管理层也缺乏相应的管理人才，目前公司财务人员虽然具备专业的财务管理知识，但大多数未经过财务风险管理的专业培训，对财务风险管理的概念、流程和方法缺乏深度了解，大部分财务管理人员在对风险进行评估时，需要多方面的资料，如果公司仅能提供有限的数据和信息，那么工作人员对风险的评估是不专业的。这也就意味着，公司不能准确地对项目中所遇到的风险进行预测，因而也无法制定一系列的具体措施，有可能导致公司出现财务管理风险。

2. 财务风险管理不到位、不科学

工程企业对于财务风险的管理不重视，因而也缺乏相应的风险评估机制。通过对工程企业目前的财务风险管理进行调查与研究发现，许多公司对财务风险进行管理时，没有制定相应的风险评估系统，也没有请专门的财务风险管理人员，仅仅依据领导层多年的经验，或者向业内的熟人打听该项目能否盈利，这种做法在一定程度上是可以发挥作用的，但是对于风险的识别并不完善，风险评估的依据也较为缺乏。为了能够更好地对财务的风险进行评估，管理层应该对工程项目进行预先的风险识别，进而确定已知的风险，在此基础上，对项目的财务风险进行研究与分析。简言之，工程企业每年要接的工程项目不计其数，如果没有完善的风险识别系统，那么就不能对每个项目的财务风险进行识别与控制，这对于企业盈利来说是非常不利的。

对于财务风险的管理与控制手段较为单一，没有将风险防范意识在全公司普及。调查发现，部分公司的财务风险控制手段，主要通过限制员工的操作权限并结合员工的考核成绩来完成。对于表现良好的员工给予奖励，对于表现不好的员工则给予严厉处罚。

3. 投资风险管理体系未能有效运行

没有提供部门之间交流合作的机制。例如，某工程企业在对财务风险进行控制时，主要对象有两个：公司的经营管理层与财务部门。管控的实际过程为财务部门将公司的财务状况制成表格或报告的形式定期上报公司管理层，公司的管理层在查阅后，会与财务部门的总监进行财务状况的分析，进而制定公司的下一步发展策略。由上述所说就可以知道，该公司认为，对财务风险进行管控，不需要每个部门都参与，只需要管理层与财务部门合作交流即可。这种做法的缺点是：公司对于风险的预估不全面，并且财务报表也具有一定的滞后性，如果在此期间发生风险状况，那么公司将无法补救。举例来说，工程企业在与其他公司进行合作时会签订合同，如果仅仅是管理层与财务部门参与，由于这两个部门不了解合同应该注意的事项，就可能导致条款对本公司不利，但是如果工程管理部门参与，就可以有效地对合同中的纰漏进行纠正与改进，进而保证公司的收益。

没有对财务风险制定相关的监督体系。公司内部的审计机构不仅可以对公司的各个部门进行监督与管理，还可以使公司对于风险进行更好的评估与控制。因为目前工程企业并没有设立专门的机构对财务风险控制机制进行监督，所以这不仅影响公司进行动态化的结构升级与改进，还不能及时地对重大问题进行预防与监督，这不仅会增加公司出现重大问题的概率，还会增加公司的损失。例如，公司部门中可能会出现虚开增值税发票的情况，因为没有部门对其进行监督，所以公司只有在被检查时才能发现这个问题，在补缴完税款后，公司才会对各个部门进行严格的监控与管理。

4. 内部会计控制制度不完善

工程公司的内部会计控制制度不够完善。许多公司目前依据的规范还是多年前制定的财务管理制度，该制度不仅不能适应现在的情况，也很少涉及对财务风险进行识别与控制的条例。在对项目公司的工作人员进行随机调查时发现，工作人员在被问及此制度时，大多数人表示完全不知情，只有极少数的财务工作人员知道此制度的存在。这也就说明，工程企业在对财务管理制度进行实施时，实施的力度并不严格。因为该公司的高层对于财务风险都不重视，所以该公司的工作人员关于风险意识也都比较淡薄，这在无形中增加了财务风险的发生概率。

第三节 现代工程项目财务风险评价体系建构与流程

一、工程企业基于层次分析法确定评价指标权重

（一）财务指标选取

企业财务风险抽象而复杂，因而没有使用由风险构成维度和风险来源而构成的评价指标体系，其中，风险构成主要有投资、筹资风险等，这是因为体系

在指标选择上较困难，指标的实施也很难做到量化。财务风险与企业绩效之间存在反向的影响关系，同时，它们维持着不同程度关联性的同时，又存在不同程度的差异性。另外，企业绩效受财务风险的影响，企业绩效的间接表现形式又是财务风险。换言之，无论是财务风险高，还是企业绩效差，对于企业发展来说都是不利的，因为与之分别对应的是企业绩效差、财务风险高。具体表现为：当工程企业存在很多债务时，偿债风险就会很高，进而资产负债率也会很高，因而绩效评价指标就会比较差；当工程企业处于较低的盈利能力时，绩效自然也不好，因而投资风险就会很高。为了更好地选择适合工程企业的指标体系，通过工程企业财务绩效能力，整体考量工程企业指标体系的建立准则以及影响风险的因素，进而从盈利能力、营运能力、偿债能力、成长能力出发，选择出表现最好的相应指标。

企业到期债务的偿还能力就是企业的偿债能力，要想考核企业经营风险的情况，就可以采用偿债能力，由于工程企业负债多，因而评价其偿债能力就很关键。工程企业由于流动资产中的非速动资产比重较大，具体有预付账款、存货等，因而在评价偿债能力时，不适宜采用流动比率

加之，无论是账款回收方面，还是资金链断裂方面，都存在很大的风险，因此，最优良的评价指标除了资产负债率，还有利息保障倍数以及速动比率。

为了及时发现经营管理过程中隐藏的问题，可以评价盈利能力。工程企业具有很高的成本费用支出，而工程收入是主要收入，在生产运营当中，难免会面临各种风险问题，如成本方面的风险，还有合同、环境方面的风险，所以，最适宜工程企业的评价指标除了净资产收益率，还有成本费用利润率、营业利润率。

企业管理资金以及运用资金的能力称为运营能力，对于企业经济效益得到提升以及增强资产的管理，评价营运能力指标起到了助力的作用。工程企业的现有情况就是工程款收回难度大，存货占流动资产的比重大，流动资产占总资产的比重大，所以最适宜工程企业的评价指标除了应收账款周转率，还有流动资产周转率、存货周转率。

工程企业要想扩大自身的实力以及企业的发展前景，就需要具备良好的发展能力。本书选择的评价指标除了净利润增长率，还有总资产增长率、营业收入增长率。

通过上述考量，本书选择的财务指标共有12个，具体如表2-3所示。

表2-3 工程企业财务风险指标

<table>
<tr><th>风险能力</th><th>指标</th></tr>
<tr><td rowspan="3">偿债能力</td><td>速动比率</td></tr>
<tr><td>资产负债率</td></tr>
<tr><td>利息保障倍数</td></tr>
<tr><td rowspan="3">营运能力</td><td>应收账款周转率</td></tr>
<tr><td>流动资产周转率</td></tr>
<tr><td>存货周转率</td></tr>
<tr><td rowspan="3">盈利能力</td><td>营业利润率</td></tr>
<tr><td>净资产收益率</td></tr>
<tr><td>成本费用利润率</td></tr>
<tr><td rowspan="3">发展能力</td><td>营业利润增长率</td></tr>
<tr><td>营业收入增长率</td></tr>
<tr><td>总资产增长率</td></tr>
</table>

（二）构造层次分析结构

本书主要采用的方法是层次分析法，对于工程企业的财务风险评价可以划分为三个层面：目标层，阐述了评价指标体系设立的目的，即进行工程企业财务风险评价；准则层，是对指标体系的具体分解，本书选择偿债能力、营运能力、盈利能力以及发展能力四个方面；方案层，即评价的具体指标方案，在明确目标层和准则层的基础上，本书将准则层三个方面进一步细分为12个具体指标。工程企业财务风险的指标体系构成如表2-4所示。

表2-4 工程企业财务风险评价指标体系

<table>
<tr><th>目标层</th><th>准则层</th><th>方案层</th></tr>
<tr><td rowspan="12">工程企业财务风险评价</td><td rowspan="3">偿债能力B1</td><td>速动比率C1</td></tr>
<tr><td>资产负债率C2</td></tr>
<tr><td>利息保障倍数C3</td></tr>
<tr><td rowspan="3">营运能力B2</td><td>应收账款周转率C4</td></tr>
<tr><td>流动资产周转率C5</td></tr>
<tr><td>存货周转率C6</td></tr>
<tr><td rowspan="3">盈利能力B3</td><td>营业利润率C7</td></tr>
<tr><td>净资产收益率C8</td></tr>
<tr><td>成本费用利润率C9</td></tr>
<tr><td rowspan="3">发展能力B4</td><td>营业利润增长率C10</td></tr>
<tr><td>营业收入增长率C11</td></tr>
<tr><td>总资产增长率C12</td></tr>
</table>

（三）计算指标权重

通过分析发现，工程企业财务风险的各项指标比较稳定。因此，在评价体系中，各个指标的权重也比较固定。开展工作之前，要计算出不同指标的权重值，从而便于后续评价工作的开展。通过运用层次分析法，得出各个评价指标的权重，整体评价每个指标的重要程度。本书共邀请财务管理领域专家五人，对指标重要性进行逐一比较，进而利用层次分析矩阵计算指标权重值。专家对一级指标重要性进行两两比较后，形成的判断矩阵如表2-5所示。

表2-5　一级评价指标相对重要性量化值

内容类别	偿债能力	营运能力	盈利能力	发展能力
偿债能力	1	4	3	2
营运能力	1/4	1	1/2	1
盈利能力	1/3	2	1	2
发展能力	1/2	1	1/2	1

经过对指标重要性的多重比较，管理者就可获得工程企业财务风险评价指标的权重，进而展开运营判断。

二、工程企业基于功效系数法评价指标的处理

在进行风险评估指标的处理时，管理者可采用功效系数方法。其实际上就是针对一系列的目标进行筹划，提前将各独立性指标就近设置一个和它较为符合的“非满意”和“满意”等相关的数值，然后通过后者来获得相应的上下限范围，对各指标分值进行运算，进而获得最终的总分值，也就是该企业的实际财力风险情况。利用功效系数算式，具体如下。

$$\text{单项指标得分}=60+\text{功效系数}\times 40$$

$$\text{功效系数}=\frac{\text{该指标实际值}-\text{该指标不满意值}}{\text{该指标满意值}-\text{该指标不满意值}}$$

$$\text{综合得分}=\sum \text{单项指标得分}$$

功效系数方法存在一些不足之处，它无法全面深入地对企业财务风险进行评估，主要是由于其所得综合分值自身的确定性比较低。针对上述存在的问题，在当前的工作中将通过我国关于央企绩效评估的基本程序及方法来进一步优化功效系数评估方法，从而实现下述效果。

首先，评价标准中所对应的等级次序得到进一步丰富。之前的等级次序中只设置了非满意以及满意两种分值，但是在进行了优化之后，则变为了五个不同的等级，具体包括：最低标准分值、较低标准分值、平均标准分值、良好标准分值和优秀标准分值。表2-6中列出了具体的标准。

表2-6　财务风险评价标准系数表

分值区间	标准系数
实际得到分值＜最低标准分值	0
实际得到分值≥最低标准分值	0.20
实际得到分值≥较低标准分值	0.40
实际得到分值≥平均标准分值	0.60
实际得到分值≥良好标准分值	0.80
实际得到分值≥优秀标准分值	1.00

其次，加入了指标标准分析的相关系数。针对综合、相异指标以及单独指标等各自分值进行指数处理，从而得到相应的聚合数据，由此不再采用常规的百分比方式。在采用了该手段之后，评价结果将可以十分清晰地展示企业的财务风险情况。关于该法的算式具体表述如下。

$$\text{上档基础分}=\text{单项指标权数}\times\text{上档标准系数}$$

$$\text{本档基础分}=\text{单项指标权数}\times\text{本档标准系数}$$

$$\text{功效系数}=\frac{\text{该指标实际值}-\text{本档标准值}}{\text{上档标准值}-\text{本档标准值}}$$

$$\text{调整分}=\text{功效系数}\times(\text{上档基础分}-\text{本档基础分})$$

$$\text{单项指标得分}=\text{本档基础分}+\text{调整分值}$$

$$\text{综合得分}=\sum\text{单项指标得分}$$

$$\text{指标分析系数}=\frac{\text{指标得分}}{\text{指标权数}}$$

根据这些关系可知，在功效系数方法被进一步优化之后，将能够更加有针对性地评估工程企业的财务风险，具有更好的精准性。

三、工程企业财务风险评价标准的确定

运用层次分析法来对财务风险指标对于财务风险所具有的影响权重进行评

价。考虑到财务风险的情况，应当将综合性的风险评估分析模型构建起来，为此当前的工作利用了Z模型，首先将其指标权重求出来，将企业的财务风险衡量分析模型全面地构建起来，由此获得公司的财务状况指数。

$$Z=\sum\frac{R_i}{W_i}$$

式中，W_i代表了C_i对于目标层影响的权值大小；R_i则代表了C_i进行了标准化之后所得的值。

结合综合评分的结果以及评语集来进行财务风险的评价。表2-7中详细地列出了该标准的划分。

表2-7　财务风险评价标准划分表

分值区间	标准系数
低风险	W≥90
较低风险	80≤W<90
中等风险	70≤W<80
较高风险	60≤W<70
高风险	W<60

可以发现，如果其分值比60小，就意味着财务风险水平对应于“高风险”的级别；如果其分值处于60到70的范围，就意味着财务风险对应于“较高风险”的级别；如果其分值处于70到80的范围，就意味着财务风险对应于“中等风险”的级别；如果其分值处于80到90的范围，就意味着财务风险对应于“较低风险”的级别；如果其分值超过90，就意味着财务风险对应于“低风险”的级别。

实际上，将工程企业近期的（年为单位）财报数据导入加以计算，就能获得该时间段的均值，并以这些均值作为实际值，进而获得标准分值。

四、工程企业财务风险评价结果的分析

利用财务风险评分分析模型来获得工程企业的综合性财务评分值。然后管理者再结合之前所述风险评估划分表格的内容，判断其所属的财务风险的级别。

根据表2-7可知，有两个指标（应收账款周转率以及利息保障倍数）的分值达到100，相较于本行业领域中的其他企业，该企业在上述方面具有良好的表现，因此公司在此方面风险系数较低。

通过验证，管理者将获得工程企业的财务风险状况评价，主要为速动比率

得分分值、流动资产周转率指标得分分值、存货周转率得分分值。然后管理者可根据这些指标分值判断公司的营运能力、盈利能力、资金状态等。如果公司的资产负债率、营业利润率、营业收入增长率、总资产增长率处于低值区间，则公司要及时采取有针对性的措施规避这些风险，以便为后期企业的发展赢得一定先机。

第四节 现代工程项目财务风险与审计控制策略

一、偿债风险控制策略

（一）保证资金持续性

工程企业要做到对偿债风险的控制，首先要实现企业财务的全面预算管理。经过对工程企业的深入研究和分析，从目前来看，工程公司全面预算的编制流程如下。

1. 下达目标

工程企业的董事会设定下一年度的财务预算目标所依据的主要是公司的总体发展战略目标，并且按照这一总体目标及设定的财务预算目标，将具体工作安排到本公司的预算管理委员会，而预算管理委员会则会根据既定目标，将公司的工作要求进行细化分解，然后划分给公司的预算管控办公室或者每一个具体负责的业务部门。

2. 将有关编制向上汇总报送

公司的各个具体业务部门，参照公司的预算管控办公室下发的公司既定预算目标，按照统一的编制标准和规定，制定符合本部门工作实际的具体预算情况，然后对在编制过程中发现的不足和难点进行适时汇总，第一时间上报给公司的预算管控办公室。

3. 对各个部门预算进行审核平衡

在规定时间内，各个业务部门将自己的预算情况报至公司的预算管控办公室，然后由公司的财务单位，根据各个业务部门报送的预算状况及具体执行状况，对所报预算进行系统的评判审定，整个过程及结果都要受公司预算管控办公室的会议质询，同时后者对所质询内容提出意见和建议。

4. 对预算进行审议核准

由公司的预算管控办公室对公司的既定目标进行细化分解，同时报送公司的预算管控委员会审核批准，经后者核准后，依照惯例，在每年10月的最后一天之前，将确定的预算编制规定传达下发到公司的各个相关职能部门，其中，对预算编制的时间、编制的方式方法、编制的程序步骤、编制的原则等都要进行一个统一的部署要求。

5. 将年度预算予以下发落实

由工程企业的董事会，依照公司的总体战略目标，将年度计划预算等内容，告知公司的预算管理委员会。同时，借助公司的预算管理委员会，将各项指标要求传达到公司的各个业务部门。

（二）减少流动负债

偿债风险和流动负债之间存在着紧密的关系，如果企业有偏大的流动负债，则其偿债风险也会更高，如果不能将债务及时还清，则会导致不同程度的财务危机。对于企业来说，如果在过去的三年时间里其流动负债在总负债中有超过99%的比例，实际上，应付账款又在流动负债中占据了主要的比重，那么就需要做好应对账款方面的管理工作，以使企业自身的流动负债减少，使偿债风险得到有效的控制。由此，企业也将会增加自身的信誉，而与外部的合作机会也将更多，促进经营效益的进一步提升，偿债压力也可以得到缓解，而企业的偿债风险也相应降低了。

（三）构建筹资决策体系

1. 进行企业筹集资金需求量预测分析模型的构建

对于企业来说，资金需求的期望值将会对其资金筹集的规模产生巨大的影响，从而使其资金方面的缺口得到合理化解。而该期望值又和企业销售收入的增加之间存在着线性对称的关系，我们应当充分考虑资金的情况进行该期望值预测分析模型的构建，结合销售收入的最高及最低点所对应需求期望值来进行不同类型的资金预测，接着结合销售情况来预测资金筹集规模。①

2. 明确资本结构，评估资金风险

将最佳资本结构形式予以明确，充分考虑资金成本和预期获益的内在联系以

① 姚钦妹．财务分析指标体系在筹资决策、投资决策中的应用 [J]. 财经界，2022（34）：165-167.

对方案进行评价，从而对其能够实现筹集资金风险的有效规避进行评估。首先需将最理想的资本结构确定下来，对企业的综合性资金成本予以明确。而为了获得公司的最佳资本结构，则可参考无差异点分析方法或者是资本成本方法来具体地进行。当企业的资金成本得以明确之后，则需使价值最高。

二、营运风险控制策略

（一）加强应收账款的管理

在企业运营的过程中，如何转变应收账款而得到相应的现金流是非常关键的。工程企业在进行应收账款的优化问题上，需关注下述三方面。

1. 将公司的客户信用制度全面地建立起来

可将信用管理部建立起来，针对公司全体的客户做好信用评级的工作，而且针对其赊销制度来将相应的适用条件构建起来，以避免公司内部的销售部出于业绩达标的目的而不合理地采用赊销方式，由此即可对坏账问题进行有效的规避。

2. 展开全面的账龄分析，构建账款预警警限模型

针对公司的应收账款进行深入全面的账龄分析，而且将相应的预警机制构建起来，而该企业可参考之前的各类数据将坏账损失率、企业应收账款账龄内的关联性全面地建立起来，详细地统计各个年度公司的收回应收账款实际情况，从而进行相应的预警警限分析模型的构建，形成强烈的危机意识，合理地控制好坏账的相关风险，及时地追收存在警报的各项款项。工程企业应收账款预警警限模型如下：$S\times R=Y\times R+Y\times f+F$。

从而得到其账款规模限定模型，具体如下式：

$$Y=\frac{(S\times R_1-F_2)}{R_2+F_1}$$

式中，S代表了扩大销售收入，Y代表了扩大应收账款，R_1代表了销售利润比值，R_2代表了坏账发生比值，F_1代表了收账费用比值，而F_2代表了现金折扣成本等。

在进行了全面的上述分析之后，企业将获得应收账项所具体对应的规模。

3. 构建应收账款风险评估机制

工程企业在对其应收账款进行合理管理和准确评估时，构建以本公司情

况为主的应收账款风险评估机制，风险评估中的相关指标必须与应收账款有直接联系，以便准确判断其隐患，因此应收账款周转比值、货款回收比值、应收账款与日均销售额比值三类指标是非常合适的。其具体表现为：第一，尽快熟悉掌握应收账款的流转速率，可以采用应收账款周转比值这一指标作为判断基础，以年度为时间单位，详细总结出应收账款兑换成货币的频率；第二，借助货款回收比值对工程企业产品销售款项的清收回笼等环节进行评估，不仅可以减少预算并及时止损，还可以提升应收账款的管理水平，除此之外，其还有检测隐患进而提前规划预防措施的作用；第三，通过应收账款与日均销售额比值来计算年度期末应收账款的期限，任何一家工程企业都可以此良好地掌握并控制应收账款风险管控频率。

4. 完善评估指标和考核依据

优化应收账款的催收环节，在公司的相关绩效考核体系中将应收账款催收作为评估指标，改善单一性指标考核依据，对账款回收的评估标准进行合理调整，激发销售人员对于自身业务的主动积极性。

综上所述，公司对应收账款要采取统一全程性管理，其中包括：事先信用评级，运用赊销政策的优势条件，对款项的动态监控和管理、跟踪及预防，事后的绩效考核等。以上每一个环节都必须加以落实，以此保证从公司流出的应收账款都能按期收回，进而加快资金的周转流动效率，减少财务方面的隐患。

（二）加强市场开发布局

第一，市场份额占比与公司运营水平有直接联系，同时还会对公司运营的隐患产生重大影响。工程企业的上级人员需各司其职，严肃落实，面面俱到，致力于增加市场份额占比，进而较好地控制风险。

第二，能够快速增加公司盈利的因素是客户的支持。针对工程企业的实际情况，需重视和客户之间的有效沟通，提高客户的信任感和支持力度，致力于突破现状，例如，在主要项目施工方面构建专门地点、专门人员、联盟委托等多方之间的联系平台，重视国际企业的研发创新，提高品牌知名度，以扩大市场份额。

第三，工程企业需加强自身的实践能力并增加更多的有效经验，协调与合作方的关系，相辅相成，进而扩大双方市场份额，适当增加合理项目业务，例如，策划国际全新的组织团队，进而为公司运营方面提供有效经验。

第四，针对研发市场人员，策划绩效考核体系，将收费和新签业绩作为标准，没有最高和最低限额的规定，进而鼓励员工，激发其积极性，这有助于良好管理并提升运营能力，有效减少财务方面的隐患。

三、盈利风险控制策略

（一）完善投标报价体系建设

科学合理地进行工程投标报价，不仅能够提高公司工程中标率，还能提升公司施工盈利水平，进而为公司增加营业利润。其应做好以下四个方面的工作。

第一，工程企业可规划项目投标报价的相关体系。保证在投资环节中对项目管理预算、工作分配预算、采购预算、上缴利润标准以及预防风险预算等进行确认。

第二，投标成功是促进盈利水平的基础，因此，工程企业需将最大限度上的投标水平、最小限度上的报价作为发展方向，重视前提工作准备。

第三，工程企业需通过全新的施工预算审核体系，在细化项目流程之后对施工预算进行估算，依照公司目前的整体业务情况，对寻常业务环节的工作量、相关人员、原材料以及施工管理数据进行统一性收集并加以整合，进而构建出良好有效的经验数据库，为之后的工程提供有效依据。

第四，工程企业上级人员需重视培育施工合作方。工程企业可依照自身的实际情况以企业规模、实践水平等方面为指标培育不同的合作企业，同时采取相关的有效吸引制度，如向对方提供战略协议、标前协议、质保优惠、付款优惠等，实现双赢。

（二）完善科学的成本管理机制

对于工程企业来说，加强成本控制，要做到以下四点。

第一，控制工程企业成本投入最重要的就是要以财务部门为核心展开管理，建立健全完备的成本控制体系，要求各部门均按照体系要求办事。例如，在研发阶段控制原材料的投入，生产阶段控制成本，销售部门也要参与此过程。保障事前事后的全方位控制，将所有可能会影响公司成本的因素都考虑在内。

第二，各部门间需要加强合作，增加沟通频率，提高办事效率，因为成本控制对于阶段性的信息要求较严格，所以要保证财务部门能够获得其他各部门当前阶段的数据，及时对成本进行控制，如需进行调整要及时将信息反馈给其他部门，保障成本处于可控范围之内。

第三，建立成本控制事后考核机制，要控制工程企业成本就必须从员工入手，确立好考核目标以及制定相应的激励考核机制，从源头控制成本。工程企业在货物交易的所有流程中耗费成本最多的就是管理费用，而占据管理费用比例较高的是运输费，因此工程企业如果要降低成本投入则必须解决运输费高这一问题。可以依据当前阶段的订货量采用科学的方法来找到合适的配送方法，尽量降低成本投入，保障装货的车辆空间可充分利用起来，减少运输次数，根据货物的数量来配备车辆资源。

第四，对物流信息严格把控，完善资源管理系统可有效节约成本，控制成本是公司运营过程中各个阶段都会涉及的活动，只有各部门的员工共同重视此问题才能形成一个良好的成本控制氛围，才能降低公司成本。

四、发展风险控制策略

（一）提升财务人员综合管理素质

1. 员工自身应具有较强的财务风险意识

在公司交易的每一个阶段都涉及资金流动，因此负责此工作的人员应该有较强的风险意识，严格记录每一笔资金的流向，保障信息与实际情况相符。因此需要严格重视风险责任管理任务，只有员工自身意识到该管理的重要性才能充分发挥该体系的作用，责任人应该持证上岗以及签订资格责任书来降低整个过程的风险。

2. 建立财务风险防范信息与沟通制度

工程内部的经营管理较为烦琐，因此需要每个部门和每个员工都明白自身的职责，及时展开信息交流与沟通，保障每个阶段的信息都能够落实到位，以维持公司良性运转。需要保障信息和沟通落实到位，如果此工作做得不够好，就会对工程企业财务风险的识别、评估、规避、应对及处理造成很大影响。因此在建立财务风险防范框架时就应该考虑到此问题，保障每个部门以及每个员工都能够和他人及时沟通分享信息，如果信息不对称则可能会引发严重的后果或给公司带来难以计量的损失。因此，要建立科学的信息管理体系，利用科学先进的网络技术来保障公司之间的信息交流与汇总可落实到位。

3. 强化企业文化建设，提升员工风险意识

企业文化是完成公司财务风险防范与管理及战略目标的“非条文性”方式。工程企业对于财务风险防范以及管理文化十分重视，在工程企业运营的各个阶段中都可看到这些体系的存在。想要建立完善的财务风险防范和管理策略必须将制度落实到位，只有依靠制度的支撑，公司才能将此战略贯彻到底，并以企业文化作为辅助支撑，推动战略的实行。企业文化是企业在多年发展过程中积累下来的经营价值观、经营策略等，想要实行管理战略则必须从企业文化角度展开对内部财务人员风险意识等的培育与强化。

（二）引入先进的财务管理技术和方法

工程企业应引入先进的财务管理技术和方法，建设财务风险信息化管理系统，对财务风险评估进行数字化处理，经过系统分析企业营业成果，并结合外部环境和内在机制，计算财务指标数据，能够预测财务风险的发生，并且及时分析风险产生的内部原因和关键所在，并给出明确的解决方案，做到企业财务管理面面俱到，每一步工作都有据可查。

1. 建立监督企业现金流的短期财务评估系统

企业现金流决定着企业是否能够正常运转，这和是否盈利关系不大，而是和当期现金流的支出流量大小有关系。因此，有必要建立短期财务评估系统，主要完成编制现金流预算，并监督和分析现金流的情况，当企业当期应收项目出现大量减少，而且存货也大量减少的情况时，说明企业积压库存减少，应收款项收回，现金流入增加，企业流动性加强；反之，当期现金净流入比当期净利润低时，经营者就应引起重视，这个时候应收款项目就会增加，库存也会增加，企业变现能力减弱，销售情况不好，可能会造成短期资金紧张。涉及应收应付往来款项，或者是存货项目，都需要保持一定的平衡，一旦失衡，企业就会面临危机，这三个指标就是监管短期企业财务风险的指标。在编制现金流量预算的时候，企业应该将反映该企业收益、财务状况、现金流、投资等的各个指标予以量化，定期（按年、半年、季度、月或者周）汇总，形成连续反映现金流变动的财务风险评估体系，并经过专家的不断完善，使该体系能够及时、准确反映企业财务风险。

2. 建立监督评估财务风险的长期财务评估系统

企业财务风险一般来说是由于没有偿债能力产生，企业不仅要建立监督企业

现金流的短期财务评估系统，还要建立监督评估财务风险的长期财务评估系统。全面地对企业的经营效益、偿债能力、生产效率、未来潜力等作出评估，以防范未来财务风险的发生。

第三章　现代工程项目全周期财务风险与审计管理

第一节　项目生命周期概述

一、项目生命周期的定义

项目生命周期理论，就是借鉴生物学全寿命周期的思想与社会有机体理论及系统理论，对建筑工程、桥梁工程、道路轨道工程等工程系统应用工业产品全生命周期思想进行分析的过程。项目是创造独特产品与服务的一次性活动，它是有始有终的，整个从始至终的完成过程则构成了项目的生命周期。

美国项目管理协会（PMI）对项目生命周期的定义如下："为了更好地管理和控制项目，一个组织会将项目分成一系列的阶段，以便更好地将组织的日常运作与项目管理结合在一起。项目是分阶段完成的一项独特性的任务，项目的各个阶段放在一起就构成了一个项目的生命周期。"

英国皇家特许测量师协会（RICS）对项目生命周期的定义如下："项目的生命周期是包括整个项目的建造、使用以及最终清理的全过程。项目的生命周期一般可划分为项目的建造阶段、运营阶段和清理阶段。项目的建造、运营和清理阶段还可以进一步划分为更详细的阶段，这些阶段构成了一个项目的全生命周期。"

中国建筑业对项目生命周期的定义是："工程项目的生命周期包括项目的决策阶段、实施阶段和使用阶段；施工项目的生命周期包括投标与签订合同、施工准备、施工、交工验收和用后服务。"

本书借鉴中国建筑业的定义，并根据建设项目的实际特点，将工程项目生命周期明确界定为三个阶段，即项目前期规划阶段、项目中期建设阶段和项目后期运营阶段，其中项目前期规划阶段包括项目决策阶段和设计阶段。

二、项目生命周期阶段的划分

为了便于对工程项目生命周期内各个阶段影响成本的因素进行分析，从成本控制的主体责任、主要内容出发，按照业务的基本流程顺序，将工程项目生命周期细分为前期策划阶段、建设准备阶段、施工阶段、工程结算及收尾阶段。

第一，在前期策划中，业主方一般需进行投资机会研究，编制项目建议书（初可研阶段）。委托编制项目可研报告，对项目进行初步评估，对项目基本建设思路、建设需求等关键问题进行决策。

第二，在建设准备阶段，业主方需根据项目基本情况，提出设计原则和基本要求，出具任务书。接受业主委托的设计单位，根据设计任务书，对工程进行全面设计。在此基础上，业主方进一步选择现场施工分包组织方式、项目设备采购、装置性材料采购以及消耗性材料的采购等。

第三，在施工阶段，业主方或接受业主委托的总承包方需组织进行项目施工招标。中标单位需按照双方合同要求，开展现场施工组织工作。在现场施工进入尾声时，业主方还需聘请调试单位对系统运行情况进行调试，并联合设计、施工等单位进行试运行。

第四，在工程结算及收尾阶段，业主方会按照合同与施工单位进行工程结算，并督促施工单位完成施工现场收尾工作。

三、项目全周期财务风险与审计管理周期的含义

国内关于项目全周期财务风险与审计管理周期的研究起步相对较晚，研究成果也较少。其核心研究成果如下：其一，项目全周期财务风险与审计管理周期是结合经济效益与环境效益展开的，管理者在进行工程项目管理时分析并弱化项目生命周期中对工程形成制约的各种因素，优化工程项目管理的有效办法。其二，实证研究也发现，实施项目全周期财务风险与审计管理周期管理对提高工程企业收益与降低负面要素具有显著的正面性。其三，实施项目全周期财务风险与审计管理周期管理可以提升工程项目的声誉，降低其成本，改善其质量，识别并降低潜在财务风险，进而获得更多其他方面直接或间接的收益。

第二节　现代工程项目全周期财务风险的识别

一、投资决策阶段的风险识别

在工程开发过程中，投资决策阶段是最关键的，具有最大的不确定性和灵活

性。工程项目投资一旦完成，就很难退出项目建设，否则将付出高昂的代价。工程项目投资决策阶段的主要风险来源在政策和经济方面。工程项目在全周期中所面临的财务风险大致如下。

（一）政策风险

对当前的建筑、冶炼、矿山等工程市场来说，其对国家政策有着较强依赖性。因此国家政策对于工程市场的影响尤为巨大，对于工程企业来说，国家新政策的颁布以及政策所带来的潜在变化会对工程企业或者经营者在某一程度上造成不同形式的经济影响或者损失。

1. 产业政策风险

工程企业的产品结构会受国家产业政策的影响。目前我国开展了不少大型工程项目，以促进经济社会在新时期获得高质量的发展。而调整不同工程项目结构及其在整个国民经济中的发展份额，无论是对政府还是对工程企业来说都有一定的财政风险，甚至可能会带来一定的经济损失。

2. 财务政策风险

虽然不同类型工程项目都具有一定的差异性，但几乎所有的大型工程项目都需要大量资金支持，工程企业需要大量的资金支撑无法获得利润时期的开发建设，目前，大部分工程企业获得资金一般有两种方式：一是银行贷款，二是前融。由于前融存在的风险较大，故绝大多数工程企业更倾向于选择银行贷款来获得启动资金。

3. 资源政策风险

不同的工程项目有着不同的资源属性，比如，水电等基建工程项目对土地有着显著的依赖，因此国家和地方性的土地市场政策的变化对开发投资者的决策来说影响非常大。

4. 税收政策风险

因不同工程最终产品的特殊性，对各类工程企业来说，它们的税务筹划也颇为不同，在投资阶段就要展开个体性的分析、规划等。税收政策对于项目投资来说也存在很大影响。国家的税收政策也是调节工程市场的有力工具。在工程项目开发建设的过程中，税费占比很大，是开发成本的重要组成部分。税收政策及税率的调整，影响项目投资风险，若税率提高，则工程企业的投资成本也将增加。

（二）经济风险

经济风险一般指经营风险，是工程企业未来现金流入的现值的损失程度。经济风险包括市场供求风险和货币风险。首先，最直接的风险是市场供求风险，市场的不稳定性及动态性意味着工程企业需要根据市场的实时变化及时、准确地采取应对措施。若市场供求关系不平衡，将会导致一定的风险。其次，货币风险也十分重要，因工程开发的投资周期的特殊性以及商品房总价较高，货币价格会对公司利润造成一定的影响，若通货膨胀，则会导致商品房价格下降，带来经济损失。

（三）时间风险

项目投资周期长、金额高，时间因素是不可忽略的风险。工程企业在进行投资时需要关注经济发展趋势，把握时机。可以说风险与收获同时存在，发展时机的选择对于项目投资的影响也是巨大的。

二、项目实施阶段的风险识别

项目投资的实施阶段一般指前期投资决策计划的具体实现过程，包括土地研究、项目申报、募集资金、项目建造等过程。获取土地一般经过政府公开土地拍卖或收并购等方式，土地的购买存在一定的风险。此外，在项目建造过程中所面临的时间、成本及质量都是项目是否获得利润的核心因素。

（一）开发成本风险

工程项目的开发成本风险存在于项目全周期中，但在项目施工前期阶段的成本是全周期中总成本的80%，因此前期的成本规划十分重要，规划指标影响着开发成本的大小。但在规划阶段中，许多项目指标仍处于不确定的状态，这对于开发成本的计算造成一定的风险。若在项目实施过程中，相关指标变化较大，则会造成开发成本的增加，为项目及工程企业带来一定的经济损失。其成本管控风险与一般解决措施如表3-1所示。

表3-1　成本管控风险及解决措施

序号	成本风险	防范措施或处理方式
1	价格浮动风险	1. 处理原则：合同条款约定明确。 2. 以付款方式调节价格浮动带来的现金流影响。 3. 协调统筹公司相关资源，帮施工单位降低材料、设备费用。
2	工期紧张、承包商垫资压力大	1. 冬季施工：积极与工程部沟通确认最优施工方案，合理降低冬季施工费用。 2. 施工时间：严格复查记录冬季施工时间，明确冬季施工内容及审定价格。 3. 充分合理实施标段施工内容。 4. 招标时，在招标文件、合同条款、清单中明确冬季施工项。
3	变更、签证发生数量	1. 积极与设计部沟通，加强对设计院图纸质量的把控及考核。 2. 做好施工图纸会审及交底，实现图纸的多级审核、确认。 3. 与工程部（施工班组）沟通确认，加大现场管理力度，减少签证变更事项的发生概率。 4.合理配置产品功能，对拟增设的功能配置进行项目经济性论证。 5. 加强示范区施工期变更管控，做好图纸质量控制。
4	目标成本控制	1. 严控目标成本，招标成果以合约规划为导向。 2. 减配降本：努力控制成本，对非交付敏感点进行减配降本。 3. 成本优化：严格控制结构指标、外立面配置、精装修配置、景观标准。
5	合作项目两套成本管理体系问题	1. 严控目标成本。 2. 增强过程管控及成本工作沟通时效性。 3. 求同存异，切合实际严控无效成本的发生。

（二）施工延误的风险

工程项目的建造和实施完成时间对于工程企业来说尤为重要。在决定实施项目时一般会确定其最佳完工的时间，并完成对整个项目的施工与运营计划。因为不同工程项目有着不同的运营特性，所以完工交付的时间也有着显著的差异。在有限的时间内完成项目施工，对于工程企业来说存在一定风险，但如果施工延误，无法按时交付，公司将承担法律责任及经济损失，且公司声誉也会受其影响。同时，施工延误将延长项目时间周期，随之将增加管理费、营销费、人员成本等费用支出，从而带来一定的财务风险。

（三）项目质量风险

对于工程企业来说，产品的质量指的是水电、建筑等工程项目的质量。工程项目的质量体现在多个方面，包括项目的结构安全质量、项目的外观效果等。提高产品质量，需要一定的成本，如建筑材料的选择、合作方的选择、高新技术的选择以及施工过程中的良好管理。在项目的全周期中，质量风险是一直存在的，需要工程企业重点加以关注。

三、运营管理阶段的风险识别

在项目建造施工完成之后，基本已达到了项目的资金峰值，项目从投资、建造阶段进入到项目销售、运营阶段。此阶段是利润实现的阶段，此阶段的好坏直接决定了项目的利润目标是否能够实现。此阶段的风险包括营销管理风险、客户风险、物业风险等。

（一）营销管理风险

首先，一个商品获得利润的方式一般为买卖，不同工程项目的售卖方式、盈利方式等都不同，因此工程企业应从具体的项目出发制定相应的销售策略和流程，以便更好地进行营销管理。

其次，客户或用户对价格最为敏感。合理的产品定价，配合营销策划逻辑，能够为公司带来更大的收益。但对于合理定价，工程企业需要对产品、市场及客户心理等因素作出正确理解和预判，实际上这些就是存在风险的地方。

（二）客户风险

一方面，维系客户是销售中非常重要的环节，对大多数工程企业而言，维护客户关系及其管理是非常重要的。长久稳定的良好客户关系，能够增加品牌及产品的信任度，能够在未来开发其他项目时，带来更多的隐性收益。若没有良好的客户关系及客户资源，相当于无法实现销售计划，会拉长销售周期，增加成本及费用。

另一方面，客户关系直接影响工程企业品牌声誉及项目产品本身的口碑，如不好好维护，将会给企业带来一定的经济损失。

（三）物业风险

客户对于商品房的需求已经不仅仅是商品房本身，更关注其带来的价值、生活质量。因此近年来对于物业管理的要求也越来越高，物业管理能够增加品牌声誉，但在物业管理过程中，存在许多不确定因素，相比前期建造过程，后期的物业管理面临更多的不确定性，这也存在着一定的风险。

四、融资阶段的风险识别

（一）银行开发贷风险识别

1. 证书办理风险

如项目在开发推进过程中，各项证书（如项目获取施工证、建设工程规划许可证、建设用地使用权证等）办理超出节点预期要求，开发贷放款也会随之受到相应影响，放款节点同步推迟，导致工程企业资金成本增加，故需要严格对各节点达成情况设立监控、考核机制，前期手续办理出现逾期情况及时进行预警、反馈，共同制订解决方案，可以设置风险排查表，或证书办理工作销项清单，严控证书办理节点。

2. 工程进度风险

一方面，开发贷放款机构需根据工程进度进行放款，因此项目的工程施工进度也会对开发贷的放款产生影响，所以，工程节点也是需要重点关注的业务工作之一；另一方面，项目的开工建设也要受到施工手续办理的制约，按照正常开发流程，获批项目获取施工证后方可开工建设，否则将会对开发企业进行未批先建处罚，一般处罚额度在项目合同额的1%～3%，故此时就需要管理者进行取舍决策，平衡未批先建处罚与资金成本增加之间的利害关系进行决策。

3. 法律风险

随着工程行业的发展，很多行业性的法律已经不能适应当前经济发展的需要，为此各工程项目开发商应从法律风险的角度思考自己的融资风险。①

4. 其他风险

土地抵押问题、土地款支付问题以及其他问题。

（二）项目运营阶段供应链融资风险识别

在工程项目开发运营阶段，企业为了减少自有资金的二次投入，在施工建设阶段启用了供应链融资手段。招标，一方面要求投标单位具备资金垫付的能力；另一方面在签订合约时，针对各类合同的付款条件设置了商票融资等方式。进行

① 姜雅馨，亢春磊．供电企业电力营销管理中的风险控制 [J]. 企业改革与管理，2014（19）：80.

项目开发的短期融资，一般合同付款条件均为现金及银行承兑汇票占比50%，商业承兑汇票占比40%，承兑期限为6个月；银行承兑汇票不贴息。由于付款条件的设置，要求投标单位在具备工程资质和技术能力的前提下，还要具有较强的资金实力，前期对合作单位的选择以及考察调研都有更高的要求。

同时，运营部门、项目工程部等也要排布项目全景计划，铺排项目整体开发计划，在工程策划期间，风险也较大，因为排布计划需要多个专业进行配合，且标准工期较为理想，也需要考虑其他不可抗力因素，应提前召集各专业部门共同讨论，规避未来风险。

五、工程结算的财务风险识别

一方面，工程项目完成之后就迎来了工程竣工结算，一般按合同此时业务的工程款会支付到90%，待验收合格之后支付5%的工程款（具体比例因为项目的不同会有微调）。最后的尾款是作为质保金押在业主方，直到工程的质量保证期结束之后再支付最后5%的款项。然而在实际操作中，工程项目对工程质量和工期要求很高，经常无法竣工和验收。

另一方面，结算时会出现因现场工作量增加，比预计部分花费更多成本，而与施工方结算困难，且工程总承包的总价是固定的，作为总承包方若满足施工方结算要求，则会降低自己的利益。为了防控以上问题的发生，施工方会加强沟通及事前、事中、事后全过程的监控管理，严格把控合同，按规定审批图纸以及结算文件。

第三节　现代工程项目的全周期财务风险与审计管理策略的构建

一、工程项目存在的财务风险

（一）经营性现金流回正风险

首先，工程企业在获得某个工程项目后，项目团队将针对项目全周期开发过程，展开经营推演及策划，在经过综合性的会议评审后，拟定出项目开发的成功标尺，明确项目开发、经营的节奏以及对运营效益展开预估，以便实现经营性现金流的回正目标，确保工程企业得到持续、健康的运营。

其次，在项目前期的报规阶段等时期，管理者应就各种影响因素展开摸排、调查，只有尽可能地明晰项目中的各类要素及其对项目开发的影响，才能确保项目利益的最大化，也才能确保后期运营效益不断提升，从而实现本项目现金流回正的快速高效，否则本项目现金流的回正周期将存在延期风险，最终影响工程企业的整体经营效益。

最后，经过全周期的经营策划，管理者将能确保项目的净利润率维持在较好的水平。在实际的操作中，管理者可通过货值平衡等方式，或者用以价换量的方式实现资金的快速回笼，进而实现整个项目的顺利运营。①

（二）融资与逾期还款风险

首先，工程集团母公司在内部管控中要求区域子公司如使用集团拨付资金进行项目的投资开发，需向母公司缴纳年化15%（具体比例不同公司有差异）的资金占用成本，鼓励区域子公司使用资金杠杆，进行外部融资。工程项目在获取了相应证书后（如土地证、工程规划许可证、施工许可证等），以土地及在建工程作为抵押，向银行申请开发贷融资，从而获得工程开发所需的资金。

实际上，受各类不可控因素影响，产品销售预期与实际指标达成情况偏离极大，管理者应从项目特性出发做出项目全周期策划，并就不断分阶段的计划展开具体规划，从而更好地实现运营或营销目标。

（三）营销与管理费用超支风险

首先，不同的工程项目有着不同的营销周期以及盈利周期，企业管理者应从行业特性、项目本身的特点出发展开具体规划、安排，从而确保企业经营的效益目标能顺利实现，但由于各种直接或间接的原因，工程项目及其最终提供的产品难以达到最初预定的效果，不仅产品销售费用未能达到预期的效果，而且工程项目费效比也超出年度预算等。其次，在项目营销阶段，也会出现产品营销费用失衡等现象，难以达到年度业绩目标。最后，在管理费用方面，由于销售策略失败、销售节奏不畅、产品开发滞后、服务品类不全等因素，工程企业的总体管理费用将出现超支现象，并进一步对企业资金造成压力，如此不仅

① 曾德辉.财务导向的房地产项目运营管理研究：以H地产公司为例[D].电子科技大学，2021：40.

会导致人工成本增加，减缓本项目的后续建设，而且会增加企业的超支风险，迟滞企业的发展速度。

二、财务风险管理策略的目标构建

经过对此项目的风险识别后，得出了项目的具体风险因素，根据风险因素、结合项目财务经济指标，本书将分别对投资阶段、产品定位规划阶段及项目全周期策划阶段构建具体的目标，为全周期财务风险管理策略的构建提供一定的指向性。

（一）投资阶段目标

首先，不同类别的工程企业有着不同的经营管理方向，有些工程企业是以现金流为主导的企业，有些是以技术为主导的企业，有些则是以资源为主导的企业等，对此不同企业应根据项目本身确立自己的阶段性投资战略目标。

其次，在投资阶段，工程企业应重点关注本项目的行业性布局、地域性功能、相应的业态要求，以及项目完成后的经营定位及其适配性等。在明确项目类型后，工程企业要从现金流、技术性、资源性等方面进一步确立后续的发展事项。

最后，工程企业需围绕财务经营指标要求来筛选项目，关注财务分析中的净资产指标的情况。

（二）产品定位、规划阶段目标

在某个工程项目已获取之后，应确定相应的产品类型及规划方案。

首先，关于此项目的产品定位，应深入研究项目行业、周边类似产品等情况，然后确立本项目的具体产品定位以及开发规划方向和步骤等。

其次，在对本项目产品展开定位时，工程企业应通过对市场、客户等调研，总结分析风险项，并进行研讨、分析，进而确定本项目的产品定位目标。

（三）项目全周期策划阶段目标

在项目全程策划阶段，针对产品定位规划后的项目，需要更加精准地对产品进行规划，同时根据规划标准等进行项目产品推演、工程策划、运营策划等一系列全专业的动作，此阶段风险最大，并且不可预知的因素最多。在项目启动时，工程企业应对该项目进行第一轮推演，总结出风险点。

首先，根据前期市场情况对产品进行定位，并对此项目的市场影响以及其他衍生作用展开分析与规划，并最终确立产品的形态、品类、功能、外观等。

其次，在确定了产品的形态、品类等之后，工程企业还需要根据项目实际情况考虑运营的业态等，并进行相应的分期划分，即从时间段、营销目标等方面做出具体划分。

三、全周期财务风险管理策略的构建

工程项目根据各阶段存在的财务风险及相应的构建目标，构建财务风险管理策略。项目经过一段时间的运营后，工程企业应就公司财务风险管理展开积极构建。

（一）投资测算模型的选择

从工程项目经营管理入手，以财务管理为基础，结合总体经济情况、行业性背景以及工程企业本身的实际管理模式及经营状况进行分析。工程企业与其他企业一样，是以营利为目的的，因此企业投资收益管理尤为重要。因此，正确的、适当的投资收益管理模型的选择以及投资收益跟踪的管理方法是十分重要的。

本书根据多家工程企业的投资测算模型，展开了横向、纵向比较分析。从大多数工程企业来看，其需要不断加强经营者意识，提高财务技能。作为工程营建者要全面掌握项目情况，主要有两点，即营建计划和财务预算，企业应从这两点出发就不同项目的风险管理策略展开精准构建，这样才能够全方位地掌握项目的情况。还要考虑投资策划、全程策划、运营定价、营销激励等的重要管理工具以及其他相应的计算工具。运营定价：不同工程项目在不同阶段的定价、服务等均需要展开动态项目测算与验证，然后管理层才能根据项目测算指标对比表来展开分析与决策。对比指标包括：总货值、总成本、费用、净利润、利润率、现金流回正时间等。

（二）财务评估指标的选择

在选定投资模型模板之后，要针对模型的各项指标进行选择。工程企业作为以经营视角为导向、重视现金流及利润的企业，对于测算模型中的财务评估指标的选择也要慎重。首先是项目的现金流，现金流的回正才是真正意义上的利润回归，现金流就是销售收入加上贷款收入，而现金流出则包含土地成本、建造成本、费用、税金及贷款。在项目的开发建设过程中，现金的流入与流出，也就是收入和支出贯穿整个过程。前期大部分为支出，如土地款、前端融资款等，从项目运营后开始有销售收入，逐渐平衡支出。那么如何评判一个项目的现金流是否正常，现金流回正周期则是体现项目利润是否健康的一个经营指标。现金流回正周期分为经营性现金流回正周期和融资性回正周期。一般融资性回正周期比经营性回正周期时间短，是因为融资性现金流将前端融资算入支出中，后期的还款暂未考虑。实际上，企业评判项目是否实现现金流回正一般关注经营性现金流回正周期，此指标更加真实。

就现金流逻辑来讲，工程开发项目现金流的核心在于两点：一是资金需求；二是现金流贡献。那么资金需求规模指的就是资金需求峰值，也就是常提到的资金峰值，一般资金峰值代表整个项目支出的最高点，资金峰值越大，那么现金流回正的时间则会越长。资金需求时间则是指现金流回正周期，回正时间越晚，资金需求时间越长，资金压力也就越大。

而对现金流贡献来说，其意义就在于新项目的投资。现金流贡献峰值越大，现金流贡献就越大；现金流回正周期越早，现金流贡献就越大。

根据公司实际情况，依据现金流情况可将项目分为以下三类：现金流型项目、均衡型项目、利润型项目。

（三）财务指标动态评估方法

项目测算是项目层面经营计划的“纸上路演”，是项目经营的指导文件，是投资、定位、全程策划、项目定价、大运营激励和项目跟投的重要管理工具、唯一的计算工具。对于财务指标的评估在于“低成本、高周转”，货值最大化及税务介入前置。在项目开发运营过程中，从财务视角来说项目是否健康，主要关注项目测算中经济指标的数据。投资模型的主体逻辑，包含了各专业的指标，以及在项目全寿命周期下的测算逻辑。企业还要从项目现金流贡献比、项目现金流回正时间等方面做好对项目的动态健康观测。

（四）基于财务指标的项目风险管理体系构建

工程项目风险应对策略的实施直接影响着工程企业财务风险管理的有效性与持续性。

1. 建立健全项目全周期风险管理团队

建立项目全周期风险管理团队，使项目的全周期财务风险管理得到保证。

在此团队中，不仅确定了组织人员岗位，还明确了所有人员负责的专业条线，确定了全周期财务风险的沟通渠道。首先，建立健全的风险管理组织可帮助工程项目确保在风险管理过程中对一切进行监督。对任何一个工程项目来说，全周期财务风险管理组织能够识别财务风险、发现风险，并且能够及时地给予判断及解决措施。其次，高效的风险组织管理，能够在一定程度上降低管理成本，提升管理效率，降低管理费用。

2. 建立完善的全周期财务风险管理体系

企业只有建立完善的全周期财务风险管理体系，才能充分调动组织人员，及时发现和识别风险。此外，要建立管理系统及相关制度，匹配对应的管理措施，以及风险预警系统，具体工作如下。

（1）项目月报制度。每月应对项目动态财务风险指标进行提报，并与项目投资测算版本、全周期策划版本进行对比。月报中应重点关注财务指标的变化，并具体说明原因。

月报由项目负责人牵头填报，组长进行审核。在项目可能面临财务风险的情况下，组织召开专题风险会议。

（2）工程项目财务全周期风险评价指标体系。根据以往经验，总结、制作可能引起财务风险的全周期风险监控表，内容包含土地风险、报建风险、工程风险、市政风险、销售及客户风险、验收风险、交付风险等。全周期风险监控表是对全周期财务风险管理的有力抓手，同时也是项目全周期的一个风险留痕。同时应做好过程管理，一旦发现风险，注意管理留痕。加强公司合同审查，如总包合同、分包合同，在合同签署时规避风险。此外，企业应加强对工程项目财务全周期风险评价指标体系的建构。该体系的评价指标如表3–2所示。

表3-2　工程项目财务全周期风险评价指标体系

体系层	目标层	准则层	方案层
工程项目财务全周期风险评价指标体系	工程项目单位评价指标	工程企业投资风险	投资利润率（年利润总额/总投资）
			财务内部收益率（使息税后净现值等于零的折现率）
		工程企业筹资风险	资产负债率（负债总额/资产总额，该指标越低，风险越小；项目申报前两年要求低于70%）
			流动比率（流动资产/流动负债，该指标越高，工程企业资金用于偿债能力越强，但过高的比率会反映出工程企业滞留在流动资产上的资金过多）
			偿债备付率（可用于还本付息金额/当期应还本付息金额，该指标大于1为正常情况）
		工程企业营运风险	总资产周转率（销售收入净额/平均资产总额，这一指标值越高，说明周转速度越快，销售能力越强，风险越低）
			存货周转率（销售成本/平均存货，存货周转率越高，存货成本占用水平越低，工程企业资产流动性越高，营运风险越低）
			应收账款周转率（销售收入净额/平均应收账款余额，指标高，应收账款呆滞少，坏账风险小）
			财务内部收益率（息税后净现值等于零的折现率，当内部收益率大于行业基准利率时，项目可接受）

续表

体系层	目标层	准则层	方案层
工程项目财务全周期风险评价指标体系	工程项目评价指标	工程项目投资风险	财务净现值（计算期内各年息税后的净现金流量折现到建设期初的现值之和。NPV大于等于0，项目可行）
			投资回收期[（累计净现金流量现值出现正值的年数-1）+上一年累计净现金流量现值的绝对值/出现正值年份净现金流量的现值，若该指标小于行业基准回收期，则项目可行，该指标越高，风险越大]
			投资利润率（项目达产后年利润总额/总投资，指标大于或等于行业基准投资利润率，可以接受项目）
		工程项目筹资风险	资产负债率（负债总额/资产总额）
			流动比率（流动资产/流动负债）
		工程项目营运风险	营业收入敏感度系数（内部收益率的变动比率/营业收入变动比率，敏感度系数越高，项目风险越大）
			经营成本敏感度系数（内部收益率的变动比率/经营成本变动比率）
			建设投资敏感度系数（内部收益率的变动比率/建设投资变动比率）
			经营杠杆系数（息税前利润变动率/产销量变动率，经营杠杆系数越大，经营风险越高）
			盈亏平衡点[年总固定成本/（年销售收入-年销售税金-年总可变成本），盈亏平衡点越低，项目适应市场变化能力越强，风险越小]
		工程项目社会效益风险	员工人均收入变化率[（有项目人均收入-无项目人均收入）/无项目人均收入，该变化率越大，说明带动社区发展效益越高，社会效益越大]
			社区就业增长率[（有项目就业人数-无项目就业人数）/无项目就业人数，该指标越大，反映项目带动社区就业情况越好]
		工程项目生态效益风险	污染物排放强度指数（年污染物排放总量/项目年产值，该指标越高，对于维持可持续发展越不利，风险越大）

（3）增强财务风险监控意识。工程项目运营的目的即为盈利，一切管理动作应以现金流为核心进行。因风险的识别和管控都需要风险管控小组执行，故小组成员需要增强财务风险意识，可以对小组成员进行相应的风险管理培训等。

综上所述，首先，管理者应根据工程项目区位情况和主要经济技术指标进行财务风险的识别，分别从投资决策阶段、工程项目实施阶段、运营管理阶段及融资阶段进行全周期的财务风险识别。其次，对工程项目具体识别可采用头脑风暴方法等，经过对项目的深入调研，总结资料后，召集各专业负责人及专家对项目各阶段的情况进行分析并进行项目运营推演，分析工程项目未来风险。再次，管理者应制订工程项目的财务风险管理策略，选择适用于工程项目本身情况的投资测算模型进行财务视角下的风险管理。最后，根据项目风险分析及风险策略对工程项目开发情况进行预估，为工程项目的启动和开发打下坚实基础。

第四节 现代工程项目风险管理的预期效果与审计保障策略

一、工程项目资金管理优化方案实施的预期效果分析

工程企业的资金管理优化方案要根据市场经济环境与企业实际经营情况来不断完善优化，只有这样才能确保资金优化方案措施始终符合企业实际要求，从而促进企业的发展，因此对于很多工程项目来说需要定期对公司所采取的资金管理优化方案措施的成效进行评价，检查优化方案设计是否真正从实际上促进了公司在资金管理中工作水平的提升，针对实际成效情况对资金管理方案措施进行不断优化完善，从而真正确保公司的长期良好发展。

平衡计分卡作为工程企业一项有效的战略绩效评价工具，从财务、客户、内部流程、学习与发展四个维度将公司的绩效与战略挂钩，对企业在战略实施中取得的成功进行分析评价。平衡计分卡在财务维度重点关注企业为股东所创造的价值，在客户维度重点关注直接客户对公司产品、服务、业绩表现的评价，在内部流程维度重点关注企业对内部各项业务的管理能力，在学习与发展维度重点关注企业的创新改革以实现长远发展的能力。将平衡计分卡作为企业在一定时期内经营情况评价的主要手段，对企业发展战略的制定与具体措施的实行，乃至对企业

的持续良好发展都具有重要意义。

而财务共享服务建设的最终目的在于降低工程企业的运营成本并以此来促进企业发展战略的有效实施，从而为企业整体价值的提升提供有效支撑。虽然不同公司有着不同的发展战略，但是财务共享服务帮助企业实现发展战略的路径是类似的，这种“对企业战略支持”的行为也是财务共享服务的战略目标，也就是说，财务共享最终是要为企业发展战略的实现而服务的，而平衡计分卡作为评价企业在一定时期内发展战略实现情况的重要工具，自然可以对财务共享服务下开展的各项工作，尤其是财务共享中的资金管理工作实施效果进行评价分析。因此对于工程项目的资金管理优化方案设计实施后的预期效果，可以借助平衡计分卡这一有效工具来进行评价分析，具体预期效果分析如下。

（一）资金风险防范能力显著增强

对于大多数工程项目资金风险管理的预期效果，主要可以通过平衡计分卡下的财务维度进行分析。财务维度的战略目标是在实施资金管理优化方案措施后，确保降低公司成本的同时提高公司经营价值。在财务维度可以通过公司总资产净利率与成本费用利润率、公司的应收账款周转率预期值、现金到期债务比几个指标来考查。

这里将对工程企业实施资金管理优化方案的效果进行预测分析。在预期效果分析过程中适当考虑指标所占权重的大小，同时考虑不同年度的销售增长率因素，后者的加权平均数为可持续增长率g，计算得到相应结果（g值），从而预测年度之间的效应指标（下面以工程企业2021—2023年的情况为例来展开验算说明）。假设工程企业2021—2023年资本结构不变，销售稳定且财务政策保持不变，在效果预期分析中，其公式如下所示：预计销售增长率=预计可持续增长率=（预计营业净利率×预计期末总资产周转率×预计期末权益乘数×预计利润留存率）÷（1-预计营业净利率×预计期末总资产周转率×预计期末权益乘数×预计利润留存率）

第一，根据上面这个公式预测出工程企业从2021—2023年的总资产净利率与成本费用利润率预期值，其数值如表3-3所示。

表3-3　工程企业2021—2023年总资产净利率与成本费用利润率预期值（样表）

单位：百分比

年度	2021年	2022年	2023年
总资产净利率	—	—	—
成本费用利润率	—	—	—

由表3-3可知，工程企业管理层依据2023年总资产净利率、资金收益幅度情况、成本费用利润率等，展开对企业现有资金管理方案的优化，以便进一步加强对公司财务风险的管控。

第二，预测出工程企业2021—2023年应收账款周转率预期值，其数值如表3-4所示。

表3-4　工程企业2021—2023年应收账款周转率预期值（样表）

单位：百分比

年份	2021年	2022年	2023年
应收账款周转率	—	—	—

由表3-4可知，工程企业管理层获得了资金管理优化方案实施后的最新信息，便对公司应收账款周转率、资金流动性等信息有了更精准的掌控，并进一步展开对公司高效而精准的管理。

第三，预测出工程企业2021—2023年现金到期债务比预期值。

表3-5　工程企业2021—2023年现金到期债务比预期值（样表）

单位：百分比

年度	2021年	2022年	2023年
现金到期债务比	—	—	—
增长率	—	—	—

从上述分析过程可见，工程企业在实施资金管理优化方案设计后，其到期债务的情况将得到鲜明呈现，管理层可据此展开对企业现金流量的管控，以便进一步降低到期债务总额，缓解公司到期负债压力，同时企业的资金风险也得到同步降低，资金安全性预期得到有力保障。

（二）资金预算管理水平明显提升

对工程企业在实施资金管理优化方案后资金预算管理方面的效果预测，可以通过平衡计分卡的方式及其发展维度来加以展开。根据前文对工程企业总资产净利率与成本费用利润率、应收账款周转率预期值、现金到期债务比几个指标的效应预期分析来看，工程企业实施优化方案设计后，其业财融合将进一步深入，全员主动参与预算管理的积极性与主动性得到大幅度提升，同时集权与分权的有机结合使得资金预算调整审批流程得到了有效的简化，效率显著提升，各单位在规定权限范围内根据实际经营情况的变化及时调整预算情况，有利于经营的持续发展。工程企业2021—2023年资金预算的预测指标如表3-6所示。

表3-6　工程企业2021—2023年资金预算相关指标预期值

单位：百分比

年度	2021年	2022年	2023年
收入预算完成率	—	—	—
支出预算完成率	—	—	—
预算调整额占收入预算总额	—	—	—

由表3-6可以看到，在实施资金管理优化方案后，工程企业管理层将能获得2021—2023年收入及支出预算完成率的情况，并能就此深入了解公司各部门员工工作的积极性与参与度；如果预算调整额占收入预算总额的比重在维持较低水平的基础上有所增加，则说明企业资金管理优化方案设计在精准把握集权与分权的同时，还在很大程度上提升了所属各单位的预算调整灵活性等，这些都表明该方案有利于公司根据生产经营形势的变化及时调整经营战略，从而最终实现企业中长期的高质量发展。

（三）资金运行流程明显简化高效

对工程企业在实施资金管理优化方案后资金控制方面的效果展开预测，可以从内部流程维度来加以展开。这样就能预计工程企业在实施资金管理优化方案后的最新情况。管理层可就此对资金业务流程展开标准化管理，提高财务工作处理效率，实现对公司内部财务控制的强化，以及各部门对资金计划规范、资金预算上报及预算调整工作全流程的编制与全覆盖，这样还能在员工中进一步强化"内部控制优先"的理念，从而达到对公司生产经营活动的良好管控这个预定目标。工程企业内部流程维度相关指标预期值内容如表3-7所示。

表3-7　工程企业2021—2023年内部流程维度相关指标预期值（样表）

单位：百分比

年度	2021年	2022年	2023年
业务标准化率	—	—	—
业务差错率	—	—	—
业务完成率	—	—	—

（四）资金考核管理工作明显优化

对工程企业在实施资金管理优化方案后资金考核工作方面的效果预测，可以通过学习与发展维度进行分析，工程企业在实施资金管理优化方案措施后，业财融合程度不断加深，财务人员对公司生产经营的了解程度进一步加深，不仅可以准确核算公司的经营活动，而且通过财务数据报表分析生产经营情况，为公司持续发展提供决策建议的能力进一步提升。从学习与发展维度预测工程企业实施资金管理优化方案的设计效果，并就此获得企业2019—2021年全员劳动的生产率情况，对公司在实施资金管理优化方案后（2021—2023年）的全员劳动生产率情况展开预测。其具体内容如表3-8所示。

表3-8　工程企业2021—2023年学习与发展维度相关指标预期值（样表）

单位：百分比

年度	2021年	2022年	2023年
全员劳动生产率	—	—	—
资金考核问题整改率	—	—	—

由表3-8可知，根据工程企业在实施资金管理优化方案设计后，其全员劳动生产率与资金考核问题整改率的预测情况。管理层可判断：企业资金管理优化方案设计是否增强了全体员工的资金管理意识；公司的资金业务流程是否不断得到优化改进，资金管理技术是否持续得到升级，操作流程的员工满意度是否得到提升；员工的业财一体化融合能力是否得到进一步增强；业务人员是否能够站在财务的角度去开展业务；财务人员是否能够根据对业务的充分了解。根据考核结果与公司业务经营实际情况，企业管理层将获得科学合理的资金考核情况分析报告，这将为管理层充分了解公司资金现状以及制定资金政策提供可靠依据。同时，各部门对在资金考核中发现的问题也能展开积极整改，资金考核问题整改不到位的情况也必将得到妥善解决。资金管理优化方案设计不仅促使工程企业工作效率得到提升，还对企业全体员工的工作能力与个人发展产生积极影响，员工的长期职业发展空间与机会也得到极大提升，等等。

二、制度保障

“没有规矩，不成方圆”，根据工程企业的实际经营情况制定出的资金管理制度能够覆盖企业日常资金流动的全部环节，可以对企业资金运行过程中出现的偏差做到及时发现并纠正，从而在发挥有效监督作用来确保在资金安全的基础上全面把握资金的运行情况，提升企业整体资金管理水平。因此，工程企业必须加强对现有资金管理制度体系的完善与修订。

一方面，工程企业需要在现有的资金管理制度的基础上，根据上线财务共享后出现的新情况以及公司生产经营的实际情况，完善修订现有的资金管理制度，对于新的情况，要增补新的资金管理制度，确认授权审批程序，对财务共享系统中的资金审批流程与管理制度进行明确。同时，要注重相关制度在实行过程中的实施情况，加强与实际工作的磨合，根据实际在工作中的实施情况、遇到的问题以及收到的员工意见反馈等不断对制度规定进行优化完善，在制度的层面延伸资金管理权限来规范公司的资金管理行为，实现穿透式的资金管理制度管控，建立起与工程企业发展要求相符合的资金管理制度体系。

另一方面，由于财务共享模式下的资金管理充分利用现代化信息技术加强了各级所属单位的资金联系，需要以工程企业实际情况为落脚点，把原有的《资金预算管理规定》《资金考核管理办法》《内部控制管理实施细则》等制度文件进行修改完善，制定细致科学的条例条款，同时需要新增《资金授权管理规定》，进一步增强公司的标准化流程建设，杜绝公司在资金管理工作中出现违反流程规定的行为，确保资金在财务共享服务模式下的安全和有效利用。

（一）完善资金预算制度

完善的资金预算制度是开启财务共享模式下工程企业优化资金管理的第一步，重点在于强化资金预算管理体系，做好资金预算管理，为资金整体的流程管理开一个好头，因此在工程企业管理制度中，资金预算管理制度的地位可见一斑①。但值得注意的是，“全面预算应当由财务部门全权负责制定和控制”这一说法实际上是一个片面的认识，资金预算应当是一个公司的全面管理行为，科学合理的预算编制及调整工作需要公司每一个业务部门和每一位成员全方位参与其中，各部门在制定预算过程中坚决以部门的需求为基准，最大可能确保预算的精准，最后经过多次修订和汇总，形成一定时期内的预算报告。工程企业在完善资金预算制度的过程中，需明确强调以下这四点内容。

第一，经过工程企业管理层审批后的资金预算计划必须按要求导入公司财务共享系统的资金预算模块，通过财务共享系统的大数据功能，可以随时对各

① 陈安镇，胡耀光．财务共享服务模式资金管理研究及实践 [M]. 北京：人民邮电出版社，2018：19−27.

部门与各单位的资金预算情况进行查询，减少因预算执行情况统计不准而带来的失误。

第二，资金预算编制过程中必须有明确的编制依据，编制出的资金预算计划必须具有合理性和科学性，也就是要与公司的实际经营相符合，各部门编制资金预算的证明支撑材料近五年内必须做好留存以备检查，从而真正确保资金预算工作的规范性。

第三，要做好公司资金预算执行情况的预警。通过财务共享系统的信息化技术优势，及时对公司资金预算执行情况进行检查，如果发现资金预算在执行过程中出现异常，偏离了原先的资金预算计划，或者已经达到了系统设定的最高临界点，需要各部门联合起来检查项目的预算进度与使用情况，找出预算执行中出现异常的原因，制定预算执行改善措施，促进预算目标实现，对整体预算目标的实现做到心中有数，确保在预算执行中落实预算计划，提高预算执行的精确程度；同时最大限度地减少公司非必要预算调整，预算外支出必须由所属各单位提出书面申请，并通过财务共享系统影像录入功能录入系统，提交至财务部门审核，审核成功后在共享系统中新增调整后的资金预算，以达到预算控制的目的。

第四，做好资金预算执行的分析与评价工作。工程企业在完成一个资金预算周期后，需要对相关部门与各单位的资金预算执行情况进行考核分析，对资金预算执行完成率较高的部门与单位给予奖励，并在公司范围内推广其优秀的工作经验，从而提升公司整体的资金管理质量。

（二）新增资金授权制度

资金授权制度就是指工程企业在材料或服务采购与付款业务中对相关业务人员的职责审批范围和工作要求等方面提出的明确规定，资金授权一般可以划分为职务性授权、制度性授权以及临时性授权三类[①]。在资金授权制度中，经办人必须在其被允许的职责范围内办理采购与付款等相关工作，审批人不能进行越权审批；如果发现工程企业中存在越权审批或者未经审批就已开展资金业务行为的情形，必须及时向工程企业经营审计等有关部门进行反馈。对于工程企业中技术性较强或者采购金额较大的业务项目，需通过专家讨论或经过工程企业高层人员集体表决同意审批后方可进行采购与资金支付，严控资金支出审批。工程企业要

① 胡靖．集团公司财务共享模式下资金风险管控的挑战及应对[J]. 财经理论与实践，2021（08）：56-57.

想在资金收支审批方面简化审批流程，提高资金收支工作的效率，必须建立完善《资金授权管理规定》，实现工程企业本部集权与财务共享中心以及所属各单位的分权适度有机结合。在建立资金授权管理相关制度时，应该明确以下两项重要内容。

1. 实行分级分权管理制

工程企业总经理为资金授权最高级别审批人，同时总经理需要凭借其自身作为工程企业法人代表的权利，依据职责分工与权限相互对应的原则将资金管理审批权限逐级授予各级管理人员，各级管理人员要根据公司授予的资金使用数量与金额范围内的权利，按照既定的权限和程序进行资金业务的审批。对于超出自身审批权限的资金业务必须提交至上级管理人员进行最终的规范性审批。通过资金授权审批制度规范工程企业的资金支付审批流程，充分借助资金授权分权的优势来进一步提升财务工作效率及资金管理水平。

2. 建立资金签批责任制

工程企业在资金授权制度中，首先必须写明资金签批责任制，也就是公司的各级管理人员必须在公司允许的职责权限内谨慎地行使自己所拥有的资金审批权，必须对自己签批的资金业务的真实性与合规性负责，坚决落实“谁签字审批，谁追查负责到底”的审批原则；其次要求各级管理人员在审批全程中必须保持高度恪尽职守的工作责任心以对各部门经办人提交的资金业务资料进行认真审核，对于未经审核或者审核不严而造成的不良后果，必须追究经办人及审批人相关责任，并根据造成后果的严重程度来追究相关人员的经济赔偿；最后要加强对资金审批业务的内外部监督，要求公司经营审计部门负责对审批业务的检查监督与考核，定期对相关管理人员的审批工作履行情况进行抽查，对审批越权或者审批不尽职人员进行通报并上报处理意见至公司总经理。

（三）修订资金考核制度

资金考核是指通过资金管理实际执行结果与资金指标的对比分析进行绩效评价，并根据绩效评价结果作为考核标准来对考核对象进行奖惩。如果工程企业在资金考核工作中要求不严格，那么就有可能导致公司的资金考核工作做得不到位，致使公司的资金管理目标无法全面实现，而且会使公司资金考核在耗费了大量人力、物力后仍然流于形式。

因此，通过资金考核发挥资金管理对不规范行为的约束和对员工的激励作用，增强资金预算的执行力度与加强预算的引领作用对实现公司管理目标具有重要作用。工程企业要想在资金考核方面提高科学性与严肃性，就必须建立完善的《资金考核管理办法》。在建立资金考核管理相关制度管理办法时，应该明确以下三项核心内容。

1. 明确资金考核对象与内容

对于工程企业来说，资金考核是全面性的考核，考核对象就是公司的所有部门。在对资金考核的内容进行确定时需要注意，因为公司各单位的主营业务与经营情况存在差异，所以要根据各自所属单位的实际情况来确定考核内容，但是资金考核内容必须包括考核资金管理目标的完成情况，也就是要认真分析工作实际完成情况与全年任务指标的对比情况，对超额完成任务指标的项目要认真分析其在完成过程中的经验与良好做法，并将具备借鉴作用的做法在公司范围内推广使用，评价项目的积极意义与优良成果，并对相关人员进行措施性奖励；对未完成全年任务指标的项目不仅要采取一定的惩罚性措施，更要剖析未完成目标的深层次原因，如果是因为人为因素导致未完成预期目标，则要求相关负责人找出的原因制定针对性的有效措施，改进工作方法与思路，确保在下一个考核周期内克服问题与困难，高效完成任务指标。

2. 明确资金考核指标

工程企业需要结合生产经营实际情况，按照“定量指标为主，定性指标为辅”的原则，在资金考核管理制度中明确列出符合各单位实际的具有可操作性、“接地气”的资金考核指标；必须明确资金考核指标的完成情况好坏对各部门员工的职位提拔和绩效福利薪酬待遇高低具有决定性影响，真正发挥出资金考核对员工的激励作用；重视对以往资金考核指标中发现问题的整改落实，公司的经营审计部门要将问题整改情况的“回头看”工作落到实处，督促公司各单位将以往资金考核中发现的问题彻底整改到位，从而真正发挥出全面资金考核对公司资金管理优化的重要作用。

3. 明确资金考核原则

工程企业的资金考核必须坚持“公开、公平、公正”的基本原则。资金考核的结果直接关系到一个阶段内本单位资金管理工作在整个公司内所处的位次以及每个员工的薪酬待遇情况，只有始终坚持在资金的考核全过程中做到公开透明，资金考核的结果才能公正客观，才能真正让被考核的部门人员心服口服。因此资金考核工作必须保持高透明度，将被考核单位达标情况与所处位次等考核结果第一时间公布，从而通过科学合理的资金考核制度激发员工参与到资金管理中来，从而激发员工更多资金管理优化改进措施，推动财务工作发展进步。

（四）改进内部控制制度

内部控制是指企业治理层和管理层为了合理保证财务报告的可靠和经营效率提升，以及对国家法律法规的遵守而设计和执行的企业生产经营活动自我调节与约束的内在程序机制。企业内部控制制度是否在企业范围内得到全面实施对企业生产经营的成败起到关键作用，同时也是企业防范内部发生违法乱纪等行为与资金风险的有力保障。面对资金管理过程中存在的资金安全风险、时效风险以及短缺风险等问题，企业可以从健全内部控制体系的角度对资金流转的各个环节和流程设置风险控制节点来有效地规避或者减少可能遇到的资金风险与资金管理工作中的违法乱纪行为，在确保企业自身资金安全的同时确保财务会计信息的真实与准确，有利于国家法律政策在企业生产经营过程中的贯彻，从而促进企业的依法合规经营与发展。

工程企业要在提高资金安全性，提高资金风险防范能力工作方面有所优化，必须建立完善《内部控制管理实施细则》，在完善内部控制制度规定时，应该明确下述重要内容。

1. 明确内部控制原则

需要明确的各个原则分别为：全面性原则，即内部控制要覆盖贯穿工程企业所属各单位资金预算、资金核算、资金考核、资金安全等工作的全部过程与环节；重要性原则，即工程企业内部控制在资金全面管理的基础上，还需要重点关注公司重要的资金业务和资金的高风险领域，同时要通过严格的控制措施，保证公司的内部控制制度较为完善；制衡性原则，即工程企业内部控制工作的开展要在提升自身资金运行效率与效益的同时，确保内部控制职责部门设置、内部控制权限分配、资金流程配置等工作的相互约束和监督，切实确保履行公司内部控制职责的机构或人员保持相对独立性；适应性原则，也就是内部控制必须与工程企业经营规模与业务范围等实际经营情况相适应，并且能够根据公司自身经营情况的变化而做出相应的调整；成本效益原则，也就是工程企业的内部控制需要切实做好对内部控制实施成本与预期效益的权衡，公司内部的有效的控制要建立在适当成本的基础上来实现。

2. 明确内部控制要素

内部控制的要素一般包括内部环境要素、风险评估要素、信息与沟通要素、内部监督要素四类。工程企业首先要明确的就是内部环境要素，具体来说要明确内部控制的主管部门与对应的权力分配，分析公司的人员政策与企业文化对内部控制的影响；其次是明确风险评估要素，工程企业要定期组织经营审计与财务等相关部门开展经营风险研讨会，对在内部控制制度目标实现过程中遇到的风险进行完整的分析和评估，根据风险类别来制定相对应的措施，从而把公司实施内部控制的风险减至最低；再次是明确信息与沟通要素，为确保内部控制的各项有效信息能够在公司内外部进行顺畅流通，各部门需及时把各自掌握的内部控制实施情况及问题通过财务共享系统进行反馈，确保信息共享流畅；最后是明确内部监督要素，需要定期对公司内部控制的实施情况进行有效的监督与检查，对公司内部控制工作的有效性进行科学严谨的评价，确保及时发现公司在内部控制工作中的问题并加以改进。

3. 明确风险预警指标

工程企业要对内部控制制度实施过程中遇到的风险预警指标进行明确，并制订风险或突发事件的应急处置方案，确保公司一旦出现风险预警可以在第一时间按照应急处理方案进行处置，不断完善公司在风险处境下的管控能力，逐步建立起完善的公司风险应对策略与控制措施，同时要进一步加强公司内部各单位之间的信息交流，明确内部控制风险信息的收集、处理、传递流程，从而确保公司所面临的各项风险信息能够得到及时的沟通，从而推动公司内部控制工作的高效运行，切实保障公司在面临突发事件与风险时能够迅速处置。

三、人员保障

企业是由员工和其工作的协调配合构成的统一整体，员工是工程企业最为基础也最为重要的部分。同样在工程企业的资金管理工作中，员工也是影响资金管理优化方案设计实施效果的最主要因素。企业的长远发展在很大程度上依赖员工的积极工作与无私奉献，优秀的员工可以更好地促进企业的生存与发展。要做好工程企业财务工作中的资金管理工作优化就必须配备一支具有专业知识与工作技能的员工队伍，因此为确保工程企业资金管理优化方案设计能够有效落地并实施，就必须打造高素质的员工团队，充分提高员工工作能力与积极性，从而更好更快地做好资金管理优化工作。

（一）加强员工定制化培训

员工培训是企业提升自身市场竞争力的有效手段，充分科学的培训可以提升工程企业对员工的吸引力，使员工熟悉并掌握工程企业的先进管理理念与企业在经营中逐渐形成的自身独特的企业文化，培养员工在日常工作中遵守岗位要求与企业制度的自觉性与不断学习新的岗位知识与技术的能力，全面发挥人力资源高增值性的优势，让员工看到自身的发展前景，激发员工为企业减少成本创造利润的动力，提升员工的凝聚力，有利于企业工作尤其是财务工作的开展。

工程企业要鼓励员工参与到学习型公司建设中来，员工通过持续学习可以在提升自身工作能力的基础上推动公司运营效率的提高。只有员工切实贯彻实施和后续程序的执行才能保证公司资金管理优化方案落地实行，才能彻彻底底地使公司资金管理得到优化，切切实实地改善公司资金管理的现状。要想充分发挥财务培训作用以提高全员财务意识，工程企业在进行员工财务培训时需要着重把握以下三点。

1. 明确培训对象及定制个性化培训内容

首先，牢固树立“以人为本”“因材施教”的观念，加强对员工的培训，工程企业管理人员的培训主要是对资金管理的深层认识与财务共享系统的基础操作培训，因为公司的管理人员制定的各种决策，将对公司的资金管理产生很大的影响，所以要加强管理人员对资金管理的深层认识培训。其次，管理人员负责对财务共享系统中所进行的资金业务进行审批，因此要对管理人员的财务共享系统基础操作能力进行培训；对公司财务人员的培训主要是财务共享系统中审批流程的权限配置与后台运维培训；对于基层一线人员的主要培训内容是对业务项目经营过程中产生的资金业务进行正确的录入，确保公司系统中原始财务数值的准确性和及时性。

2. 培训计划必须具有充分的前瞻性

工程企业对员工开展的创新性培训不仅要能够服务于公司当前的生产经营，更要能够满足公司长期发展战略的需要，因此这就要求工程企业除了根据公司目前实际经营情况来有效开展各类财务培训外，更要坚持前瞻性与系统性的培训原则，在坚持以人为本的培训理念指导下，公司的人力资源部门要根据公司长远发展目标与规划来系统性地编制出对不同部门与不同岗位员工的更具有深度和长远性的培训计划，从而推动公司的培训工作向持续经常性方向发展，同时可以通过培训计划的制订为不同岗位的员工做出岗位发展引领与个人发展前景规划，满足公司不同员工对未来职业规划的展望与职业发展通道，增强员工的公司认同感和职业规划能力，从而提升员工做好工作的积极性。

3. 建立培训测试考核机制

针对员工的培训，为了保障培训达到预期的效果，工程公司在培训的过程中需要实行边培训、边考核的管理方法，即通过考试来督促员工在培训过程中认真学习，通过巩固人员的培训效果并且选拔出培训学习成效出色的员工加以表彰，表彰可以通过颁发荣誉证书、设立培训专项奖、资金考核进行加分等形式；而对于培训考核成绩欠佳的员工，可以通过二次培训、调离原工作部门、辞退等操作来督促其重视培训的学习效果，从而建立起公司内部严格的员工培训考核机制。只有这样，员工才能更加认真地学习资金管理优化的各项措施并积极响应公司资金管理要求，提高员工在资金管理工作中的主动性与有效性，有利于推动资金管理优化方案设计的深入贯彻落实。

（二）强化职业道德教育

会计职业道德主要有爱岗敬业、诚实守信、廉洁自律、客观公正、坚持准则、提高技能、参与管理、强化服务八项内容。作为工程企业财务管理和会计工作的重要内容，会计职业道德建设的情况直接关系到工程企业切身利益与未来的发展走向，公司要想得到进一步的深入发展就必须与时俱进地做好财务队伍的建设，通过切实提高公司财务人员的职业道德操守把公司财力集约化的具体工作落到实处；同时加强会计职业道德建设对规范整个会计行业内的财务行为和维护会计工作秩序以及推动我国社会经济的深入发展具有重要作用。

工程企业要尤为重视提高公司内部财会人员的职业道德素养，培养其对财务工作的高度责任感与对公司发展作贡献的使命感，从而推动公司资金预算、资金核算、资金考核、资金安全等工作的深入发展，使其真正为工程企业资金管理优化作出自身贡献。工程企业在强化财务人员职业道德建设时应着重把握以下四点。

1. 强化财务人员理论学习

企业管理的核心是财务管理，并且财务管理的具体实施主要靠财务部门中的会计人员来完成，因此财务人员能力的高低对企业管理具有重要影响。工程企业需要定期组织所属单位全体会计人员认真学习财务专业知识，在加深对新时期财务工作认识的基础上切实理好把财务知识转化为指导财务工作实践的工作思路。同时，还要督促财务人员学透国家在财务方面出台的各项财经法规制度，尤其是要学懂弄通税法的有关政策，以法律法规为行为准绳，切实做到在国家法律允许的范围内开展公司财务工作；真正熟悉公司自身的财务制度规定，做好制度的执行与遵循工作，从而增强为公司高质量发展作贡献的责任感，树立良好职业道德观，充分展现出公司财务员工“自身硬更能打好铁”的良好工作风范，周而复始地反复强化财务人员理论学习，最终推动工程企业财务工作的高效开展。

2. 完善会计岗位轮换制度

实行会计轮岗制不仅可以通过加强公司财务工作的内部监督程序来实现公司内部强制与内部监督的效果，还能够在确保财务人员工作相对独立的基础上增强财务人员学习与接受新鲜事物的能力，促进财务人员不断地学习与成长。对于工程企业而言，要在明确规定并实行财务岗位不相容的基础上，强制财务部门各个岗位人员进行定期轮岗，并且每次轮岗前的财务交接人与接任人必须签订书面工作交接书，确保每次人员轮岗工作的交接有据可查。轮岗不仅是履行公司内部控制规定中避免人员内部贪污腐化工作要求的具体表现，更能够促进财务人员全面地掌握部门的各项财务工作，增强自身的财务知识与岗位技能，避免因长期在同一岗位上而形成狭窄思维与僵化的工作处理模式，从而真正推动财务人员的成长与发展，确保公司财务工作更加扎实且财务信息更加真实可靠，也有利于公司财务管理水平整体提高，进一步激发出公司会计人员对自身财务工作的热情，提升财务人员持之以恒、锲而不舍地钻研业务的积极性，激发其探索业务工作新思路，有利于复合型财务人才的培养以及公司财务基础管理水平的提升。

3. 加强舆论宣传教育

舆论宣传教育作为加强会计职业道德建设的有效途径，可以对财务从业人员的行为起到约束作用，工程企业要充分发挥舆论宣传教育的抑扬作用，可以通过组织公司员工集中观看某些违法乱纪典型反面教材等方式，警示公司所属员工做到廉洁自律从业，牢固树立正确职业道德理念、人生观和价值观，提升与不良风气作斗争的战斗能力，从而在公司内部形成扬正抑邪、褒善贬恶的舆论宣传环境，营造风清气正的工作氛围，推动会计职业道德教育取得良好的效果。

4. 完善健全监督机制

工程企业可以定期抽调经营审计、财务、纪委等部门组成专项检查小组，对公司财务人员遵守职业道德情况进行检查督促，把会计人员遵守职业道德规范的情况与款项奖罚、职务提拔、专业技术职务聘任相挂钩，这样一来，一方面可以帮助公司财务人员更好地理解并严格遵守国家的财经法规政策；另一方面可以推动公司财务人员的工作水平与质量更上一层楼，督促公司会计人员成为具备德、能、勤、公、廉、俭六方面道德素养的高素质财务人才，从而便于公司会计监督工作的深入开展，使会计职业道德建设适应公司生产经营的发展，从而切实提高公司在财务共享模式下资金管理的质量和效率。

（三）强化人员绩效考核

绩效考核是指企业在制定发展战略的前提下，通过科学合理的考核标准方式对员工完成工作任务的情况与职责履行情况进行评价，同时根据评价结果对员工的业绩和行为做出积极引导，是企业绩效工作中的一项不可或缺的重要内容。工程企业对人员开展绩效考核的最终目标并非仅是对员工间的利益进行简单的分配，而是切实让员工做到与工程企业整体同呼吸、共发展，相互促进彼此的成长进步。具体来说，工程企业通过业绩考核一方面可以将员工任用、职级提拔、培养发展、薪酬待遇等各项内容深度融合，充分发挥出激励机制的作用优势，从而实现对员工的自我激励与对待工作的积极性；另一方面，通过绩效考核能够使工程企业发现生产经营中出现的各种问题，明确与同行业企业的差距，找出克服问题的方法，并为企业管理的提升以及企业的健康发展做出努力，从而实现员工与企业双赢的良好成效。

工程企业在财务共享模式下进行资金管理优化方案设计时，应充分运用人员绩效考核机制来激发员工的工作动力与积极性，同时在人员绩效考核时需明确以下四点。

1. 明确绩效考核定位

要想做好绩效考核，前提就是要明确考核的定位，考核定位也就是要搞清楚通过科学的绩效考核要解决公司的哪些问题，明晰通过考核要实现什么样的管理目标。对绩效考核定位上的不清晰必然会导致公司的考核工作没有明确的目标，这样一来考核就会变成一种既耗费人力、物力又流于表面的工作形式，导致考核结果不能真实反映公司状况，公司无法将考核结果作为经营决策的有力依据。因此，考核定位上的差异必定决定考核实施工作方式的不同，考核定位是否明晰将直接关系到公司考核工作的实施与目标实现。对于工程企业首先要明确人员绩效考核的定位在于优化公司在财务共享模式下的资金管理，从而推动公司的生产经营发展取得良好经营业绩。

2. 科学设定绩效考核指标

在绩效考核工作中，对考核指标的选取是一项重要内容，同时也是一个必须明确的问题。工程企业对员工的绩效评价指标选取，可以从任务绩效与周边绩效两方面工作中选取相关指标。任务绩效指标可以选取资金预算执行率、资金单据差错率等可以明确反映员工在一定时期内最终工作结果的指标；周边绩效指标则可以选取资金的使用数量、资金工作时效、资金使用成本、人员情况反馈等行为性描述指标，以上选取的几个周边绩效指标更加侧重于员工在资金管理工作过程中的行为对最终资金结果产生的影响。工程企业要科学地把任务绩效和周边绩效中的相关指标结合起来使用，以形成科学合理且具有高度可操作性的绩效考核指标评价体系。

3. 合理设置绩效考核周期

绩效考核的具体时间设置与公司考核的目的有密切的关系，工程企业在进行绩效考核周期设置时，可以结合自身实际情况让人员绩效考核周期与奖金分配周期保持一致，根据公司奖金按季度分配的规定，公司的绩效考核周期可以设置为按季度考核，每季度结束后的15天内将上季度各单位的考核结果予以公布。如此一来，可以使各单位对考核结果有清晰的记录与印象，避免年底一次性考核所带来的各项问题，切实做到考核效率的提升；同时，按季度进行考核并且每季度绩效考核的结果作为季度奖金的发放参考依据，有利于各部门对自己的工作情况进行及时的了解与反思，有利于各部门及时改进工作方式方法，从而提升公司的管理水平。

4. 做好与其他工作环节的衔接

工程企业要想从根本上做好员工绩效考核，必须重视公司绩效考核工作前期与后期的相关衔接工作，比如，绩效考核前对于公司绩效考核目标与指标确认，绩效考核后对考核结果的反馈。具体来说，工程企业主管人员在进行绩效考核之前需要与员工充分沟通，在做好充分调研准备工作的基础上确定符合公司实际经营情况的绩效考核目标以及应达成的绩效标准，明确考核的任务指引，同时在绩效考核结束后与员工进行谈话交流，共同针对绩效考核中发现的问题制定科学的工作改进优化方法，推动公司工作的整体进步与提升。

四、系统保障

（一）扩展机器人流程自动化覆盖范围

机器人流程自动化，是指通过使用用户界面层中的技术模拟，增强人与计算机的交互过程，并基于一定规则执行，如数据检索记录与图像识别处理等可重复任务的软件解决方案。①财务机器人可以通过已经设置好的代码规则来自行判断，并处理财务工作中量大且简单重复的相关基础性业务，而且处理业务的过程中，其自动化的优势使得业务处理的效率与质量相较于人工更加标准高效，可以确保财务经营的依法合规。德勤公司于2017年制造出了用于处理公司重复性较高工作的财务机器人，最早实现了把机器人流程自动化应用于财务工作领域，后续上线财务共享系统的公司都把财务机器人作为共享系统中的必备基础配置。通过学者的专业性研究与工程企业在实际应用中的检验，财务机器人的应用能够很大程度地提升财务共享服务的效率和质量，能够帮助工程企业更好地把有限的优质资源配置到经营生产所需的各个流程中，从而推动工程企业的财务转型升级。

工程企业财务共享系统在2021年6月引入了财务机器人流程自动化，目前财务机器人流程自动化尚处于试点应用阶段，仅在银企对账业务方面上线了财务机器人功能，上线后的财务机器人可以于每日晚上8点前对本日的账面资金记账情况与银行流水情况进行数据对比，如此重复上述步骤直到本月结束，每月月底晚上12点将本月的日对账情况进行整合汇总并自动生成银行余额调节表；同时，工程企业财务机器人还能够依据财务人员的实际需求把所要查看的银行对账单从系统导出并将对账单进行整理上传至财务部门负责人邮箱中备查，原先工程企业由财务人员按银行、按账户逐个进行对账的人工方法被逐渐淘汰。

从工程企业在银企对账业务方面上线财务机器人来看，财务机器人流程自动化在提升资金管理工作效率以及增强资金风险防范能力方面有着独特优势，即在具有标准化流程的财务共享服务模式下，财务机器人可以按照既定的处理规则高效地完成相关财务工作任务。因此，工程企业要想对目前的资金管理进行优化，就必然要进一步扩展财务机器人流程自动化在其他业务上的覆盖范围，但是在上

① 程平．大数据时代基于云会计的企业资金管理[J]．会计研究，2021（10）：134-136.

线之前一定要根据业务使用场景进行细致的财务机器人应用模拟测试，切实确定财务机器人在其他业务应用中的有效性。

1. 资金收支

（1）资金收款。工程企业的收入款项主要来源于甲方转来款项，资金流入来源较为单一，故如果在资金收款业务上线财务机器人，在系统中需要输入设置的业务处理规则明确且较为单一，资金收款业务自动化处理程度可实现较高完成率。在资金收款模块上线财务机器人流程自动化后，每当工程企业银行账户收到甲方转来的款项时，财务机器人能够及时地登录银企直连系统获取对方转来的收款详细数据，将收到的款项自动认领后把收款信息推送到公司的财务记账系统中。并把对甲方的已挂账应收款项余额自动进行核销，从而实现自动资金信息的采集处理、自动现金归集等操作，最后取得应收款项的实收数据。同时在处理完收款记账后，财务机器人可以根据收到款项中客户的银行账号、转款人名称等关键信息自动通过发送邮件等方式与客户进行对账操作，以此来确保双方账务记录准确，减少因双方账务记录差异而带来的各种问题；财务机器人还可以动态监控公司的资金收支情况，帮助工程企业财务部实时掌控公司及所属各单位资金运行的状况。

（2）资金支付。工程企业在资金支付业务方面上线财务机器人，主要是可以充分借助财务机器人在资金支付票据审核工作方面的优势，财务机器人可以做到365天持续工作，能够随时对各部门人员提交到系统中的资金付款申请单据资料进行审核。要想实现财务机器人高效审核资金付款申请单据资料，需要组织程序设计人员提前将单据的费用类别、发票种类、人员职级等单据属性设置植入财务共享系统，完成单据信息的模板化与程序化，当人员在系统中提交资金支付资料时，财务机器人可以按照既定的审核规则对相关单据进行自动识别、校验审核，符合审核要求的单据予以自动审核通过，不符合要求的单据按照既有路径退回提单人进行修正完善后重新提交审核；对于无法做到在系统中自动审核的资金支付申请单据，财务机器人则会通过自身安装的OCR组件（精准图像识别技术）对扫描单据的信息进行识别，根据信息分类把相关单据转至财务人员人工审核节点并向财务人员发送单据审核提醒，由财务人员根据审核要求规定对单据进行审核。通过在资金支付中上线财务机器人，可以优化工程企业财务单据审核管理流程，提高财务工作效率和数据准确率，降低人员沟通的时间成本；还可以有效减少因人员审核单据不当而带来的工作失误，降低资金管理工作中的风险。

2. 资金考核报告分析

目前，工程企业资金数据分析报告中财务数据的收集、查询、分析主要是依靠财务人员通过传统工作经验来手工操作挖掘有效数据价值，每次生成资金数据分析报告都要耗费大量的时间精力，并且分析报告中相关数据的准确性也无法得到有效的保证，而如果在生成资金数据分析报告工作中上线财务机器人，财务机器人流程自动化则可以在财务共享中充分发挥优势，代替财务人员完成重复标准化数据收集等工作，对有效的数据进行识别计算分析，把有效数据通过图表展示等方式与财务分析报告一起自动处理分发，同时也可以将分析报告及相关财务数据分享到公司内部的其他业务平台，使得公司财务人员在进行资金数据分析报告时可以直接掌握更加全面的财务状况。公司管理人员也可以实现对公司数据分析价值的有效综合利用，为推进公司财务决策工作提供数据分析支撑，从而提升整个财务资金工作运作管理的数字化水平，助力公司在生产经营过程中作出科学的决策。

（二）持续完善大司库管理系统构建

司库最开始时是人们设置用于安全地储存贵重物品与财产的地方，后来被引用到工程企业管理中，司库管理能够在提供必要资金和信息支持并从财务和运营中识别风险的同时，把资金的被动式管理转型为主动与超前式管理。工程企业所拥有的资金是自身生存发展的基础，也是工程企业实现经营战略目标的重要途径，将有限的资金管理利用好是工程企业资金管理升级的重要内容，而把司库管理引入到工程企业的资金管理中，是大中型工程企业在盘活有限资金的同时，降低资金使用成本的有效途径。工程企业通过司库可以建立起拥有科学账户架构、高效结转体系、良好应收应付款方式的资金池，从而充分发挥出资金集中的规模效益，降低工程企业的低效无效资产，确保资金在收支过程中的安全性，切实为工程企业的资金管理工作作出创造性贡献。

为了建立起公司范围内的统一收支管理的资金池来优化资金在生产经营全部流程中的调配，工程企业自2019年起上线司库管理系统，进一步推动资金在全公司范围内的精细化管控，防范资金管理风险以为公司决策提供支持。在司库管理系统上线之初，拟定司库管理系统分为结算、融资、投资、风险管理、决策支持五大模块，目前工程企业的司库管理系统已上线结算员工费用报销、资金融资等部分功能。

随着信息技术的发展，科技的进步为公司司库的持续性改革建设提供了基础，工程企业要想在财务共享模式下优化对公司资金的管理，在系统支持方面借助新技术来持续完善大司库管理系统，并强化与财务共享系统的对接融合是必不可少的工作，完善大司库管理系统需着重把握以下四点内容。

1. 完善资金结算下收支管理工作

进一步以原有的资金收支两条线为抓手，扩展工程企业所属各个事业部的银行账户与总公司账户直连涵盖范围，最大限度地将全部所属事业部资金收支纳入总部统一资金池管理，但在做好公司资金归集工作上要注意集权与分权的适度把握。按照集权与分权有机结合的原则，工程企业在司库系统中需要对所属各单位账户留底最大金额、上收下拨资金利息率、资金日归集具体时间、资金上收与下拨频率等方面根据实际情况综合判断后进行最终确定；加强公司本部与所属各单位在资金收支工作方面的沟通与交流，寻求各单位的支持与配合，及时收集各单位部门员工对司库系统优化升级使用过程中的意见与建议，了解员工在司库使用过程中遇到的问题，针对问题探讨解决方法，推动公司的司库系统能够得到真正的优化，从而为公司的资金管理与整体效益提升真正发挥作用。

2. 突出集中融资对资金管理价值创造的贡献

工程企业可以借助司库管理系统中的大数据信息技术的优势对公司资金的使用与流动情况进行全面的掌握，能够根据公司当前经营下资金的情况以及预期内公司的发展目标，确定资金的需求情况并与实际资金存量进行分析对比，以此来统计出当前及未来发展时期内公司的资金缺口，从而为公司财务部门上报申请融资缺口金额提供坚实的依据，为公司整合全部资源以公司整体名义进行融资提供保障。在公司整体名义下进行融资，不仅能够改进修正所属各单位在原先融资过程中的错误做法与固有模式，还能够消除各单位自行融资时遇到的困难，把公司整体的信用辐射到全部所属单位，这样可以帮助公司整体节约资金的融资成本，也从侧面为公司资金管理创造了价值，有利于实现公司整体利益的最大化。

3. 发挥集中投资理财对资金管理的积极作用

通过司库管理系统将所属各单位的资金集中到工程企业总部后，如果只是单纯将资金放置于资金池内，并不能完全保证资金效益的同步提高。因此，除了严格按照国家有关监管规定规范运作资金外，还需要按一定的配置规则加强投资理财工作，利用工程企业内部资金，将资金池中闲置资金充分调动起来，特别是要有科学的投资理财规划，合理地对公司的资金资源进行配置，实现公司所拥有的各项资金资源的可控制和增值性，追求更优的投资组合与投资收益，同时根据工程企业所处内外部环境的变化来调整优化资金的投资组合，确保资金在一定时期内实现更高的收益与更低的风险，最终达到确保用最少的风险获取最大限度收益的目标，避免无序投资带来资金风险。

4. 加强风险管理对资金安全的保障作用

工程企业可以通过司库管理系统建立“事前、事中、事后”风险管理体系，从资金管理的规模、结构、模式、内容等方面来提升公司应对资金风险的能力，强化资金风险识别、评估、监测、控制和报告工作，实现资金风险闭环管理，提升公司财务风险的管理水平。“事前、事中、事后”风险管理机制具体内容为：事前逐步构建起涵盖公司多项资金业务场景的内部控制规则，加强内部控制，完善流程标准化管理，通过优化信息系统建设，如在司库系统中增加人脸识别、资金收支“三密钥”审核等安全插件，确保公司涉及的所有资金业务由前端业务部门发起、全部人员实现在线审批、业务单据无法被篡改，同时除了流程管理优化外，要通过明确资金的风险偏好、研究国家政策风险监管要求与合规措施、推广资金安全管控工具的应用等措施实现风险管理前置，当财务风险相关指标如汇兑损益出现较大波动时，及时开展精准溯源并根据风险水平的变动采取管控措施应对风险挑战。事中要严格资金支付的审核，可以通过在系统中提前录入支付重复预警、资金大额支付人工确认、签章审核校验、支付时间异常警报等处理规则，使得司库系统可以根据既定的处理规则来逐步自动检验审批每一笔资金收支业务，确保资金收支过程中各项工作的依法合规。事后通过司库系统中的资金智能监控功能来全天候观测公司账户的活跃情况、银企对账情况，随时在线控制资金的异常动用情况，并将异常情况第一时间发送至相关部门及单位的负责人邮箱，提前筛查出潜在的资金收支风险，实现对公司资金管理过程中风险问题的收集与计量，牢固筑立起资金风险防范的防线，为工程企业资金管理工作的优化提供支撑。

（三）加快客户授信管理系统建设发展

授信管理是指企业采用多种分析方法收集所在市场动态情况和客户实际经营

情况，以充分了解客户偿债能力和意愿大小，并对每类客户审慎地确定给予不同授信规则和授信额度，以此来减少信用风险的一种方法。工程企业对客户偿债能力和意愿大小的确定一般通过查看客户资质、客户以往交易中的信用程度、客户资金流动情况、款项给付能力的大小等各个项目因素。

工程企业目前尚没有建立起自身完善的客户授信管理系统，每次与新客户签订合作合同协议前，公司对客户的信用调查仅是通过人工调查等方式对客户的资质进行查询，人工调查的方式耗费了公司大量的人力、物力与时间、精力，而且得出的调查结论的真实可靠性很难得到保证。工程企业要想在财务共享模式下优化资金管理工作，应该加快客户授信管理系统建设应用，同时在客户授信管理系统应用建设的过程中，要着重注意以下三项内容。

1. 依靠现代信息技术建立授信数据库

建立客户授信数据库是公司掌握客户资源信息、以更灵活的贸易方式寻找商机、减少经营决策失误的先决条件，也是防范信用赊销风险的基础前提。[①]工程企业要想规避因信用赊销而带来的资金回收风险，减轻日后在完成工程服务后应收款项回收时遇到的压力与困难，最重要的就是建立客户授信数据库，不断对数据库中的信息进行完善补充，但要注意在授信数据库建立过程中必须确保收集到的客户资料的真实性与完整性。只有在客户资料完整全面的基础上，公司才能对客户的信用有充分的了解并对客户确定出科学真实的授信额度，否则就会使得授信额度失真而导致工程企业的资金安全受到威胁。因此，工程企业在建立客户授信数据库的过程中要尤为关注各部门对客户原始数据的采集录入，以便后期对客户进行准确的授信额度确定与发放。

2. 加强客户偿债能力及意愿信息分析

工程企业要想加强对合作客户的偿债能力及意愿信息分析能力，可以通过不断提高分析队伍人员专业能力，逐步调整研究人员知识结构，充实经济分析队伍的方式来进行。专业化的分析队伍可以通过成熟的客户评估模型，用专业的知识与视角对客户的资信能力与经营风险进行数据挖掘并作出动态客观的评价分析，对客户的长短期债务偿付能力、信用风险等级、信用资源占用等方面进行探求调查并作出准确判断，将分析结果作为决定是否与客户进行合作的依据，从而为公司管理层在市场开发、销售策略制定等方面作出正确有效决策提供真实可靠的保证。因此，要不断充实公司的经济分析队伍，提升公司信用分析管理人员的良好

① 李正善，张瑞君. 基于客户分类的赊销账款管理 [J]. 财经科学，2018（30）：69-70.

职业素质与专业能力，依靠专业化的信用分析来防止资金风险发生，逐步建立起流程完备、人员具备丰富专业知识与高度工作责任心的客户授信管理体系。

3. 注重授信政策的制定与贯彻实施

授信政策是企业开展信用销售业务的基本管理措施，是企业确保信用管理得以真正实施的有效途径，工程企业的授信政策应具有较强的原则性，一般情况下授信政策至少应在一个财务年度内是稳定的，但工程企业所处的市场环境具有一定的变化与复杂性，因此企业针对特定客户要有一套灵活的财务安排。一个适合工程企业经营实际情况的授信政策将有效地支持自身营销策略的实施和风险控制方案的执行。

工程企业应该将制定出的授信管理政策通过公司内部红头文件进行公告，同时线上通过OA办公系统下发至公司所有管理层人员、资金业务经办人员、各单位财务人员以及其他相关人员，督促以上人员认真理解学习公司的授信政策，并在日常工作中严格按照规定和要求执行。工程企业在制定自身授信政策时，应当综合考虑授信评估程序与债权保障措施等各项因素，从制定授信政策的最终目标、制定授信政策的遵循原则与方法等方面进行科学的设计，具体来说，要注意合理地对应收款项的回收进行部门分工，因为款项资金的回收是一项涉及各部门之间相互配合且直接关系到公司自由现金流完成情况的工作，必须从部门管理职责、部门职能、工作效率等多方面考虑部门之间的分工与绩效的考核，同时需要加强在资金货款收回过程中的监督，防止腐败事件的发生。

要注意对应收款项的回收管理重点进行前移，不能只在资金回款金额上下功夫，必须重视对应收账款的预算执行情况管理和对货款到期日的严格控制，强化对应收账款及货款的账龄管理，按照账龄长短对款项进行分类，逐步构建以账龄分析管理为重点的资金回收体系，把资金回笼的管理重点前移至公司货款到期日之前。只有这样，才能在较短时间内提升资金的回笼速度，降低公司对资金的占用成本。

（四）强化其他办公系统应用保障

1.OA 办公管理系统

OA办公管理系统是包含公文管理、日常办公、公司信息、个人事务、档案管理和系统管理等多项功能的办公实用系统。为了从源头改善公司资金管理，进一步推动业财一体化纵深发展，体现工程企业资金管理的精髓，公司必须坚定不移地继续推广使用OA办公管理系统。目前工程企业虽然已配套独立运行的OA办公管理系统，但上线覆盖率仍然不高，有些资金财务内部文件审批及制度下达仍然通过纸质文件的方式，工作效率不高。而随着OA办公管理系统的推广使用可以把文档的管理流程化，工程企业文档的审批流程将在很大程度上加强源头管理，同时办公管理系统为工程企业提供了无纸化操作，从而可以严格把控公司资金业务的全流程，加强对资金的管理。因此，OA办公管理系统的大范围推广使用不仅将提高公司日常的工作效率，深化业财融合程度，还将整个业务流程纳入总部管理层的监管，有利于保障工程企业资金安全，因此公司必须加强OA办公管理系统的推广使用，进一步提升公司在财务工作方面的效率。

2.ERP 物资管理系统

ERP是指企业资源计划，它的目标是通过对企业拥有的有限资源的合理规划来达到企业在生产经营、财务核算、市场销售等方面的科学管理；物资管理是指通过对企业在物资的采买、消耗、存储等方面进行有效的管理以实现成本的降低和资金流动的提速，从而提升企业在市场竞争中的优势。把ERP应用于企业的物资管理，可以充分发挥出其科学管理的优势，对企业降低物资管理全过程中的成本，减少存货对资金的占用，加快企业有限资金的周转，实现物资管理机制的创新，提升企业的整体资金管理水平具有很大的促进作用。在ERP物资管理下要想实现企业资金管理优化，最主要就是对库存物资数量的管理，库存量过大就需要企业投入并占用更多的资金，这必定会对企业的资金运转流动产生不利影响，造成一定程度的财力资源耗费；但如果库存物资过少又可能会导致企业的物资采购供应面临短缺问题，影响企业的正常生产经营乃至发展进步，因此平衡好库存物资维持正常生产的临界点极为重要，作为企业强化经营管理一项重要手段的物资管理是极为关键的一环，如果库存物资管理出现疏忽，必然会导致物资库存数量以及种类的混乱，企业经营管理的实效性更加无法保障。

目前，工程企业在物资管理方面依托较完善的ERP物资管理系统良好运行，已取得较好成效。通过现有的ERP物资管理系统，公司可实时掌握库存数量，提高物资管理中信息的及时与准确性，同时物资数据可以通过系统实时传输到相关人员账号中，相关物资管理人员可以及时了解到生产现场对物资的需求与当前库存物资的数量与类型，掌握物资利用的实际值，从而可以针对已有库存物资特点与市场经营形势的变化对所拥有的物资信息实现数据分析与信息反馈上报，按照供需平衡原则发挥出系统平衡利库功能的优势，及时对物资进行适量采购并供应给所需要的一线生产现场，从而更好地服务于公司的各个生产经营项目，做到物资有效合理利用的同时，又避免了物资积压所带来的占用资金等负面影响，最大限度上保证资金运转效率，减少烦琐环节，提高公司整体的运营效率，切实减少因存货导致的资金占用量大的问题，同时降低公司在资金工作方面的失效风险。综合以上信息，工程企业要想在财务共享模式下对资金管理工作进行优化设计必须持续加强ERP物资管理系统在减少资金占用等方面的优势，从而提升自身资金管理的水平，为公司的长久发展保驾护航。

3. 合同管理系统

合同管理系统是根据用户要求把合同信息管理、财务管理、客户管理、产品管理等几方面功能密切融合连接起来的桥梁纽带，其作为企业财务管理的一项不可缺少且不容忽视的重要内容，对促进企业内部经营流程的合规规范、降低应收款项的回收难度以及减少资金的时效风险具有极为重要的意义，有利于企业对资金管理工作的优化，从而完成预期经济效益目标。

员工可以在合同系统中输入合同信息或者合同中客户信息等实现在系统中对有关合同信息的查询与打印，同时各部门合同系统管理员可以根据实际情况对相关合同的基本信息进行更新完善或者删除，力求实现通过系统为员工提供方便快捷的合同数据信息查询工具。为保证本书前述的资金优化管理措施能够实施到位，工程企业必须加强合同管理系统的上线推广，强制所属全部单位将支出类合同以及收入类合同均纳入合同管理系统，实现合同的“事前防范、事中控制、事后补救”全流程管理，进一步对自身的合同加强规范管理，从而确保应收款项收款及时、支出款项付款依法合规，确保资金安全。工程企业在实行全面合同管理时应注意以下三点。

（1）合同签订前的审查。在合同签订前，财务部门需配合相关部门做好对客户的信用调查，谨慎理清合同签约对方的注册资金、财务情况、近五年历次交易中信用与违约情况，尤其是要关注客户的获利能力与履约能力，切实做好对合同交易事项的风险辨析与预测，同时要把可能面临的风险进行逐一细致分析并对各个风险进行类别确定，重点检查合同价格金额是否在允许的审核权限范围内、合同中结算条款是否符合公司信用政策及内审规定、合同中有关税款部分是否有涉税风险或是否在依法合规的范围内仍有节税筹划空间、内部单位之间交易事项价格是否公允且遵循公司规定等方面，切实做到从合同签订的首要源头上规避风险，真正在第一环节确保合同执行中的资金收支规范合理且安全受控，确保合同管理程序上的良好运行，从而实现有效的合同管控。

（2）合同履行中的控制。工程企业在合同的履行阶段必须实现强有力的事中管理。具体来说，经营审计部门必须全面履行合同的主管责任，时刻关注合同签订方是否按照合同约定执行，一旦发现异常情况应该及时做出风险预警提示，最大可能地降低因合同履行异常而带来的风险与损失，对于合同中约定内容未明确或者因实际情况变化而需要变更合同的，必须双方在原合同协议条款的基础上对原有约定内容进行沟通，进行变更或解除条款，同时补签变更协议并将变更后的合同在合同管理系统中及时进行登记备案；财务部门需要严格按照合同中有关结算条款加强财务结算核算，一旦发现有未按照合同条款或者未通过验收审核的合同不得为其办理结算付款，并将违规情况每月进行通报以作警示；物资部门需要做好采购合同中对实物的质量验收工作，对于质量验收不通过的合同，不得办理结算；市场运行部门要做好收入合同的货款收回工作，对于到期未收回的款项应该通过电话、邮件、上门等各种有效途径及时进行催收，确保收入合同的履行正常。

（3）合同争议的解决。公司发生相关合同争端时，应该根据合同纠纷调解处理制度对待并有效地制定相关应对措施。若工程企业发生合同争端，首先应在有效期限内根据国家有关的法律政策与合同签约方进行充分的协商与谈判，双方达成一致的话，须就协商结果签订书面约定协议，并且必须由工程企业负责人进行签章并加盖公司公章后方可正式生效；双方无法达成和解的话，可以选择通过仲裁或者诉讼等法律途径来进行争议的解决。同时需要注意，在提起仲裁或者诉讼前，公司经营审计部门必须充分收集相关证明材料，并会同公司的其他部门以及专业外部律师事务所人员研究出有效可行的仲裁或诉讼方案，报经公司负责人审核批准后方可实施、推进。

4. 人力资源管理系统

人力资源管理系统作为强化企业管理的必备工具，可以凭借大数据处理的优势对企业的人力资源进行高效管理，能够通过为企业搭建公平的管理制度来增强员工的归属感与高度责任感，为企业的战略性发展做好充实的人才储备。从表面来看，人力资源管理系统似乎与资金管理并无过多联系，但是深度研究就会发现人力资源管理与资金管理都贯穿企业生产经营的全过程，其每个环节都从侧面对资金安全管理产生影响。科学的人力资源管理系统将为企业营造一个安全高效的资金运行管理环境，保障企业的资金安全，也就是说，企业资金管理优化方案设计的准确实施与改进提升都需要人力资源管理各个环节做保障，而人力资源管理系统作为联系人力资源管理与资金管理两大工作的纽带具有不可替代的重要作用。

工程企业目前尚未上线配置人力资源管理系统，相关工作仍需人工完成，要想对公司的资金管理工作进行优化且确保优化措施得以贯彻实行，就必须配置上线人力资源管理系统。针对目前工程企业实际情况，若构建并配置公司专属的人力资源管理系统需要让系统囊括人力资源规划、员工的聘用及匹配、员工培训及系统匹配支持、员工绩效考核管理、员工薪酬福利待遇、劳动关系管理六大模块功能，切实把以上六大模块的功能相互衔接融合，将人力资源管理中的机械性与重复性程度高的日常琐碎工作完全交由系统自动处理，把公司人力资源管理部门员工的时间精力更多地配置到公司发展与员工能力提升上来，让公司人力资源管理部门员工的日常工作更加具有意义，从而形成一个完整有效且符合公司实际发展情况的人力资源管理体系。工程企业在配置上线人力资源管理系统时，需要密切关注以下三项重要内容。

（1）员工的聘用、培训、辞退与辞职对公司资金安全的影响。在人力资源管理系统下对企业员工的招聘、培养、辞退是存在于人力资源管理工作中的重要内容，同时也是资金安全管理的重要保障措施。工程企业在上线人力资源管理系统后，可以通过系统高效实现线上对员工的招聘、培养、辞退等各项工作，具体来说，在新员工聘任时通过系统中的人员信息，可以清晰地了解到员工在学历、工作经验、职业道德等方面的有用信息，审查其与公司的实际需求是否相符；在员工培训中，通过系统中的科学培训使员工充分了解到应遵循的岗位职责、行为规定、工作流程，有利于员工职业道德的进一步增强，特别是对新入职的财务部门员工的相关培训，更能够切实做到公司的资金安全管理水平的提升。

（2）员工的薪酬待遇对资金安全的影响。公司的薪酬福利结构与考核晋升政策是吸引与激励员工的重要手段，也是公司经营成功的影响要素。[①]工程企业

① 周凯伟．基于财务共享服务模式下的PA集团资金管理研究 [D]. 安徽大学，2021：11–13.

为在有限时间内建立起可持续发展型的公司薪酬福利结构，在薪酬福利政策制定阶段，充分贯彻落实以人为本的理念，处理员工的报酬问题，尤其重视高新人才的薪酬奖励问题。只有这样，员工才会将全部身心投入工作，始终做到坚守公司制度做事，确保公司的整体利益不为员工利用，从而加强公司的资金安全管理；同时，公司必须坚持职业精神与相互尊重的用人理念，为员工的个人发展提供广阔空间，激励员工为公司的发展努力创造价值，避免公司出现人才流失现象，从而加强公司的资金安全。

（3）强制休假和定期岗位轮换制对资金安全的影响。在公司的正常生产经营过程中，岗位轮换制与强制休假制对公司的资金管理工作具有十分重要的作用。对工程企业来说，实行岗位轮换能够打破目前公司内部各部门在横向合作中存在的隔阂与分界，让员工清楚地认识到自身工作与其他各部门员工工作之间的密切联系，有利于工作质量的进一步提升，激发员工的积极性，同时对公司内部关键岗位尤其是财务岗位的轮换也是保持内部审计人员相对独立的有效手段，对公司资金的安全管理具有积极影响；通过强制关键岗位员工休假制度，既可以给原岗位员工充分的休息疗养时间，又有利于员工到岗后工作效率的提升，还可以在原员工休假期间让公司其他员工接手工作时检查以往工作中是否存在失误以及工作的规范合理性，从而加强内部监督，确保公司资金的安全和完整。

第四章　现代工程项目财务内部审计控制

第一节　工程项目财务内部审计控制概述

一、工程项目财务内部审计控制的含义

单位应当建立规范的工程项目决策程序，明确相关机构和人员的职责权限，建立工程项目投资决策的责任制度，加强工程项目的预算、招投标、质量管理等环节的会计控制，防范决策失误及工程发包、承包、施工、验收等过程中的舞弊行为。

工程项目的财务内部审计控制就是在工程项目的决策与实施活动中，工程项目建设单位及其会计机构或人员，通过运用会计手段和方法对工程项目进行全方位、全过程的内部控制与管理，包括项目决策控制、勘察设计与概预算控制、招投标与合同控制、施工过程控制、竣工验收与决算控制五个阶段。

二、企业内部审计的特点

内部审计与外部审计相对照，显示出了内敛的服务方式、独立的工作模式、简捷的审计程序、宽泛的审查面等独特的特点。

（一）内敛的服务方式

帮助企业进行经营管理和增加收益，是企业进行内部审计的根本目的。内部审计是审计员对企业经济运行进行监督，为企业提供专业咨询、指导。他被企业的管理领导者直接指派工作，只对管理领导者负有责任。因此，他的服务方式是内敛的、保守的。

（二）独立的工作模式

和外部审计相同，企业的内部审计工作也一定是独立的，首先它必须以国家的立法规范为前提，进而对企业的财务状况、经营状况进行独立的审核与评价。这样就做到了对企业的长期发展和尊重国家法律二者的兼顾。

（三）简捷的审计程序

内部审计的程序主要包括“计划—实施—终结—后续审计”四个步骤。企业首先对内部审计机构提出需要对企业实施审计的要求，然后审计员结合企业的现实状况，决策出相应的计划，再报给企业管理领导者批准，最后再实施。在整个内部审计具体情况中，审计程序精简了许多，而且工作量也大大减少，这是因为审计员本身就对企业的现状比较了解，他们在往常的工作中就习得了许多经验，而且预定的工作可以和现有的工作交叉开展，这么多的优势条件存在，审计工作程序能不精简吗？内部审计员向领导上交了审计结果，领导对其作出肯定，或者提出意见，如果被审计的部门对领导的决策有不同看法，要向审计机构反映。

（四）宽泛的审查面

企业内部审计的目的之一，便是促进企业的经营管理活动。因此，这表明企业经济范围内的活动，只要领导需要，就必须对其进行审计。也就是说，企业内部的财务方面需要审计，经济活动也需要审计。对于一个项目的审计，在事情发生之前、正在发生时、发生之后，都可以分别进行审计。为防范未知的风险，可以进行内部审计；为企业出谋划策，也可以通过内部审计得出。

（五）审计企业内部管理制度和情况

内部审计和内部控制关系紧密，前者是后者的组成部分，后者又是前者的主要内容。对企业内部管理制度和情况的审计，能发现企业经营管理中成功的部分和有缺陷的部分，针砭时弊，对企业经营管理及长足发展都是有很大作用的。

（六）审计进行快速，采取措施及时

首先，由于内部审计机构隶属于企业，是企业众多部门中的一个，审计员也是企业的职员。所以，只要领导有需要审查的要求，审计机构就可以结合企业实际情况以及自身经验积累，对审计的四个步骤进行简化，快速开展审计工作。其次，一旦审计机构在审查过程中发现了对企业发展的不利因素，就能及时向领导汇报，从而及时实施对策，以扼杀或者消除隐患。

三、工程项目财务内部审计控制的目标

进行工程项目财务内部审计控制的总体目标，就是在工程项目建设的各个阶段，把投资的发生控制在批准的投资限额内，随时纠正偏差，以保证项目投资管理目标的实现，有效地使用人力、物力、财力，取得较好的社会效益以及生态和

经济效益，同时防范工程项目建设中的各种舞弊行为，提高工程管理质量。

（一）保护项目资产的安全、完整

健全有效的财务内部审计控制，能够对工程项目建设单位内部的各职能部门、岗位、人员及各流转环节进行有效的监督和控制，及时发现、纠正错误及舞弊行为，从而在一定程度上保证项目财产物资及相关记录的安全和完整，减少甚至杜绝腐败的发生。

（二）确保国家有关法律法规和单位内部规章制度的贯彻执行

良好的工程项目财务内部审计控制，就是要确保建设单位在工程项目建设过程中，贯彻执行国家有关的经济政策、建筑法律法规和单位内部的规章制度，从而有效地完成建设任务，实现预期的经济效益和社会效益。

（三）降低项目建设的风险

一个工程项目从立项开始到竣工验收交付使用，要经历一个较长的生命周期，再加上其自身的特点，即项目的单件性和管理过程的一次性，都决定了项目的建造过程具有很大的风险。因此，工程项目的财务内部审计控制应当对风险采取必要的预防和控制措施，确保项目的健康运行。

（四）提高项目的经济效益

科学合理地组织各项业务活动，是工程项目建设单位得以生存与发展的重要前提。健全的财务内部审计控制，应该能够处理好单位内部各部门及人员之间的岗位分工责任和经济利益关系，并促使其协调一致地完成各项工作，从而确保管理活动的协调、有序进行，以提高整个工程项目活动的效率。

四、工程项目财务内部审计控制的原则

健全、有效的工程项目财务内部审计控制应该做到：消除隐患、堵塞漏洞，使不法行为没有发展空间，使建设单位的损失减少到最小；加强内部管理，建立有效的内部牵制制度，建立授权与约束相结合的机制，确保单位资产的安全、完整；提高经营管理的有效性，确保财务内部审计控制的贯彻执行；在保持相对稳定的前提下，适应单位的各种变化和单位经营管理的要求，确保内部会计控制制度不流于形式，真正发挥其应有的作用。因此，建立与完善工程项目财务内部审计控制应坚持以下原则。

（一）注重财务内部审计控制环境的建设

工程项目财务内部审计控制环境是工程项目财务内部审计控制运行的基础，没有有效的控制环境，工程项目财务内部审计控制的目标、内容、方法等就不可能得到有效实施。其中，合理的组织结构是前提，人的因素是关键，有效的审计监督是制约。为保证工程项目财务内部审计控制的有效实施，必须有职责明确、责任到位的组织结构作保证，同时要加强对人的管理与控制，发挥审计部门的再监督职能。

（二）财务内部审计控制与工程项目建设全过程相对应

工程项目实施过程主要包括投资决策、勘察设计、招投标、施工与监理、竣工验收与决算等阶段。与之相对应的财务内部审计控制也应包括对项目决策、勘测设计与概预算、招投标与合同、施工过程、竣工验收与决算五个阶段的控制，充分发挥会计的职能作用，做到事前参与预测和决策、事中实施控制和管理、事后进行分析和评价。

（三）选择工程项目的重点环节实施重点控制

工程项目由于建设投资较大，涉及的单位、部门及经手人员较多，所以很难将项目实施过程完全、有效地置于会计控制之下。建设单位应首先调查研究，认真分析项目的外部环境和内部因素的具体特点，找准财务内部审计控制的关键控制点。确定关键控制点要紧紧围绕工程项目财务内部审计控制的中心环节，向周围依业务流程扩展。关键控制点的设置要合理易行、讲究实效，对可能发生舞弊或其他不规范行为的环节从严控制。否则，控制点过多会使财务内部审计控制缺乏活力，挫伤业务人员的积极性；控制点过少则会影响财务内部审计控制的效果。

（四）积极主动地实施财务内部审计控制活动

工程项目建设是一个动态的系统，只有积极主动，才能把握解决问题的最佳时机。事后的被动控制虽然在工程建设中也有其存在的意义，但它不能使已产生的偏差消失，不能预防可能产生的偏差。因此，工程项目财务内部审计控制应立足于事先主动采取措施，尽可能地避免偏差，当实际值偏离目标值时，及时分析原因，并采取应对措施。

（五）坚持技术与经济相结合

在以往的工程项目管理中，工程技术人员与财会人员、概预算人员往往单纯地从各自角度出发、单独工作，难以对工程项目形成有效的控制。坚持技术与经济相结合是财务内部审计控制的有效手段，要求有关技术人员与财会人员紧密配合，力求使工程项目财务内部审计控制做到在技术先进条件下的经济合理、在经济合理基础上的技术先进。

（六）将全面风险管理思想融入工程项目财务内部审计控制

工程项目的影响因素很多，投资的风险很大，如果不加以重视，将导致投资效益的降低，甚至造成整个项目的失败。因此，在工程项目财务内部审计控制中，要增强风险意识，将风险管理融入其中，做到事前的防范和事后的有效控制，这也符合当前内部控制逐渐向全面风险管理发展的国际形势。①

五、内部审计的财务风险控制作用及预警功能

（一）内部审计在企业财务风险控制中的作用

内部审计作为审计委员会的得力助手和工具，深入公司治理层次，同时作为风险专家和控制专家，对企业风险进行审计后并确定其影响力，也为企业的信息咨询随时待命，并提出改进建议，在企业风险管理整合系统中发挥着重要作用。

企业内部审计对于风险管理来说，能对风险管理工作做出独立研究与分析，并在客观上保证风险管理工作的顺利进行，它还向企业提供随时的咨询服务。企业提高风险管理的方式是规范化和系统化的，这两种方式的结合能使风险管理变得更有效，也能更好地对风险进行控制和管理，这样，能引领企业更顺利地达成经营目标。根据学者们最新确立的内部审计含义可以得出：内部审计在原有的对企业进行风险管理和加强内部监控的基础上又加了第三项活动内容——治理企业。内部审计以风险作为向导，最终目标是实现企业的愿望，目的是增加企业收益，中心任务是对风险进行管理与监控。这样做，也使内部审计的信息咨询与风险和决策的确认两个职能被实现了。

内部审计在确认上的具体表现有：第一，对风险管理程序是否充分、有效进

① 林锦峰.如何建立企业内部控制审计评价标准体系[J].中国高新技术企业，2015（18）：181-182.

行评价；第二，评估企业具体风险的大小；第三，评价一定时期内企业经营结果的优劣；第四，看内部控制程序是否充分、有效；第五，评价最终结果与预定愿望的差异；第六，评价企业经营过程与企业文化是否相悖。

内部审计能随时为企业提供信息咨询与指导。其重要要求是以考虑企业经营与文化的现实状况为基础。在实际的内部审计中，确认与咨询两种服务之间有沟通，并未完全分开。总体而言，内部审计既是企业风险管理运营活动中的监控者，又是信息咨询者；既是各种矛盾的协调者，又是企业发展与规划的建议者。

此外，国际内部审计师协会的职业准则保证了内部审计的工作质量。比如，《内部审计实务标准》1300号质量保证和改进程序，要求对内部审计活动的有效性进行监控和评价，一般包括内部评价和外部评价。内部评价由内部部门的自我评价和组织内其他具有内部审计实务和标准知识的人来评价；外部评价由组织外部有资格的、独立的评价者或评价小组来进行，至少五年进行一次，并且应该向董事会报告外部评价的结果。内部审计必须遵守内部审计职业准则，当不能完全遵守并且已经影响到审计范围或内部审计活动的开展时，必须将遵守的情况向高级管理层和董事会报告。

（二）内部审计的财务风险预警功能分析

1. 内部审计与企业财务管理制度的关系

现代企业以风险为向导进行内部审计，它对企业各方面的风险都负有管理与监督责任。随着市场经济与经济全球化的发展，现代企业也发生了许多变化。公司规模日益扩大，可拥有上千个员工；管理越分越细，形成了多个层面；经济范围日益增大，在本国的总公司旗下还有许多子公司，而且在他国设立了分公司，即跨国公司；交易形式也变得复杂多样；管理方面更加人性化。但是这些因素出现的同时，也增加了风险因素及其发生的概率，财务风险是这些风险中的一个典型表现。

内部审计目前正经历以财务审计为主向风险管理审计、内部控制审计为主的全面转型。内部审计实现转型与发展，要求审计的重点从传统的财务领域扩展到风险管理和内部控制领域；审计的方式从事后确认，向事前、事中监控转移；审计的目标从查错纠弊，向测试、分析、确认、揭示和防范关键性的经营风险，以及对企业内部控制和风险进行评价、评估转变。内部审计师的作用是监控、评估和分析公司的风险，向董事会、审计委员会以及高层管理人员提供风险已被分散、公司治理有效的保证。”开展以风险管理为重点的审计，既是内部审计满足受托责任变化的需要，也是内部审计承担参与风险管理使命的需要，更是内部审计实现转型与发展的需要。因此，要关注企业财务风险，内部审计机构的任务，便是对财务风险进行评析并向领导层及时汇报风险。

一个企业在财务方面的活动，指的是以货币的收入和支出为代表的经济活动。企业的资金筹集、资金投放、生产经营和收益的分配等都属于财务活动。在这些资金来往的过程中会产生或多或少的风险，这就是经济领域中所说的财务风险。因此，财务风险也可以分为筹集资金风险、资金投放风险、现金流动风险、资产损失风险等。

（1）筹集资金的风险。企业为了更好地发展，或者因为遇到了暂时的困难，会向银行或者通过其他途径借款，以使自身顺畅发展。一定程度的举债对企业来说是正常的，但如果企业在借到外债后没有恰当利用好资金，或没有使企业得到发展，而且债务较多，没有在规定时间内还清外债本息，就说明企业产生了财务风险。如果一个企业的外债占有率在整个资本结构中的比率过高，会使企业压力过大，发展受到限制，企业还可能因为财务危机而陷入困境之中，阻碍其继续经营。

（2）资金投放的风险。企业在得到良好发展的时候，会有可观的收益产生，这时就可以把资金投入其他事业中去，以增加资金的附加值。但是，一旦企业对投资对象缺乏充分的认识，或者在决策不恰当的情况下就进行资金投放，这些行为都会使投资不能达到预期成效，从而影响企业运营，产生财务风险。

（3）现金流动风险。如果企业产品在一定时期内因为种种原因而使销售量下降，或者遭遇了全球性经济危机的影响，使得产品市场惨淡，产品积压，又拿不到应得款项，那么企业就会出现严重的资金不足，使现金的流动出现巨大问题，进而让企业出现财务危机，影响企业的继续运作。最终可能导致企业破产。

（4）企业损失资金的风险。导致企业资金遭受损失的情况有很多，下面列举主要的三个原因。第一，人为地对资金弄虚作假，这是指被审计单位的管理层或员工通过某种手段或方式，非法占用被审计单位的资产。这种风险主要表现为：贪污收入款项，盗取货币资金、实物资产或无形资产，使被审计单位对虚构的商品或劳务付款，将被审计单位资产挪为私用。侵占资产通常伴随着虚假或误导性的文件记录，其目的是隐瞒资产缺失或未经适当授权使用资产的事实，达到损公肥私、化公为私的目的。第二，有形的资产，如企业设施、机器等在实际中没有被高效利用，但又因为有用而没被其他新产品取代，长此以往，使资金在经济活动中的循环利用受到了阻碍。第三，企业在经济运行过程中出现了巨大的风险，这种风险又未被有效化解或消除，影响了既定目标的达成，进而使企业蒙受资金损失等。此外，在企业里管理者因私受他人贿赂而不按资金支用程序办事，擅自决定审批，或者在正常的资金支用上不按正常的程序进行，使企业资金面临风险或危机等。除上述之外，一定时期利率、汇率变动也会增加财务风险发生的可能性，导致企业出现经济损失。

企业财务风险按照其产生后果不同，可分为纯粹风险和机会风险。纯粹财务风险指对企业财务活动只带来损失，是一种可能性的风险，它的存在可能导致企业损失的发生，如资金舞弊风险等。这类财务风险是企业不允许发生的，企业不能给这些风险的发生提供任何机会。机会财务风险，则是指与企业收益存在正相关关系，它带来损失和盈利的可能性并存的风险，这类风险的特点是，风险越大，潜在的收益就越大。

对这类财务风险不是要消灭它，而是应当对其进行管理和有效控制，使它在合理、平衡的范围内存在，不超出企业的预期，这种风险最典型的就是投资风险。审计人员只有真正了解和把握了这些风险特征，才能更好地识别、评估和报告财务风险。

2. 企业内部审计与内部控制制度二者的联系

企业的内部审计与内部控制同时作为企业的经济活动，二者的关系是这样的：企业的内部控制包括内部审计，内部审计能监督和评价内部控制执行决策的具体状况，能对内部控制进行再控制。对企业经济运行情况实行控制。中小企业对经济运行的控制有多种方式，如请专家对企业进行评价，或者经企业的内部部门进行外部督查等，但是要对这些控制实行再监督与评价，非内部审计的职能莫属。因此，内部控制能被内部审计完善。董事会、各阶层管理者、普通职员，他们都是内部控制的主体成员。在企业的内部控制中，它控制得是否充分、有效，这些都由内部审计来做出评判，并针对有问题的部分给出解决策略。

内部审计对企业的各项风险都能进行监控和评估，对于中小企业而言，内部审计有着极其重要的作用，因为它是监控中小企业内部控制的专门机构。内部审计会在合适的时间对中小企业的内部控制进行监控与评估，这样不仅保证企业的内部控制顺利运行，而且不间断的监控能及时发现并处理问题，使企业进入良性发展阶段。

传统的对内部控制制度的审计，是以查找错误、纠正弊端为主要方式，对企业的财务收支状况和会计整理的资料进行审查，这种方式工作量大，耗时长，审查次数有限，而且不能很好地为企业防范经济风险做贡献，因此，随着经济全球化的发展以及经济体制的改革，这种审查方式已经被内部审计所代替。用内部审计来对中小企业的内部控制制度进行审计，能深入研究制度的效用如何，并鉴定出制度的审计结果。经过研究，这种方式被企业普遍接受并喜爱。那么，它对企业的作用究竟有哪些呢？下面来进行归纳。

第一，从宏观方面来说，能促进国家相关经济制度和策略以正确的方式来实施；从微观方面来讲，能使企业建立一种安全、规范的内部控制氛围，使企业各种信息和财务活动向真实性、合法性方向发展，且在一定程度上保证了企业资金、财产的安全与完整。

第二，用内部审计方式对中小企业的内部控制制度进行审查，能节约人力、物力，增加审计的成效与质量，履行内部审计职责，对内部控制制度加强监督作用。这也是适应经济发展需要的良好举措。

第三，内部审计对企业内部控制制度进行可信度评价之后，进而对有问题的部分进行分析，让审计重点明了，这样就突出了审计重点，为审计质量的提高奠定了基础。

企业如果有明确的经营目标，制定了适合企业发展的评价制度，那么，企业的审计工作将趋向规范化。没有适合企业发展的评价制度与准则，中小企业内部开展审计工作将不会顺利，也不会有真正的意义。现代企业在开展审计工作时都是以风险为向导的，它属于开放式的模型。现代中小企业内部审计工作者以企业目标为中心，用风险评估的具体方式开展审计，使企业内部控制更好地运行，对企业也极为有意义。

3. 内部审计制度与企业招投标制度的关系

内部审计通过提前介入企业新项目的招投标和物资采购工作，能够对投标单位的财力状况进行充分、全面的考察，使企业能够选取财务状况优良的企业作为合作单位，纠正招标过程中存在的各种问题，并对中标企业的项目执行过程进行定期审查，以提高工程的质量和效益，增强资金的透明度，降低工程成本。

免疫系统论是指审计工作是作为保障国家经济顺利进行的免疫系统。可以将企业看作一个机体，机体会因为各种各样的原因患病，企业也会因为各种各样的原因产生经营上的困难。与其在患病时忍受煎熬，不如防患于未然，将功夫花在平时。而这就要求审计工作绝不单单是工作结束以后进行的检查，而是要贯穿于整个工作中。通过审计工作发现存在于企业内部的病症，并提出防范方法，避免重大损失。换句话说，审计工作是将大风险分散成小风险，将集中爆发的风险化解为平时可以解决的风险苗头，将风险的终值化为风险的年金。

第二节 工程项目目标解析与财务管理目标分解

一、工程项目目标解析

第一，工程项目管理的最终结果就是为了实现一定的目标。目标是事先设定的，必须先有目标，才能识别影响目标实现的潜在事项。一般来说，工程项目管理有三大目标，即工程投资管理、工程质量管理、工程进度管理。[①]另外在工程项目管理中，还有一个最为重要的目标：工程安全管理。其实安全管理应该是从施工方角度来强调的一个问题，但是由于很多行业的特殊性，对安全问题具有特别的敏感性，以及工程项目管理中建设方和施工方的特殊关系，所以建设方必须首要关注工程的安全管理，从而对工程项目目标的设定增加了一个安全目标，并把它放在工程管理目标的首位。

第二，工程项目安全管理目标，即要求在施工过程中严格按照规程操作，保证不发生重大人身伤亡事故，不发生重大施工设备事故，不发生重大工程质量事故等。在工程项目管理中，安全管理是最为重要的，往往在各种考核中实行“安全一票否决制”，因此工程项目管理对安全问题极为重视。

第三，工程项目质量管理目标，即要求工程项目质量符合有关设计、施工

① 罗伯特·K. 威索基. 有效的项目管理 [M]. 北京：电子工业出版社，2003：56-60.

及验收规范的要求，对单元工程的合格率、分部工程的优良率、工程质量评定级别等都有详细要求，有的重点工程还要求达到国家所规定的优质工程标准等。总之，工程项目质量，直接影响着建成后该项目的安全运行以及该项目所提供产品的质量，因此质量管理是很多工程项目日常管理中的一个重要目标。

第四，工程项目进度管理目标，主要是要求工程在某一个时间点达到投产运行，另外还有针对一些分部工程的详细时间要求。工程进度的控制，关系到工程预定的投产时间能否实现，进而关系到工程可研报告中预期的经济效益实现的时间，以及工程借款费用的资本化时间等，和工程造价、投资效益等有较大关系。另外，更为重要的是，重点工程项目往往和政府的主导政策有关，对工程进度的要求，有时往往会变成一项政治任务，因此，工程项目管理中对某些重点工程的进度控制也是极为严格的。

第五，工程项目投资管理目标，就是要求应在满足工程使用功能、质量要求和工期要求的前提下，实现工程的实际投资不超过计划投资的目标，其实，这也是一项工程财务管理的目标。在工程项目管理中，这项管理目标位列最后。可见其受到重视的程度弱于其他四个工程管理目标，其实际情况也是如此，工程投资的控制几乎只是财务部门的职责。

二、工程项目财务管理目标分解

一般来说，工程财务管理的目标具体可以分为以下四方面：一是工程资金管理；二是工程会计核算；三是工程成本控制；四是工程竣工决算编制等。

工程资金管理目标一般是指财务部门负责工程资金的筹措和使用，并保证资金的流通性和安全性，以便提高资金使用效益。工程会计核算目标主要是要求工程会计核算的合法性、合规性、准确性、及时性等。工程成本控制目标要求在满足工程质量和进度的前提下，努力控制和降低工程成本。工程竣工决算编制目标要求及时、准确编制工程财务竣工决算，保证竣工决算中的交付使用资产和现场核对一致。工程项目的财务管理目标详细分解如表4-1所示。

表4-1　工程项目财务管理目标详细分解表

目标	目标分解	详细管理内容
资金管理	资金预算	财务部门根据工程项目年度投资计划，组织编制年度工程项目资本性支出预算，并纳入财务预算。
	筹资计划	分项目资本金和项目融资两部分，项目资本金要符合国家相关规定，项目融资按照公司相关融资规定制订融资方案，适时开展融资工作。
	现金流量管理	根据工程进度及设备采购合同，按月编制现金流量预算，根据进度拨付资金，保证工程资金支付需求。
	资金支付	建立资金使用审批制度，规范工程付款，防止资金损失和浪费。
	资金安全	严格按规定管理银行账户，定期和银行对账。
会计核算	合法性	工程的会计核算符合会计法规定，真实记录发生的和工程建设有关的经济业务。
	合规性	科目设置、核算方法符合会计准则和行业的相关规定。
	准确性	准确核算所发生的经济业务，不得遗漏或错误。
	及时性	对于已经发生的经济业务，及时确认、计量和报告，不得提前或延后。
成本控制	施工费控制	严格审核施工合同、工程结算单等资料，对资料不全、签字手续不全的拒绝付款。
	设备费控制	严格审核设备采购合同、物资入出库单、发票清单等，对不符合合同要求或资料不全的款项拒绝支付。
	其他费用控制	认真审核相关合同、发票及其他付款依据，对不真实或超过规定标准的费用不予支付。
竣工决算编制	及时性	按照制度规定的时间完成竣工决算编制。
	准确性	数据准确，资产分类正确，资产名称、数量的财务账面和现场核对一致。
	完整性	包括封面、目录、竣工决算报告情况说明、编制说明、竣工决算表、施工图片、工程设计平面图等。

三、工程项目管理目标与财务管理目标的关系

通过以上表述可以发现，工程的财务管理目标和工程项目管理目标是相互联系、相互影响的，二者不可分割开来。在整个工程管理过程中，它们之间一直相互作用，关系密切。以下是工程财务管理目标和工程项目管理目标的关系分析。

（一）成本控制与安全质量管理之间的关系

在工程项目管理中，人们普遍认为工程成本和工程安全质量要求是成正比

的，因为很直观的现象就是，要想保障工程的安全与质量，必须购买高质量的知名品牌的设备，要投入更多的人力，就要配备种类齐全的安全器具以及增加在安全培训方面的支出等。这种观点的不足之处在于没有全面地考虑问题，没有看到由于安全和质量隐患的存在而带来的隐性成本。如果为了节约成本而购买制造质量不过关的设备或不采取相应的安全措施，则工程在建设过程中很有可能发生设备事故或施工事故，造成工程建设中断，从而使工程的管理成本上升，如果再造成其他损失或人身伤亡事故，则各种赔偿成本将会增加，加上社会负面影响造成的企业形象毁损，很可能远远超过先前所节约的成本。当然，对安全质量的要求也不是无限的，不能不计一切地追求安全质量，而是在其能够达到工程相应设计要求的基础上，尽可能地控制工程成本。

（二）成本控制与工程进度的关系

工程成本由设备费、施工费及相关的管理费用（如设计费、监理费、建设单位管理费等）组成，由于在工程建设之初已经完成设备、设计、监理等招标工作，所以工程进度的变化一般不会对这几种费用造成影响，与工程进度关系密切的是工程的施工费以及建设单位的管理费。在当前工程项目一般都实行按总工作量承包的方法下，施工费是按相关的工程量、单价、取费等计算出来的，除非特别规定提前完成建设任务给予奖励等条件，一般情况下工程进度不会对建设方要支付的施工费用有所影响，只是影响到施工方的施工成本。但是工程进度对建设单位管理费影响很大，如果工期延长，则建设单位所支出的相应工程管理人员的工资、差旅费等都会增加，从而使工程成本加大。

（三）工程资金管理和工程进度的关系

工程施工费用的支付一般是按照工程进度进行的，在现在的资金预算管理模式下，一般要预计每月的工程进度，作为筹集资金的依据，如果对工程进度预计不准确或由于其他原因使工程进度加快或拖延，则筹集资金的数额就可能和需要支付的施工费用有差距，造成资金不足或闲置；反之，如果工程资金筹集不及时或不足，则无法及时支付工程款，从而影响工程进度。

（四）成本控制和投资管理的关系

应该说，这两个目标是一致的，因为成本控制的目的就是使工程的全部实际支出不能超过预定的投资额度。但在实际工作中有时会出现一些矛盾，因为财务管理的目标是使成本能够得到最大限度的控制，而工程管理有时会考核完成的投资额度，在工程预算过于宽松的状况下，则会出现为完成下达的投资额度，而不注重成本控制的现象。

四、工程财务管理目标的改进措施

我们知道，一般企业财务管理的目标是使企业价值最大化，应用到工程项目的财务管理总体目标上，应该是力求工程项目经济效益最大化。通过以上对工程项目财务管理目标的详解，以及对工程管理目标和工程财务管理目标关系的分析，我们可以看到，工程项目管理目标决定了其财务管理目标，在一定程度上可以说，财务管理目标主要是为工程管理目标服务的。当前很多工程项目建设的财务管理从某种程度上说是一种服务于工程管理目标的被动型管理，没有设定明确的财务管理目标，其对工程的总体经济效益关注度不够，应多注重工程资金安全的管理，而且没有主动研究如何使有限的资金，发挥出其最大的效益，同时对工程成本的控制是一种事中控制，而很少注重从源头控制，即概预算编制环节的控制。

针对以上问题，必须对工程财务管理目标进行完善，只有先设立完整的工程财务管理目标，管理层才能识别影响目标实现的潜在事项。在工程项目财务管理目标中，除了一般的工程会计核算、工程资金安全、工程竣工决算等内容外，应重视提高资金效益和从源头上控制工程成本等目标的实现。

第三节　工程项目财务内部审计控制环境研究

一、强化管理层对工程项目财务内部审计控制的法律意识

“火车跑得快，全靠车头带。”单位负责人对财务内部审计控制的态度是财务内部审计控制中最重要的因素，财务内部审计控制作用发挥的程度如何，关键取决于单位负责人的重视程度。单位负责人作为本单位会计行为的责任主体，有责任和义务建立健全单位内部控制制度。

基本建设管理体制通过改革创新，现已普遍推行了以项目法人责任制、招投标制、建设监理制及合同管理制为核心的现代管理模式，项目法人对项目建设的全过程负责，对项目的质量、进度和资金管理负总责。《内部会计控制规范——工程项目（试行）》总则第四条明确规定，“单位负责人对本单位工程项目内部

控制的建立健全及有效实施负责”。因此，必须强化建设单位负责人的内部会计审计作用和职责。

建设单位负责人要增强控制意识，对工程项目财务内部审计控制负总责，积极组织实施工程项目财务内部审计控制，自觉履行法定义务。这一点对推行工程财务内部审计控制制度及取得良好的成效尤为重要。

第一，建设单位负责人必须认真学习《中华人民共和国会计法》等法律法规，增强法律意识，不得授意和指使财务人员办理违法、违规的会计事项。

第二，建设单位负责人必须组织参与工程项目管理的全体人员学习《中华人民共和国会计法》等法律法规，宣传这些法规的重要性，增强有关人员的法律观念，提高其参与工程项目财务内部审计控制的自觉性。

第三，建设单位负责人要对本单位工程项目的财务内部审计控制制度的建立及执行负责，要与企业财务经理、会计主管等人员一起商讨制定符合本单位工程项目建设实际的财务内部审计控制制度，督促有关人员贯彻实施，并监督其执行情况，发现问题及时修改并完善。

第四，建设单位负责人要组织有关人员建立严格的惩处制度，对违法违规行为要严加惩处。

另外，建设单位的其他高层管理人员也要增强财务内部审计控制意识，积极、主动地参与工程项目的财务内部审计控制工作，协助单位负责人做好组织学习与宣传工作，自觉遵守财务内部审计控制制度。

二、构建高效的工程项目财务内部审计控制组织结构

组织结构控制是企业财务内部审计控制环境的重要组成部分，是实现财务内部审计控制的重要载体，在整个管理系统中起着“骨架”作用。任何企业要想有效地发挥财务内部审计控制功能，必须设置合理的组织结构。合理的组织结构既是社会化大生产的需要，也是实行科学管理的前提，它不仅有利于彼此配合及协调，提高工作效率，而且便于进行相互检查和制约，纠正各种错弊。

企业不仅要有控制意识，也要建立健全财务内部审计控制的组织机构和实施必要的组织措施，以保证控制职能的适当履行和对功能与绩效的监督考核，满足日常控制和定期评价的需要。

组织结构的设置形式是多样的，每种形式又有不同的适用条件，各企业应本着适应性、牵制性及效率性原则，选择最适合本企业当前发展情况及工程项目特

点的组织形式，以达到较好的控制效果，提高控制效率。

（一）工程项目财务内部审计控制组织结构构建应遵循的原则

企业组织结构是执行管理任务的体制，是其进行规划、执行控制活动的框架，若无此框架，管理阶层的规划、执行及控制活动将无法进行。企业设置组织结构时，应按照相互牵制、相互协调的原则，结合企业规模、业务特点等具体情况，设置职能部门并进行业务分工，以使每一项业务的全部处理过程或过程中的重要环节，不是由一个部门单独办理，而是在两个或两个以上的部门相互协调、相互制约的基础上共同完成的。

工程项目财务内部审计控制组织结构构建应遵循以下原则。

1. 适应性原则

组织结构的设置要与企业的规模、工程项目的性质及规模相适应。一般来说，对于小型企业，其工程项目较少，投资规模也较小，财务内部审计控制的组织机构的设置可以简化，机构规模可以小些，或者只成立临时机构，也可以不设立专门的机构，而只在相关机构配备有关人员或由相关人员兼任；对于大型企业或者集团公司，其工程项目一般较多，投资规模也较大，其机构设置必须完备，并配备高素质的工程项目财会人员，以保证能够对工程项目建设全过程进行实时监控。

2. 牵制性原则

在构建组织结构时应贯彻内部牵制原则，使单独的一个人或一个部门对任何一项或多项经济业务活动无完全的处理权，而必须经过其他部门或人员的查证、核对，以达到相互制约和监督的目的，最大限度地减少错误和舞弊的发生。

3. 协调性原则

良好的组织结构应该形成有效的“协调”与“合作”体系，保证各岗位和环节都能协调、同步，从而保证业务程序和手续能够紧密衔接，保持业务活动的连续性和有效性；要有利于各部门及人员之间的相互沟通、齐心协力、相互配合，在最短的时间内完成各种控制活动，提高工作效率。

4. 效率性原则

实行财务内部审计控制本身就是要通过完善的内部控制，降低成本和人为因素，最大限度地提高单位的经济效益。如果实行这项制度所花费的成本大于其本身能够带来的效益，其存在就没有意义。因此，在设计、建立工程项目财务内部审计控制的组织机构时，要努力降低控制的各种耗费，不应过于强调其严密性和完整性，而应尽量精简机构和人员，避免机构重叠和管理空白现象，提高控制效率。

（二）工程项目财务内部审计控制组织结构构建的模式

根据建设单位的特点，本书认为，工程项目财务内部审计控制组织结构的构建有以下三种模式可供选择。

1. 集中控制模式

对于大型企业来说，其单位规模较大，分（子）公司较多，工程业务量较大，为便于控制，可以将下属单位的所有工程项目集中到总部进行统一管理。在这种模式下，企业内部所有的工程项目建设任务均由总部完成，企业高层领导及投资计划部、工程部、财务部、审计部等职能部门参与所有工程项目的内部会计控制，控制环节涉及工程项目从立项到竣工的全过程。

2. 分散控制模式

当分公司的工程项目规模较小或分公司较分散时，总部不可能对下属单位的工程业务事无巨细，统一包揽管理和控制，集中控制模式显然行不通。这时，企业应按照工程项目的造价进行审核控制，对相关事项进行监督检查，而将具体事项的控制权授予工程项目所属单位。在这种模式下，下属单位要按照总部规定的控制要求对工程项目的全过程进行控制。

3. 共同控制模式

这种模式是以上两种模式的综合，即由总部与下属单位共同对工程项目进行控制。在此种控制模式下，集团总部的控制环节主要是项目实施前的投资决策、概预算、招投标及竣工决算等环节，下属单位主要控制项目施工全过程，包括工程施工进度及质量管理、建筑材料及设备采购、价款支付控制等方面。

对于大多数中小型企业而言，由于规模小，工程项目少，可采取该种模式，即设立一些临时机构或指定一些临时人员负责工程项目的内部会计控制业务，对其进行全过程控制。

以上各种模式有其不同的特点及适用空间，各单位应根据单位实际及所实施的工程项目的类型和特点，选择合适的内部会计控制的组织结构设置的模式。同时，以上模式也不是一成不变的，各单位也可根据实际情况，对上面的某种模式进行一定的修改。尤其对于大型企业集团来说，一种模式往往并不能满足需要，可以对几种模式进行组合，使其更适合企业的实际，以达到更好的控制效果，更好地为企业服务。

三、建立明确的工程项目内部会计控制岗位分工与授权机制

组织结构只是给企业的经营运作与控制提供了一个合理的框架，真正进行这些工作的主要还是企业员工。权责分派包括指派进行营运活动的权与责，以及建立沟通管道和设立授权方式等。因此，在对工程项目设置了合理的组织结构之后，还需要配合以明确的岗位分工与授权机制，将各部门的业务活动按其业务流程或特点再划分为若干个具体的工作岗位，并分派至个人，同时赋予其应有的权限，使整个工程项目的内部会计控制分工明确，权责明确。

（一）不相容职务相互分离机制

如果某职务由某人或某部门担任，既可发生错弊，又可掩盖其自身错弊，则该职务为不相容职务。工程项目财务内部审计控制必须建立工程项目的岗位责任制，明确相关部门和岗位的职责、权限，确保工程项目业务的不相容职务相互分离、制约和监督。对不相容职务应合理分工，把授权批准与执行业务分离，把业务经办与审核监督分离，把业务经办与会计记录分离，把财产保管与会计记录分离，把业务经办与财产保管分离，使不相容职务由相对独立的人员担任。这里需要指出，财务内部审计控制要求不相容职务分离是基于一个假设，即假设两个人无故犯相同错误的可能性很小，而一人舞弊的可能性则大得多。

按照不相容职务相互分离原则，为合理设计会计及相关工作岗位，明确职责权限，形成相互制衡机制，应主要抓好以下两方面的工作：一是确定哪些岗位和职务是不相容的；二是明确规定各个机构和岗位的职责权限，使不相容岗位和职务之间能够相互监督、相互制约，形成有效的制衡机制。工程项目财务内部审计控制的不相容岗位包括：第一，项目建议、可行性研究与项目决策；第二，概预算编制与审核；第三，项目实施与价款支付；第四，竣工决算与竣工审计。对以上不相容职务必须进行严格的分离，并根据各职务的不同特点配备合格的工作人员。

如项目建议、可行性研究与项目决策，它们同属于工程项目投资前期决策

阶段，但它们的目标与任务不同。项目建议是根据企业经营发展需要提出建设某项工程的建议，一般由企业的计划或投资部门提出建议，并编制好项目建议书。可行性研究是在对市场行情、企业目前发展及资金情况等进行详细的分析研究之后，对投资或计划部门提出的项目建议，从投资的必要性、技术的可行性及经济的合理性作出详细的分析论证。企业一般会组织企业内部有关人员或聘请外部机构组成专门的投资评审小组负责此项工作。项目决策是对项目是否可以实施的最终决定，要由企业最高决策机构（如董事会或股东大会等）集体决策，或由其聘请专家或委托有资格的咨询公司，从企业发展战略与技术经济的可行性、宏观与微观、定量与定性等方面进行综合考虑与评估的基础上作出最终决策。涉及国防与安全以及国家产业政策的项目，还要政府部门审批。以上三个环节之间是相互依赖，同时又相互制约的，计划或投资部门做出投资建议后要递交给投资评审小组进行项目可行性论证，经评审小组论证可行的项目再报企业最高决策机构进行最终决策，只有最终决策通过的项目才能具体建设实施。从中我们看到，后面环节的工作要以前面环节的工作为基础，而前面环节的工作又受到后面环节的监督与制约。因此，必须进行分离，从而形成良好的制衡关系。

（二）授权批准机制

现实中无数的例子证明：权力必须受到制约，失去制约的权力极易导致腐败。授权批准是指单位在处理经济业务时，必须经过规定程序的授权或批准。授权批准机制是财务内部审计控制的一种方法，能够有效防止滥用职权及越权行为的发生。授权批准形式有一般授权和特别授权之分。一般授权是对办理常规性的经济业务的权利、条件和有关责任者作出的规定，这些规定在管理部门中以文件形式存在，或在经济业务中规定一般性交易办理的条件、范围和对该项交易的责任关系等。在日常处理中，有关人员可以按照规定的权限范围和有关职责自行办理。特别授权指授权处理非常规性交易事件，如重大的筹资行为、投资决策、大额价款支付等。对于这类业务，有关人员要经过特别授权才能办理。

按照授权批准控制的要求，工程项目财务内部审计控制应建立授权批准体系，明确授权批准的范围、权限、程序、责任等内容，使有关机构和人员在相关范围内行使权力、履行义务，职责分明、权力对等、有职有责、有责有利。在建立这个体系的过程中，应注意既要避免控制盲点，又要避免越级违规审批；既要保证各组织机构被授予的职权不受外界干预，又要保证相对独立的各组织机构间能彼此监督对方执行的经济业务，以便迅速解决出现的问题。

工程项目财务内部审计控制的授权批准体系应明确以下内容。

1. 授权批准的范围

应尽量将所有会计及与会计相关的活动均纳入授权批准的范围，以避免控制盲点。

2. 授权批准的层次

应根据经济活动的重要性和金额大小确定不同的授权批准层次，从而保证各管理层有权亦有责。如对价款支付的批准应确定一个金额上限（如50万元），对不超过上限的支付申请，项目的财务负责人能够自行批准支付；但若超过上限，则必须由项目经理或者企业总经理批准才能支付。

3. 授权批准的方式

应明确某项授权是一般授权还是特别授权，而对特别授权最好形成书面的授权书。

4. 授权批准的责任

应当明确被授权者在履行权力时应对哪些方面负责，避免授权责任不清和一旦出现问题又难以追溯其责的情况发生。审批人应当在授权范围内进行审批，不得超越审批权限。经办人应当在职责范围内，按照审批人的批准意见办理工程项目业务。对于审批人超越授权范围审批的工程项目业务，经办人有权拒绝办理，并及时向审批人的上级授权部门报告。严禁未经授权的部门或人员办理工程项目业务。

5. 授权批准的程序

应规定每一类经济业务审批程序，以便按程序办理审批，避免越级审批、违规审批的情况发生。

四、提高工程项目财会人员的道德水平和业务能力

工程项目财务人员直接从事工程项目各阶段财务内部审计控制具体业务的操作，其良好的思想道德水平和执业能力，是工程项目财务内部审计控制得到有效执行，防止错误和舞弊的根本保证。

（一）对工程项目财会人员道德水平和执业能力的要求

1. 对工程项目财会人员道德水平的要求

从事工程项目财务会计工作的人员在思想道德方面应满足以下要求。

第一，遵纪守法、诚实守信、公道正派、实事求是。

第二，原则性强，是非分明，能够抵住外界压力，严格执行各项规章制度，能够与违法、舞弊等不良现象作斗争。

第三，爱岗敬业，具有认真负责的工作态度和踏实严谨的工作作风。

2. 对工程项目财会人员执业能力的要求

从事工程项目财务会计工作的人员在业务方面应满足以下要求。

第一，必须取得从业资格证，掌握基本的会计核算知识，熟悉财经政策及会计法规。

第二，懂得财务内部审计控制的基本知识，掌握基本的控制程序和方法。

第三，掌握一定的工程项目管理知识，能够将其运用于财务内部审计控制的实践工作中。

第四，具有较强的学习理解能力，能够根据工作需要，主动学习最新的财务会计及其他有关知识，扩充知识结构。

第五，具备一定的组织及协作能力，能够与其他部门及人员协调工作。

另外，担任财务负责人或会计主管的人员，除满足以上条件，还应具备一定的工作经验，具有会计师以上职称。

（二）提高财会人员道德水平和执业能力的途径

首先，要提高工程项目财会人员的道德水平和业务能力，必须抓好聘任工作，把住“进人关”。聘任工作应秉着“公平、公开、公正”和“德才兼并”的原则，分以下四个步骤进行：第一步，制订招聘计划。在招聘之前应制订详细的招聘计划，计划中应包括招聘人数、岗位及岗位职责、素质要求等，其中应重点抓好素质要求这一方面，参照上述对道德水平和业务能力的要求，对每一个岗位都要制定详细的聘用标准。第二步，选拔人才。招聘过程应透明、公正，采用笔试与面试相结合的方法，严格遵照招聘计划中的标准，择优选拔真正有素质、有能力的人才。严禁为照顾“关系”而招聘一些无水平、无能力的人员。第三步，试用。对符合标准、准备聘用的人员要先试用，对其从道德及业务等方面进行严格的考查。第四步，录用。对试用合格后的人员才能正式录用，颁发上岗证。

其次，应该做好任用后的培训工作。单位应定期或不定期地对财会人员进行培训，既包括进行思想政治教育，以增强其职业道德水平，又包括对其进行相关专业知识的后续教育，讲授最新的会计准则、财经法规，先进的管理思想、风险控制方法等，使其掌握基本建设程序、概预算编制、工程造价、招投标管理以及计算机信息处理技术的应用等，扩充知识结构，不断提高其综合素质，提高其参与工程项目财务内部审计控制的能力。同时，应注意培训内容的选择要因人而异，要针对不同层次的人员选择不同的培训重点，如对一般会计人员应把重点放在准则、法规等的遵循上，而对会计主管人员应把重点放在风险控制等管理层面上。

再次，建立严格的考核与奖惩制度。科学、合理的考核与奖惩制度能够充分调动每位员工的积极性与创造性，有利于财务内部审计控制制度的顺利实施，达到良好的控制效果。建设单位应该针对有关工程项目财务内部审计控制的每个岗位制定切实可行的考核及奖惩标准，并形成制度向全体职工公示。月末、季末或年末定期对上述人员进行考核，考核其是否可以胜任该工作岗位，是否完成了指定的工作任务，成绩如何；检查其有无过失或舞弊，过失或舞弊的程度如何等，并作出整体评价。针对不同的评价结果，采取不同的奖惩方法。对于能够按时、保质保量地完成工作任务的人员，要给予约定金额的奖金；对成绩特别突出的人员，还应提供职务晋升机会，给予其更广阔的空间来施展才能。对于不能及时完成工作任务，考核不合格的人员，要按规定给予物质处罚，情节严重者可以开除。

最后，为增加有关人员相互串通、互相勾结的阻力，减少其进行舞弊的机会，应实行财务人员岗位轮换制度。会计与出纳、记账会计与审核会计等之间定期进行岗位轮换，有利于及时发现和遏制财务人员的舞弊，也能在一定程度上减少串通舞弊。同时，对发现问题的人员，应及时进行相应处分，避免使企业再次蒙受损失。另外，财务人员要做到“两个经常”：一要经常深入市场，了解市场信息，掌握市场行情；二要经常深入施工现场，发现管理中存在的问题，分析原因，提出改善意见。

五、充分发挥内部审计的监督协调职能

加强企业的内部审计工作，有利于健全和完善企业财务内部审计控制。因为，通过对企业财务内部审计控制的监督检查，能够及时发现企业财务内部审计控制的不足之处，有针对性地提出改进建议，从而促进企业财务内部审计控制日益完善。同时，加强内部审计，通过事后审查会计资料的真实性和准确性，也能够发现在事前、事中控制中未能发现的错误和舞弊。这也能对那些心

存侥幸，企图贪污、盗窃企业财物，营私舞弊的人员起到一定的震慑作用，使之不敢轻举妄动。

工程项目内部审计是对工程项目财务内部审计控制的再监督，是工程项目管理必不可少的工作。加强工程项目内部审计对于控制工程造价、保证工程质量和工期，进而从根本上提高投资效益，具有十分重要的意义。建设单位应当对工程项目的内部审计给予高度重视，将其贯穿于工程项目建设的始终。同时，要转变内部审计部门的角色定位，在行使传统的监督评价功能的同时，增强其组织、协调及管理咨询作用。

（一）内部审计部门应对大中型项目实施跟踪审计

由于现阶段内部审计机构对于建设项目的实施缺乏必要的现场监督和管理，对于隐蔽工程的了解也不是很清楚，因此，对项目造价的合理确认产生了影响。因此，跟踪审计将是今后工程项目审计的发展方向。内审人员只有参与到工程项目管理的全过程中，了解设计方案，掌握设计概预算组成的合理性，对合同的制定与履行进行严格审查与监督，使内部审计工作渗透到工程项目建设的每一个环节，真正把握工程项目建设过程中各环节的实施情况，督促参与建设的各方加强工程造价管理，掌握第一手资料，才能更好地对工程项目进行审计监督，提高审计效益，确保造价的合理确认。

（二）内部审计部门应充分发挥组织和主导作用

建设单位除对工程项目进行内部审计，还要聘请中介机构进行外部审计，这就要求建设单位处理好内部审计与外部审计的关系。内部审计部门应在工程项目审计中发挥组织和主导作用，形成由内部审计部门组织牵头，聘请中介机构参与，对建设项目造价进行审计的工程项目审计工作框架。其中，内部审计部门是这项工作的组织者，应对审计工作的部署、流程、方法进行具体的计划和安排，选择造价咨询中介机构，提出审计要求，会同工程部门委托造价咨询中介机构进行审计，并对审计结果向本单位领导负责。工程部门主要是与内部审计机构共同委托造价咨询中介进行详细审计，并根据现场管理情况，积极配合内部审计部门完成审计任务。

造价咨询中介机构接受委托后，依据合同和国家有关规定对施工单位的报审项目造价进行审计，并负责出具审计报告。这种以内审为主导的“三结合”方式，既可以解决当前内审力量不足、资质不具备等问题，又可以充分保证内审在基建审计中的主导地位和组织者地位，从而通过内审在其中采取的种种措施，进一步保证审计的质量。

（三）内部审计部门应充分发挥协调作用

工程项目审计中往往会出现很多矛盾，如施工承包商与建设单位的矛盾，审计中介机构与建设单位或施工承包商的矛盾等，这些矛盾如果不能很好地解决，必将给建设单位造成损失。内部审计机构是工程项目审计的组织者，必须以组织者的身份及时采取措施，因势利导进行协调，使矛盾在有利于投资控制、制止高估冒算的前提下得到解决。如果通过充分发挥内部审计的协调作用为一项工程项目审计工作解决了很多问题和矛盾，这对维护建设单位的利益将是非常重要的。

（四）内部审计部门应充分发挥监督评价作用

这里的监督评价主要是指对中介机构的主要工作成果初稿要由内部审计部门进行复核。当前，我国中介机构市场还不成熟，个别造价咨询中介机构中的工作人员还存在素质不高或操作不规范的情况，此时这种监督和评价更显必要，同时也是内部控制制度的基本要求。为了解决中介机构审计初稿可能含有水分的问题，建设单位内部审计人员和管理人员要通力合作，加强对审计初稿的复核，从而避免建设单位的利益受到损害。此外，内部审计的监督和评价作用还表现在对中介机构的选择上，对新合作的中介机构应先委托一些小项目，经实践和内部审计的复核，证明其工作质量和服务质量都比较好之后，再逐步增加委托项目。

第四节　工程项目财务内部审计控制活动

一、工程项目投资决策阶段的财务内部审计控制

对工程项目的控制首先表现为对投资决策的控制，它是关系工程项目投资效益的一项极为重要的工作，是工程项目造价全过程控制的基础，是对工程项目造价实施全过程控制的“源头”。如果控制基础不牢，源头失控，必然导致出现项目概算超估算、预算超概算、决算超预算的“三超”现象，甚至影响到整个企业的生死存亡。

工程项目投资决策是指按照一定的程序、方法和标准，结合项目投资规模、投资方向、投资结构、投资分配以及投资项目的选择和布局等方面所作的决定，即对投资是否必要和可行做出一种选择。工程项目投资决策是工程项目管理的第一步，也是最重要的一步，是整个项目成败的关键，它要对项目的一些根本性问题，如拟建项目的选址、项目建设的必要性、经济及社会的合理性等作出判断和决定。翔实的可行性研究报告、科学的论证决策将为项目的顺利建设打下良好的基础；反之，将会给项目带来毁灭性的打击。

建设单位对项目决策进行控制时，应该从项目建议书的编制、可行性研究和项目评估三个环节入手。其中，可行性研究可以为项目决策提供依据，降低项目投资风险。因而，建设单位会计机构或人员应重点抓好这一关键控制点。

（一）编制项目建议书环节的财务内部审计控制

项目建议书是指由企业或有关机构根据国民经济和社会发展的长期规划、产业政策、地区规划、经济建设方针和技术经济政策等，结合资源情况，建设布局等条件和要求，经过调查预测和分析，提出某一项目，着重论述其建设的必要性，供相关单位选择并确定是否进行下一步可行性研究的建议性文件。编制工程项目建议书的目的是提出拟建工程项目的轮廓设想，分析工程项目建设的必要性，说明技术上、市场上、工程上和经济上的可能性。

建设单位应当指定专门部门或委托具有相应资质的单位编制项目建议书。项目建议书的编制应当坚持真实、客观的原则，不得随意缩小或扩大项目的投资规模，人为压低或提高投资估算，夸大项目的经济效益。

建设单位会计机构或人员应当直接参与项目建议书的编制，并会同工程技术人员对项目建议书进行技术、经济分析和论证，对项目建议书中涉及财务指标的内容进行分析、稽核与检验。内容包括：第一，项目提出的目的、必要性和依据当中涉及项目获利能力的财务预测；第二，项目的产品方案、市场需求、拟建生产规模等的初步设想；第三，企业现有资源情况；第四，投资估算和资金筹措方案及偿还能力预计；第五，项目投资的经济效益和社会效益的初步估计等，侧重分析其合理性，稽核其引用数据的正确性，检验其使用方法的恰当性，并发表书面意见。

（二）可行性研究环节的财务内部审计控制

可行性研究是一种系统的投资决策分析研究方法，是项目投资决策前，对拟建项目的所有方面（工程、技术、经济、财务、生产、销售、环境、法律等）进行全面的、综合的调查研究，对备选方案从技术的先进性、生产的可行性、建设的可能性、经济的合理性等方面进行比较评价，从中选出最佳方案的研究方法。

可行性研究是项目建设前期工作的重要组成部分，它不仅是项目投资决策的依据，还是筹集资金和向银行申请贷款的依据，同时它也是项目建设的重要基础资料。如果说，项目建议书的编制是为了解决是否要进行项目建设的问题，可行性研究就是为了解决如何进行项目建设的问题。

建设单位应当自行或委托具有相应资质的设计单位或咨询部门编制项目的可行性研究报告，不得要求设计单位或咨询部门编制虚假的可行性研究报告。

建设单位会计机构或人员应当参加可行性研究及报告编制的全过程，主要从经济合理性方面进行研究，并发表意见。具体包括以下工作。

1. 市场需求情况和拟建规模研究

这主要是根据对市场需求情况的合理预测，来确定拟建工程项目的规模。一般按以下四个步骤进行：第一，对拟生产产品市场近期需求状况进行调查，对市场渗透的机会进行合理预测，对影响供求和渗透的可能因素进行合理分析，从而对未来市场变化情况做出合理预测；第二，调查现有同类企业的生产能力，估计其增长的可能空间；第三，对产品销售量及价格、产品竞争能力、开辟新市场的前景进行合理预测；第四，根据以上调查与预测，确定产品的生产方案及拟建工程项目的规模。

2. 原料、燃料及公用设施情况研究

此研究主要包括：一是所需原料、辅助材料、燃料的种类及数量、来源、供应可能及储备条件等；二是未来原料、辅助材料及燃料市场供应情况的变化及价格走势的预测；三是所需公用设施的数量、供应方式及条件、外部协作条件等。

3. 投资估算

投资估算是对工程项目投资额进行的估计，其准确与否不仅影响到可行性研究工作的质量和财务评价的结果，而且直接影响到下一阶段的概预算编制，对项目资金筹措方案也有直接的影响。投资估算包括固定资产投资估算和流动资产投资估算。其中，固定资产投资估算又包括建筑安装费、设备及工器具购置费、工程建设其他费用、基本预备费、涨价预备费、建设期贷款利息等。流动资金投资估算是指生产经营性项目投产后，为正常生产经营，用于购买原材料、燃料、支付工资及其他经营费用所需的周转资金。

4. 财务评价

财务评价的内容与步骤包括：第一，选取财务评价基础数据与参数，包括价格、税费、利率等；第二，计算销售（营业）收入，估算成本费用；第三，筹资分析，包括资金来源、筹资方式、各种资金来源所占的比例、资金的数量和筹措成本等；第四，编制现金流量表、资金来源与运用表、资产负债表、损益表、借款偿还付息表等财务预测报表；第五，计算财务评价指标，进行盈利能力及偿债能力分析。

5. 多方案优选

当拟工程项目存在多个备选方案时，会计人员应运用投资回收期、净现值、内部报酬率等方法，对其进行综合优选。

为了达到预期的目标，可行性研究必须论证选择的项目在技术上是可行的，建设条件是能实现的，资金是能筹措到的，财务和经济分析说明项目是可以接受的，项目能承受的风险是最小的。①

以上是在可行性研究环节，会计机构或人员应着重控制的几方面。但应该注意的是，虽然可行性研究是工程项目成功与否的基础和保证，但单一的可行性研究也存在明显的弊端，它只是从正面论证其可行性、合理性，很容易给决策者带来某种潜在的误导，使决策失误。为了解决这种问题，应该对大型工程项目开展不可行性研究。不可行性研究并不是恶意否定某项目，而是寻找拟建项目潜在的、隐藏的、实施后将带来的后遗症，全面剖析项目的未来效益和存在的风险，对未来可能出现的风险作好充分的准备，以尽可能减少经济损失，提高项目决策的科学性，其本质是真正的风险研究。

在实施不可行研究时，建设单位的会计机构或人员也应参与到研究过程中，侧重对拟建项目在市场前景、原材料价格的变动、资金保障等方面进行风险预测。

（三）项目评估环节的财务内部审计控制

项目评估是在可行性研究的基础上进行的，是对可行性研究的结论进行检查和研究，以判明可行性研究的准确度，对拟建项目的可行与否作出最后决策的过程。工程项目建议书和可行性研究报告必须提交给单位最高决策机构，由其聘请

① 石振武，等．建设项目管理 [M]. 北京：科学出版社，2005：11,18.

专家或委托有资格的咨询公司进行评估。未经这一评估程序的项目不得立项，更不能进行招标。

建设单位在进行项目评估时，应顾全局、抓重点、结合各方面分析。要将宏观效益分析与微观效益分析相结合，定量分析与定性分析相结合，动态分析与静态分析相结合，主体工程建设分析与配套工程分析相结合，然后在此基础上提出评估意见。建设单位的会计机构或人员必须参与项目评估全过程，相关决议应由会计部门会签。

二、工程项目勘察、设计与概预算阶段的财务内部审计控制

根据以往的实践，勘察设计是工程项目管理的龙头，是保证工程项目质量的基础，是施工的依据，对工程项目的质量、功能、造价有着重要影响。工程项目勘察设计与概预算阶段包括勘察、设计与概预算两个环节，财务内部审计控制应重点抓好概预算审核这一关键控制点。

（一）勘察、设计环节的财务内部审计控制

建设单位应当建立相应的勘察、设计单位选择程序和标准，择优选取具有相应资质的勘察设计单位，并签订设计合同。重大工程项目应采用招投标方式选取设计单位。严禁建设单位委托无证或不具备相应资质的单位承担工程设计。

建设单位应当指定专门部门或委托设计监理负责设计协调和管理，会计部门及人员应配合有关部门监督设计单位推行限额设计和标准设计。建设单位应当防止设计单位以任何形式将工程设计任务转让给他人。建设单位的会计机构及人员应配合专业技术人员对设计方案进行分阶段审核，防止设计单位保守设计，并确保最终方案的适用、经济、合理及设计文件的完整。

建设单位不得授意设计单位扩大或缩小可行性研究报告所确定的设计范围，不得人为调整投资额。

（二）概预算环节的财务内部审计控制

工程项目概预算是确定和控制工程项目投资的文件，是工程设计方案经济合理的论证依据，是进行招投标、决算、考核工程项目管理水平的依据，对控制工程造价、提高投资效益十分重要。为提高工程项目概预算的科学性和准确性，防止人为地抬高工程造价，工程项目建设单位要建立工程项目概预算环节的控制制度，对工程项目概预算的编制、审核等程序作出明确规定，对其实施

连续的控制。

建设单位应当建立合理的概预算控制程序与制度，实现对工程项目造价的控制。概预算编制口径的确定应当考虑固定资产核算的要求。在这一环节，财务内部审计控制的重点应放在概预算审核的控制上，审核的重点主要是工程项目概预算的编制依据、工程量的计算、定额套用等是否真实、完整、准确。

为提高控制效果，建设单位可以采用内外结合的概预算审核机制，即工程项目确定后，由公司内部进行程序制定和把关，待概预算工作完成后，由单位内部和外部的有关人员分别对概预算结果进行审核。审核人员包括单位内部的工程、技术、会计、审计等部门的相关人员和单位从外部聘请的审计人员。其程序及内容如下。

1. 演算与复核

在概预算编制工作完成后，建设单位内部审计部门应组织单位内部的工程部门、会计部门及前期部门等对概预算进行详细的演算和复核，审查编制依据的合法性、时效性及适用范围；概预算项目是否完整，是否存在漏列、错列、多列的现象，是否完整地包括从筹建到竣工投产的全部投资额；概预算额是否在投资估算额以内。

2. 外部审计

在完成上述演算与复核工作之后，建设单位应聘请会计师对上述概预算结果进行复审，重点审查概预算编制是否合法，工程量的计算是否准确，定额套用是否合理等。

3. 对比分析与修改

外部审计工作结束后，建设单位内部审计部门应将内部、外部审计的结果进行对比，找出差异，分析其原因，对于高估、冒算部分应责令有关部门及时修改，并对修改后的结果进行审查后报单位领导层核定。

4. 领导层核定

单位高层领导应召开集体决策会议，讨论决定最后的概预算金额，并将其作为工程项目招投标及后评价的依据。

5. 立档保管

建设单位应将概预算资料进行立档保管，工程部门、会计部门及内部审计部门各存一份。

三、工程项目招投标与签订合同阶段的财务内部审计控制

工程项目设计完成后，建设单位就开始选择施工承包单位，进行施工和安装工程招标，并签订施工合同的过程。做好招投标及合同控制是保证工程质量、进度，有效控制工程造价的关键。在这一阶段，对招投标及签订合同的财务内部审计控制都是关键控制点。

（一）招投标环节的财务内部审计控制

工程项目施工招投标是指招标人将确定的工程项目施工任务发包，鼓励投标人进行投标竞争，从中选出技术能力强、管理水平高、信誉可靠且报价合理的承建单位完成施工、安装工作任务，并以合同的形式约束双方在施工过程中的行为。

工程项目施工招投标是一个连续的、复杂的过程，从编制招标文件开始，一直到发出中标通知书，整个过程是环环相扣的，不管哪一个环节出了问题，都会对其后面的环节造成影响，最终影响招投标及整个工程建设的质量。因此，建设单位应当对工程项目招投标全过程进行有效的控制，会计机构或人员应重点做好招投标文件的编制、投标单位资格审核、标底的编制与审核以及评标这几个关键点的财务内部审计控制。

1. 编制招标文件的财务内部审计控制要求

建设单位应当根据招标项目的特点和需要，自行或委托相关机构编制招标文件，明确招标项目的技术要求、对投标人资格审查的标准、投标报价要求和评标标准等所有实质性要求和条件，以及拟签订合同的主要条款。建设单位会计机构或人员应当参与招投标文件的编制，根据工程项目的规模及性质，对投标人应具备的财务标准作出规定，并对投标报价要求进行审核。

2. 资格审查的财务内部审计控制要求

建设单位应当要求投标人提供有关资质证明文件和业绩情况，并按确定的标准和程序对潜在投标人进行资格审查。建设单位的会计机构或人员应当对潜在投标人的财务情况进行综合审查。其中，财务审查除了要关注投标人的注册资本、总资产之外，重点应放在近三年经过审计的报表中所反映出的实有资金、流动资产、总负债、流动负债和正在实施而尚未完成工程的总投资额、平均完成投资额等，以及下一年度的财务预测报告。另外，还应要求投标人提供能够查到财务信

息开户银行的名称、地址及开户银行出具的建设单位可查证的授权书[①]，以检查投标人财务信息的真实性。

3. 标底复核的财务内部审计控制要求

建设单位应当自行或委托具有相应资质的中介机构编制标底。建设单位会计机构或人员应当审核标底计价内容、计价依据的准确性和合理性，以及标底价格是否在经批准的投资限额内。

4. 评标的财务内部审计控制要求

建设单位应依法组建评标委员会负责评标。评标委员会应由建设单位的代表和有关技术、经济等方面的专家组成。会计人员重点对标书进行商务评估，并帮助企业从工程成本、财务和经验分析等方面评审投标报价的准确性、合理性、经济效益和风险等，比较授标给不同的投标人产生的不同后果。商务评估的主要内容包括：审查全部报价数据计算的正确性，分析报价构成的合理性，对建议方案的商务评估，审查商务优惠条件的实用价值，审查投标保证金等。评标委员会应当按照招标文件确定的标准和方法，对投标文件进行评审和比较，并择优选择中标人。

（二）签订合同环节的财务内部审计控制

工程合同是明确承发包双方权利和义务的协议，是承包人进行工程建设、发包人支付价款的依据。合同控制的核心内容体现为对合同签订过程的控制和对合同履行过程的控制。

签订合同是招投标工作的继续，建设单位应当依据《中华人民共和国民法典》的规定，分别与勘察设计单位、监理单位、施工单位及材料设备供应商订立书面合同，以明确各方当事人的权利和义务。此环节的财务内部审计控制程序及要求如下。

1. 草签合同

建设单位应指定专职合同管理人员负责合同的管理，在招投标工作完成后，由其根据双方的约定与施工承包商洽谈拟定合同文本。在拟定合同文本时应注意以下事项。

第一，合同内容必须完备，应将工程范围、建设工期、中间交工工程的开工和竣工时间、工程质量、工程造价、技术资料交付时间、材料和设备供应责任、

① 苟伯让．建设工程项目管理 [M]. 北京：机械工业出版社，2005：226.

拨款和结算、竣工验收、质量保修范围和质量保证期、双方相互协作条款、违约条款等包括在内。[①]

第二，各项合同条款必须明确具体，用语要准确、严密，避免使用含混不清的语言，以避免和减少纠纷。

2. 工程部门审核

拟定好的合同文本，应先送至工程部门进行审查，主要核对工程范围、工程造价、双方权责利等技术方面的条款是否正确。

3. 会计部门审核

会计机构应重点审核合同的金额、支付条件、结算方式、支付时间等经济内容是否准确无误。

4. 审计部门审计

审计部门要对合同的全部内容进行审查，检查其全面性及合法合规性。

5. 主管领导审定

经审计部门审计的合同文本，应交给主管工程项目建设的领导，由其审定后才能正式签订。

6. 双方签字盖章

对审核无误后的工程合同要加盖具有法人资格的公章和法人代表的签章，自此合同生效，同时要明确正、副本数量和具有同等效力的事实。

7. 立档加以保管

所有合同必须编码登记，并指定专门的合同管理员对合同进行分类、分项管理。签订好的合同应交由于会计机构备份一份，以便监督执行。

四、工程项目施工阶段的财务内部审计控制

工程项目施工阶段是施工单位履行施工合同，完成施工任务的过程。同时，也是建设单位监督施工质量与进度，履行各项工程价款支付义务，控制各项成本费用的过程。在此阶段，建设单位会计机构或人员实施财务内部审计控制的重点是对支付给施工承包商的资金的控制，不仅要对本单位的工程款支付建立相应的财务内部审计控制程序，而且要对支付给施工单位的工程款的使用情况进行控制。

① 窦坚．签订及履行建设工程合同中应注意的几个问题[J]．广西电业，2004（09，10）：68－71.

（一）工程款支付的财务内部审计控制

工程项目的价款支付控制是建设单位工程项目造价控制的重要内容，也是考核建设项目的成本，进行计划统计，准确及时进行会计核算和竣工决算编制的依据。建设单位加强和完善对工程项目价款支付的财务内部审计控制，是其降低项目建设成本、及时收回预付工程款和预付备料款、保护基本建设资金安全的重要举措，对加快资金周转、提高资金使用效率、加强建设单位内部管理有着十分重要的作用。

工程项目产品价值大、生产周期长的特点，决定了建设单位与施工承包商之间的工程款结算与支付必须采取阶段性进行的办法。工程款的支付通常可分以下三个阶段进行，即工程预付款的支付、工程进度款的支付和工程竣工结算款的支付。本节只对预付款及进度款支付的财务内部审计控制进行论述，对竣工结算款支付的财务内部审计控制将在下一节竣工验收与决算阶段的财务内部审计控制中论述。

1. 工程预付款支付的财务内部审计控制

工程预付款，也称开工预付款，是指工程开工前由建设单位向施工承包商支付的、用于开工前期准备的款项。针对工程预付款支付的财务内部审计控制，建设单位应建立一套严格的程序，财会人员应认真履行此程序，做好开工预付款的支付管理。具体步骤如下。

（1）施工单位提出支付申请。在已具备施工条件、施工承包商向建设单位提出支付申请时，建设单位除应要求其写明申请预付金额外，还应要求其提交履约保函、开工预付款保函以及经监理工程师签认无误的开工预付款支付证书。

（2）工程部门审查。工程部门应对以上资料的真实、完整性进行审查，确认无误后由负责人签署意见。

（3）会计部门审核。财会人员对施工承包商申请支付的金额与招标文件进行核对，核定应付款金额，并报部门负责人签署支付意见。

在核定应支付金额时，若银行保证金额与合同规定的支付金额不一致，即开工预付款银行保证金额超过或不足合同规定的金额，大都按照“就低不就高”的原则进行处理，即超过合同规定金额的，按合同规定金额支付；不足合同规定金额的，按照开工预付款保函金额支付。

（4）财会人员付款、入账。其主要包括以下步骤：第一步，施工承包商提出支付申请，并提交相关证明材料；第二步，工程部门审核上述材料的真实性、完整性，并签署意见；第三步，会计人员核定支付额，会计部门负责人签署支付意见；第四步，会计部门付款、入账。

2. 工程进度款支付的财务内部审计控制

工程进度款是指建设单位按合同约定的工程进度向承包商逐笔支付的款项。由于工程施工合同的承揽合同性质，不能要求承包商承担垫付工程款的义务，因此，根据工程进度支付工程进度款是工程施工合同的重要特点。

工程进度款的支付过程是整个工程支付中最为频繁、往来款项发生最多的过程，有的工程完工可能要进行几十次的进度款支付，因此，认真对待每一期的进度款支付，不仅是日常控制的需要，也是为日后工程竣工决算打下良好的基础。

建设单位应当建立严格的工程价款支付控制程序，由工程、会计及监理等部门共同保障实施，层层把关。具体程序如下。

（1）施工承包商提出申请。施工承包商在申请支付进度款时，应提供经监理部门审核的工程进度报表，报表要完整、详细，应包括申请支付理由、申请支付金额、工程进度报告等，同时要附上诸如现场签证等相关证明材料，一并交给建设单位工程部门。

（2）工程部门审核工程进度报表。建设单位工程部门的现场技术人员应对进度报表从工程进度、工程质量、现场签证、隐蔽工程、付款情况、相关约定、施工要求等进行核实，造价工程师根据工程概预算、现场签证、工程进度、付款情况等对上述资料进行再次审核，并由工程部门负责人签署意见。

（3）会计部门核定付款额。会计部门应根据技术负责人核定的已完工工程量及合同总价款、合同变更金额、预留质保金、累计已付款金额、支付协议等前期资料，核定本次应付款金额，并交由负责人签署意见，严格控制“超付”情况。

$$本次应付进度款金额=本次完成合同额 \pm 本次合同变更金额-前期累计已超付金额$$

其中：

$$本次完成合同额=合同总金额 \pm 本次完成百分比$$
$$=工程量 \times 中标单价$$

$$前期累计已超付进度款金额=前期累计应付进度款金额-$$

前期累计已付进度款金额

当工程进展已达到合同规定的预付款起扣条件时，应将本次应扣回的部分从上式中扣除；同样，当达到合同规定的质保金起扣条件时，也应将本次应扣的部分从上式中扣除。此时，公式“本次应付进度款金额=本次完成合同额 ± 本次合同变更金额−前期累计已超付金额”应调整为：

本次应付进度款金额=本次完成合同额 ± 本次合同变更金额−
前期累计已超付金额−本次应扣预付款−
本次应扣质保金

另外，当建设单位替施工单位代交税金（包括增值税、城建税及教育费附加等），或者存在材料预付款时，公式“本次应付进度款金额=本次完成合同额 ± 本次合同变更金额−前期累计已超付金额”应调整为：

本次应付进度款金额=本次完成合同额 ± 本次合同变更金额−
前期累计已超付金额−代扣税金+本期应付材料预付款−本期扣回材料预付款

3. 主管领导审批

对申请支付金额较大（金额上限由建设单位根据工程总造价等自行确定），或者双方存在争议时，应报送单位主管领导，由其审批。

4. 会计部门付款、入账

由出纳根据审批额度付款，使用转账凭证将款项打入指定的银行账户，同时会计人员应及时入账，并将有关资料及时存档。除了进度款以外，建设单位可能还要向施工单位支付一些其他的款项，对这些款项的支付控制也可参照上面的方法。

（二）对施工单位工程款使用的监管

为确保施工单位能够将工程款合理地用于本工程的施工，保证工期和进度，建设单位应当对支付给施工承包商的工程款的使用情况进行适当的监督与管理。

工程款使用监管可采用“指定开户、专户储存、专款专用、银行监督”的方式。在工程项目建设期间，建设单位依据与施工承包商签订的施工合同及其附件中有关条款的规定，对施工承包商在承包项目建设过程中所取得的资金，指定银行开户，专户储存，并通过建设单位、施工承包商和银行三方协议，对施工承包商所取得的建设资金使用情况进行监督和管理，以确保建设资金专款专用，推进建设项目顺利实施。

1. 工程款使用监管的范围

建设单位对施工承包商工程款使用监管的范围包括：第一，施工承包商按合同规定应自备的流动资金；第二，建设单位支付给承包商的预付款；第三，工程进度款；第四，保留金。

对于以上工程款，施工承包商只能将其用于与本项目有关的开支，包括以下几种情况：一是用于人员费用及日常管理性开支；二是支付设备和材料采购、租赁费；三是支付给分包单位的工程款；四是上级单位收取的管理费和代收代缴的各项费用；五是各种税费等。

2. 工程款使用监管的程序和基本内容

第一，在工程项目招标前，建设单位会计机构或人员应将“指定开户、专户储存、专款专用、银行监督”的要求列入招标文件，作为合同文件的一个部分在签订合同后予以执行。

第二，建设单位会计机构或人员应对施工所在地的银行进行考察，通过对各银行信誉、人员素质、服务质量等多方面要素的比选，确定项目施工承包商的开户银行。

第三，在确定中标单位后，由建设单位的会计机构组织本单位与施工承包商、银行共同协商并签订工程款使用监管协议，明确监管的内容、方式和各方的职责。

第四，建设单位会计机构或人员在办理支付给施工承包商的工程款时，应将款项存入建设单位指定的开户银行；施工承包商在采购材料、设备等用款时，应向指定开户银行申请。

第五，银行要组织专门人员负责施工承包商工程款使用的监督，制定支付限额，限定资金用途。对施工承包商的每一次工程款支付申请，银行都要严格审查，对施工承包商超过限额或用途不合理的支付申请，开户银行应及时向建设单位汇报，经建设单位授权后才能办理支付。

第六，建设单位的会计机构或人员应定期或不定期地对施工承包商的工程款使用情况进行检查，若发现其将本项目资金外借、挪用、转移时，应责令其改正，否则将中止以后的工程款支付。

第七，开户银行应定期向建设单位汇报对工程款进行监督的情况；建设单位会计机构或人员应不定期地抽查银行对施工承包商工程款进行监督的情况。

五、工程项目竣工验收与决算阶段的财务内部审计控制

竣工验收与决算是工程项目管理的最后一个阶段，通过竣工验收与决算的控制，可以全面考察工程项目设计和施工的质量，以便及时发现和解决存在的问题，保证项目可以按设计要求的各项技术经济指标正常使用。同时，能够加强固定资产的投资管理，通过竣工验收办理固定资产交付使用手续，总结建设经验，提高建设项目的经济效益和管理水平。此外，还可以研究工程项目遗留问题的解决办法和措施，从而使项目尽快投入使用，发挥效益。

工程项目竣工后，建设单位应及时组织竣工验收与决算。对工程项目竣工验收与决算的财务内部审计控制包括工程项目竣工验收控制、工程项目竣工结算款支付控制、工程项目竣工决算控制和工程项目的后评价四个环节，本书认为应把前三个环节作为关键控制点实施重点控制。

（一）竣工验收环节的财务内部审计控制

工程项目竣工验收就是由建设单位、施工单位和项目验收委员会，以批准项目的设计任务书和设计文件，以及国家（或部门）颁发的施工验收规范和质量检验标准为依据，按照一定的程序和手续，在项目建成并试生产合格后，对工程项目的总体进行检验和认证（综合评价、鉴定）的活动。

工程竣工后，建设单位会计机构或人员应及时开展各项清理工作，主要包括各类会计资料的归集整理、账务处理、财产物资的盘点核实及债权债务的清偿，做到账账、账证、账实、账表相符。

清理工作完成后，建设单位应会同监理单位、设计单位对施工单位报送的竣工资料的真实性、完整性进行审查，并依据设计与合同的要求组织竣工预验收。

对于存在的问题，应及时要求施工单位进行整改。对于符合竣工验收条件的工程项目，应及时组织竣工验收。对于验收合格的工程项目，会计机构或人员应建立交付使用财产明细表，并及时转增固定资产。未经验收或验收不合格的工程不得交付使用。对于竣工验收后留有收尾工程的项目，建设单位应按照验收中审定的收尾工程内容、数量、投资和完成期限组织扫尾。

（二）竣工结算款支付环节的财务内部审计控制

工程项目竣工结算是指施工企业按照合同规定的内容全部完成所承包的

工程，符合合同要求，并经验收质量合格之后，向发包单位进行最终的工程价款结算。竣工结算是建设单位与施工单位结清工程费用的依据，也是建设单位编制竣工决算的主要依据。竣工结算工作的完成，标志着建设单位与施工单位双方权利与义务的结束，即合同关系的解除。因此，这一环节的控制要高度重视，严格把关。

1. 审核竣工决算书

收到施工单位提交的竣工决算书后，建设单位要及时组织工程技术人员以单位工程为基础，对承包合同内规定的施工内容进行检查和核对，包括各单项项目、工程量、单价取费和计算结算等，并核查工程的完成情况。若发现问题，应及时调整。审核工作完成后，将竣工决算书交由工程部门负责人审定，并签署意见。

2. 对竣工决算书进行审计

建设单位应组织内部审计部门或会计师事务所，对核查后的施工单位决算书进行审计，并发布书面意见。

3. 主管领导核定结算额

竣工结算金额要由单位主管领导根据上述审计结果核定。

4. 会计机构付款入账

会计机构以核定的金额作为工程款结算的依据，与施工单位及时结清尾款，并做好账务处理，计入工程总成本。

（三）竣工决算环节的财务内部审计控制

竣工决算是全部工程完工并经有关部门验收后，由建设单位编制的综合反映该工程从筹建到竣工投产全过程中各项资金的实际运用情况、建设成果及全部建设费用的总结性经济文件。

竣工决算由竣工决算编制说明、竣工财务决算报表、工程竣工图和工程造价比较分析四部分组成。对于竣工财务决算报表，由于大、中、小型工程项目的建设规模不同，其组成也不一样。大、中型工程项目的竣工财务决算报表包括竣工财务决算审批表、竣工工程概况表、竣工财务决算表、交付使用财产总表、交付使用财产明细表。小型项目竣工决算表按上述内容合并简化为小型项目竣工决算总表和交付使用财产明细表。

建设单位应当按照国家有关规定及时编制竣工决算，如实反映工程项目的实际造价和投资效果，不得将应计入当期经营费用的各种支出计入建设成本。会计机构或人员应对竣工决算进行审查，重点审查下列内容。

1. 审查准确性和完整性

首先，审查竣工决算文字说明书和所叙述的事实，是否全面、系统，是否符合实际情况，有无虚假不实、掩盖矛盾等情况；报表中各项指标是否准确、真实。

其次，要审查竣工决算各种报表是否填列齐全，有无缺报、漏报；已报的决算各表的栏次、科目、项目填列是否正确完整。

最后，审查竣工决算表内的有关项目填列是否正确。应认真核对竣工财务决算表中工程项目投入款项、交付使用资产等项目的余额是否正确。

2. 审查工程项目支出

应根据批准的初步设计概算，审查工程成本中有无不属于工程范围的开支，不得将应计入当期经营费用的各种支出计入建设成本；所有工程项目是否属于计划范围，有无计划外工程；增加的工程项目是否经管理部门批准；若属于设计变更方面的，要审查有没有设计部门的变更设计手续。另外，应结合财务制度审查各项费用支出是否符合规定，有无乱挤、乱摊成本，扩大开支范围；有无乱立标准，铺张浪费等情况，并要重点审查建设成本超支或节约的原因。应将其实际数与概算进行总额对比和分项目对比，以考核建设成本总额和各项构成内容的节超情况，计算节超额和节超率。根据节超情况，进一步查找影响建设成本节超的原因。

3. 概算、预算及决算分析考评

会计机构和人员应参与概算、预算及决算分析考评，分析概算、预算执行情况及差异产生的原因。对于实际投资规模超过审定的投资规模的项目，应当追究相关决策者和执行人员的责任。

（四）工程项目后评价环节的财务内部审计控制

工程项目后评价是指项目竣工投产并达到设计生产能力后，通过对项目的立项决策、设计施工、竣工投产、生产运营等全过程进行系统评价，综合研究分析项目实际状况及其与前评价预测状况的偏差，分析原因，总结经验，不断改进新项目的准备、管理、监督等工作，以提高决策水平和投资效益。

项目后评价是固定资产投资管理工作的一项重要内容，通过对项目从立项到建成投产各阶段的全面分析，可以认真总结经验，吸取教训，提高投资效益，并为以后同类型项目立项决策和建设的参考依据。

建设单位应当建立工程项目后评估制度，会计机构或人员应负责对投入使用的生产性项目进行成本效益分析。如果项目实际经济效益严重低于可行性研究分析，应追究相关人员的决策责任。

第五章　现代工程项目竣工财务决算审计质量控制

第一节　现代工程项目竣工财务决算审计质量控制概述

一、工程项目竣工财务决算审计的相关概念

（一）工程项目竣工财务决算的概念及内容

工程项目是指需要一定的投资，按照一定的程序，在一定的时间内完成，符合质量要求，以形成固定资产为目标的一次性的任务。工程项目是十分典型和常见的项目类型，其种类繁多，除了传统意义上的工程项目，如各种工业与民用建筑工程、机场港口工程、城市基础设施项目等，还包括与其相关的软件系统、操作规程活动和运行程序等。

工程项目建设一般都经过工程决策、工程设计与计划和工程实施三个阶段。在工程决策阶段需要进行可行性研究，提出项目建议书，对工程项目进行财务、经济、环境等方面的评价，最终对项目的立项作出决策。项目立项之后，建设单位可委托设计单位编制设计文件，并通过招标委托工程项目的施工、供应、项目管理（咨询、监理）等任务。各项项目建设准备工作完成后，进入工程项目的施工阶段。在这个阶段，工程项目的设计单位、监理单位、施工单位等密切配合，经过施工形成符合要求的实体工程。施工阶段结束后，在正式将工程移交运营单位运营前，还需要完成工程项目的试运营，工程竣工决算、竣工资料的交付存档，工程的保修回访和运营过程中的维护管理等工作。竣工决算是其中的一项十分重要的内容。

工程项目竣工决算是指工程项目全部建设完工，并经项目法人或项目建设单位和工程项目质量监督部门等验收合格后，由项目法人或委托方根据各局部工程竣工决算和其他工程费等实际开支的情况，进行计算与编制的综合反映该工程项目从筹建到竣工投产或交付使用全过程中各项资金使用情况和建设成果的总结性

的经济文件，是工程项目建设经济效果的全面反映[①]。竣工决算包括竣工财务决算说明书、竣工财务决算报表、工程竣工图和工程造价对比分析四部分内容。

竣工财务决算说明书和竣工财务决算报表又称工程项目竣工财务决算，是竣工决算的核心内容。企业编制竣工财务决算，将有助于建设单位发现建设过程中的问题，总结经验教训，提高工程管理水平和工程造价管理水平。

竣工财务决算包括竣工财务决算说明书和竣工财务决算报表两部分。竣工财务决算说明书是概括工程建设经验和成果的书面文件，能帮助使用者从总体上分析考核工程的建设情况。竣工财务决算说明书上需要体现的内容包括工程项目的概况，项目资金的来源、支出及结余情况，项目概算和决算的差异及原因分析，项目管理和决算中发现的问题和建议以及其他需要说明的特殊事项。

基本建设项目竣工财务决算报表包括项目概况表、竣工财务决算表、交付使用资产总表和交付使用资产明细表。竣工财务决算报表应该包括以下内容——项目名称、主要设计单位、主要施工单位、新增生产能力、建设起止时间、设计概算批准文号；项目资金的去向；项目建设投资支出概算数和实际数的总额；项目建设投资支出的各分项建筑安装投资、设备投资、其他投资、待摊投资的概算数和实际数；交付使用资产的价值。

（二）工程项目竣工财务决算审计的概念及意义

工程审计是指独立的审计机构和审计人员，以相关审计标准和国家现行法律法规为依据，运用一定的审计技术，对工程项目建设全过程的技术经济活动和建设行为进行监督、评价和鉴证活动。工程审计是我国审计监督工作的重要组成部分，通过对建设项目建设过程中的合法性、合规性和有效性进行监督和评价，提出完善工程项目管理的意见和建议，从而达到提高工程项目投资效益的目的。

工程项目审计的对象是工程项目的全过程，涵盖工程项目的整个周期。按照工程项目的生命周期，工程项目审计可以分为开工前审计、开工实施期审计和工程竣工验收后审计。开工前审计是对工程项目开工前各项工作进行审计，审计的对象包括项目的审批文件、招投标程序的合法性和有效性、融资情况、设计工作、建设项目相关单位签订的合同及内部控制制度建立的情况等。开工实施期审计是对项目建设施工阶段的各项活动的审计，涉及项目的设计单位、施工单位、

① 朱红章．工程项目审计[M]．武汉：武汉大学出版社，2010：214.

监理等咨询单位。工程项目竣工验收后审计是在工程竣工后对竣工验收交付阶段所有工作进行的审计。竣工决算是完成竣工验收并交付使用的一个重要环节，对工程项目竣工决算审计是竣工后审计的重要内容。竣工财务决算作为竣工决算的核心内容，对其进行审计是竣工决算审计的重点。

工程项目竣工财务决算审计，是指工程项目正式竣工验收前，独立审计机构及其派出人员对工程项目竣工财务决算的真实、合法、效益进行的审计监督。具体而言，通过对工程项目竣工财务决算进行审计，以期确定该项目建设资金的来源，建设投资支出总额以及建筑安装投资、设备投资、待摊投资和其他投资的金额，建设资金结余的真实性、合法性；将项目的概算和实际情况进行对比、审核、分析，最终确认交付使用资产的完整性、真实的资产价值及资产明细情况。竣工财务决算审计对项目资金的来源、使用、支付、结余等情况进行梳理，不仅能帮助建设单位审核项目建设过程中在资金使用上是否存在违规行为，更重要的是能帮助建设单位正确地评价资金的使用绩效，进而促进项目建设资金的合理使用。

竣工财务决算审计是工程项目审计的一个重要环节，加强对竣工财务决算的审计，能提高竣工财务决算的质量，帮助建设单位更好地总结建设经验，评价项目投资效益，改善工程项目的管理。

（三）竣工财务决算审计的内容及主体

工程项目竣工财务决算审计是对建设单位编制的竣工财务决算进行审核的活动，其审计的范围包括建设单位编制的竣工财务决算及编制竣工财务决算的相关资料。竣工财务决算是从财务的角度确定资产的价值，评价工程完成情况的文件。从这个角度来讲，竣工财务决算审计应包括从项目实施的第一项开支或第一笔资金投入开始，到完成竣工财务决算编制为止，竣工财务决算中所记载的项目事项的全部会计资料和相关的其他工程资料。其审计内容主要包括工程项目的立项是否手续齐全，工程的招投标工作是否按规定程序执行，施工、安装费是否按规定或经过审核或审计，工程项目使用设备的数量和价格是否正确计入，待摊投资的分摊是否正确，工程实际投资支出是否超出工程概算等几方面。工程项目建设成本总额及建筑安装投资支出、设备投资支出、其他投资支出、待摊投资支出金额的审计是竣工财务决算审计的重点。

竣工财务决算审计涉及的内容比较多，需要与工程项目的建设人员、施工人员和财务人员等相关人员进行沟通，获取项目的相关资料。

工程项目审计由独立的审计机构及该机构派出的审计人员进行，审计主体包括国家审计机关、企事业单位内部审计机构和社会审计组织。国家审计机关重点审计的是以国家投资或融资为主的基础设施项目和公益性项目。《中华人民共和国审计法》第二十三条规定：“审计机关对政府投资和以政府投资为主的建设项目的预算执行情况和决算，对其他关系国家利益和公共利益的重大公共工程项目的资金管理使用和建设运营情况进行审计监督。”企事业单位内部审计机构审计的是企业内部投资建设的工程项目。社会审计组织是指依法成立的社会审计机构，他们也可以接受委托人的委托，对委托审计的项目实施审计。

工程项目的竣工财务决算审计作为工程项目审计的一个环节，其审计主体也包括国家审计机关、内部审计机构和社会审计组织三类。对于以国家投资为主的建设项目主要是由国家审计机关进行审计的，但有时由于受到人员和成本等因素的限制，国家审计机关会委托会计师事务所来执行此项审计任务。企事业的内部审计部门对本单位工程项目进行竣工财务决算审计，但常常由于自身内部审计力量不足，出现单纯依靠内部审计机构无法完成审计任务的情况。因此，许多企事业单位选择委托会计师事务所等社会审计组织代为执行竣工财务决算审计任务，并通过签订审计业务约定书来对会计师事务所进行约束。

近年来，我国对基本建设的投资力度越来越大，企业投资的工程项目数量大幅增加，会计师事务所接受企业的委托进行竣工财务决算审计已经成为一种常态。本书中所讲的竣工财务决算审计正是会计师事务所接受企业的委托进行的竣工财务决算审计。

二、工程项目竣工财务决算审计质量控制的相关概念及必要性

（一）竣工财务决算审计定位——内部审计外包

内部审计外包的概念最早由国际咨询服务机构提出，它们定义内部审计外包为企业管理层将内部审计职能，部分或者全部地委托给会计师事务所或其他外部咨询机构。近年来，随着市场竞争的进一步加剧，专业化分工越来越细，为了更好地适应竞争，越来越多的企业将资源集中于其核心业务，将部分的管理职能委托给外部机构代理，对内部审计外包的需求在这种浪潮中产生。内部审计的外包可以理解为在不改变审计目的的前提下，将审计的主体由企业内部的审计人员转

变为外部的专业人士。内部审计外包是企业理性选择的结果，这种行为也引起了内部审计人员和外部审计人员的竞争。

本书将内部审计外包的形式分为全部外包和部分外包两大类。全部外包是指企业将内部审计职能全部外包给会计师事务所，在这种形式下，企业组织不再设置内部审计机构；部分外包是指企业内部设有内部审计机构，在实际进行审计工作时，只在内部审计力量不足以完成审计任务时，将内部审计的部分职能和任务委托给会计师事务所或其他专业人员。

内部审计外包的内容可以分为审计服务外包和非审计服务外包两大类。审计服务外包是指企业将内部审计中的审计职能如财务审计、物资采购审计、工程项目审计、固定资产项目审计等委托给外部审计机构或其他专业人员，委托其进行相应的审计任务。非审计服务外包指企业将内部审计的咨询服务职能，如降低成本、改善经营效率、协助建立内部审计机构、风险控制评价等委托给外部咨询机构。

外包的审计服务通常是专业性强、技术难度高、内部审计人员无法胜任的审计任务。工程项目竣工财务决算审计是工程项目审计中的一部分，具有工程审计和财务审计的双重特点，很多企业将这一部分的审计任务委托给会计师事务所进行，既弥补了自身内部审计力量的不足，又能利用会计师事务所丰富的审计工作经验，提高审计工作效率。

（二）审计质量及审计质量控制的含义

内部审计的外包是在不改变审计目的的前提下，将审计的主体由企业内部的审计人员转变为外部的专业人士。虽然审计主体发生了重大变化，有关审计质量和质量控制的含义并不会由此而发生改变，对于本书中所说的竣工财务决算审计质量和审计质量控制可以参照内部审计来进行理解。

关于内部审计质量的概念，结果导向者和行为导向者持有不同的观点。结果导向者认为：审计质量就是审计报告的质量，而审计报告的质量又反映了审计质量。行为导向者则认为：审计报告不能体现审计工作的全部，审计工作是一个包括计划、取证、判断和报告的系统过程，审计质量包含全部审计活动过程的优劣程度。

综合两种审计质量的观点，理论界通常认为，内部审计质量指内部审计工作和结果的优劣程度，包含两个方面的内容：一是内部审计结论的质量，即审计人员最终提出的审计报告的优劣程度；二是内部审计行为的质量，即内部审计人员进行审计工作全过程的优劣程度。同样，本书中所讲的竣工财务决算审计虽然是企业内部审计外包，其审计质量也应该包括两个方面：一是会计师事务所审计人员提出的审计报告的优劣程度；二是会计师事务所的审计人员进行竣工财务决算审计工作的优劣程度。

内部审计质量控制是指为了保证内部审计质量，对影响内部审计质量的各种因素采取的管理手段。类似地，竣工财务决算审计质量控制是指为了保证审计质量，对影响审计质量的各种因素采取的管理手段。会计师事务所的审计工作是为了消除审计全过程中影响审计质量和审计目标实现的各种因素，使审计工作最大限度地促进审计目标的实现，增加组织的价值。

（三）竣工财务决算审计质量控制的必要性

企业实行内部审计外包的策略，虽然能弥补自身审计力量的不足，节约审计成本，提高审计工作的效率，但是也会产生一些影响审计质量的因素。

企业把内部审计外包给会计师事务所或其他外部咨询机构，使审计的主体外部化。审计主体的变化，对审计质量产生了额外的威胁，这也是要对竣工财务决算审计进行质量控制的原因。由于交易市场的不对称性，企业对外包服务商并不十分了解，选的外包服务商的专业技能和资质，提供审计服务的经验和能力以及职业信誉都有可能不能满足外包审计的需求，会对审计质量产生很大的影响。审计服务中，外包服务商的操作失误、与企业内部沟通不畅、外部审计人员审计责任意识较差，企业内部审计机构对外包服务商的监督的缺乏等也会造成审计质量的降低。

审计质量是保证审计目标实现的基础，内部审计外包中出现的各种影响审计质量的因素应该引起企业对审计质量的关注。内部审计外包质量控制的目的是增强审计工作的准确性、可靠性、效率性、合理性和效果性，克服审计主体外部化对审计质量带来的额外影响，以更好地服务和实现外包审计工作的目的。

内部审计外包质量控制能防范审计外包的风险，减少不必要的审计成本，强化对外包服务商的监督，从而保证外包的内部审计工作的质量。将工程项目竣工财务决算审计委托给会计师事务所进行，是在保持原有内部审计机构的前提下，将特定的内部审计职能外包给外部审计人员，这会产生上文中所讲的影响审计质量的因素。为保证审计工作质量，企业有必要对会计师事务所进行的竣工财务决算审计质量进行控制。

三、工程项目竣工财务决算审计质量控制系统

由于对内部审计外包审计质量控制的理论研究不多，因此，笔者在内部审计质量控制系统的基础上对竣工财务决算审计质量控制系统进行了分析。

（一）内部审计质量控制系统概述

质量控制系统是指由各种质量控制要素组成的整体，完备的审计质量控制体系能够达到理想的控制效果，是提高审计工作质量的必要手段。一个良好的质量控制体系应该包括四个基本的组成要素：谁来控制——控制主体，控制什么——受控客体，为什么控制——控制目标，怎么控制——控制手段。内部审计质量控制系统也应具备上述四个基本组成要素。

内部审计质量控制的目标是使内部审计机构的审计工作过程和结果能够达到内部审计的标准和要求，包括内部审计准则和企业自身内部审计的相关要求，提高审计活动的效率和审计目标的实现程度，进而增加组织的价值。

在内部审计工作中，质量控制的主体主要是企业内部审计机构。比较大的企业通过内部质量控制委员会、质量控制部门来进行质量控制工作。小规模的企业一般由内部审计机构领导人员及其委托的工作人员，如审计小组长、项目主审等具备较高资质和丰富经验的审计工作人员来负责。

内部审计质量控制系统的控制对象是内部审计工作过程及工作成果。由于工作结果是由工作过程产生和决定的，所以控制的对象实质上就是内部审计工作实施的全过程。内部审计工作包括审计计划、审计程序及审计人员，由于所有的审计工作都是由审计工作人员执行的，所以，审计质量控制的对象实际上就是审计工作人员及其在审计工作中的各种文件，如计划、底稿等。

为从多个方面和多个角度对审计质量进行控制，质量控制的手段既包括前馈审计质量控制、过程审计质量控制、反馈审计质量控制，同时也应该在影响审计质量的关键环节进行有侧重的控制。

（二）竣工财务决算审计质量控制系统概述

审计质量控制系统包括控制目标、控制主体、受控客体和控制手段四个基本要素。相比于内部审计质量控制系统，审计质量控制仍然是由内部审计机构来执行的，只是审计工作主体外部化会对审计质量控制系统其他要素产生影响。

由于审计主体外部化为会计师事务所，因此内部审计准则对事务所的审计工作不再具有约束作用，控制的目标就不再是达到内部审计准则和审计工作手册的要求。质量控制的目标不仅仅是要使会计师事务所的审计工作满足会计师事务所从事相关审计业务的规定以及审计业务约定书中的协定，更为重要的是要通过采取质量控制的手段，提高审计工作效率，促进审计目标最高效率和最大限度的实现。对于竣工财务决算审计而言，就是满足审计业务约定书的要求，会计师事务所出具的审计报告能够指导、帮助建设单位把整个项目的资金来源、到位、使用、支付、结余等情况整理清楚，正确评价资金使用的绩效，促进建设资金的合理使用。

由于本书是基于委托方即企业的角度对审计进行质量控制研究，因此质量控制的主体仍然是企业内部审计机构。而且内部审计机构已经不再参与审计工作，他们的主要工作就是对审计质量进行监督控制。竣工财务决算审计不同于一般的财务审计，兼具财务审计和工程审计的双重性，因此负责审计质量控制的内部审计人员必须熟悉竣工财务决算的编制，具备较高的资质和丰富的审计经验。

控制对象仍然是审计工作的全过程及其工作成果，但不再是企业内部审计人员，而是企业委托的会计师事务所、事务所派出的审计人员及其审计工作的审计底稿、审计计划和审计报告等文件。而且由于作为控制对象的审计人员和相关文件都不属于企业，对控制对象的控制显得更加被动了。

质量控制的手段仍然包括前馈控制、质量控制、反馈控制，同时也需要对关键环节进行重点控制，但是由于控制的对象不属于企业，企业能使用的质量控制手段受到了限制。对于内部审计人员能够采用的直接、硬性的控制手段只能转变成监督、建议等软性的控制手段。而且由于审计流程与内部审计的流程大有不同，采用的质量控制手段也随着审计流程的改变而发生变化。

第二节　现代工程项目竣工财务决算审计工作内容

一、现代工程项目竣工财务决算审计准备工作

在工程项目被批准审计后，建设单位的内部审计机构需要按照公司内部规定在项目审计实施前做一些事前准备工作。首先，由建设单位组织对外部审计

单位的招标。其次，建设单位与中标的会计师事务所进行条件约定并签订审计业务约定书，由建设单位提出此次竣工财务决算审计的审计重点。最后，由中标的会计师事务所制订相应的审计方案，建设单位提前准备好审计需要的文件资料。

（一）选择会计师事务所及签订审计业务约定书

工程项目投资方针对工程项目的投资规模等对会计师事务所发出招标公告，公告中对工程项目的情况做出简单概括，同时提出对会计师事务所的基本要求。满足要求的会计师事务所可以进行投标，承诺审计服务的时间、人员、质量等，并提出审计方案。工程项目投资方经过对投标会计师事务所的对比审核，将工程项目的竣工财务决算审计工作委托给某会计师事务所来完成。双方就审计责任、审计义务以及收费等情况经过协商后达成一致，签订审计业务约定书和保密协议。在审计业务约定书签订之后，会计师事务所正式开始工程项目的竣工财务决算审计工作，提供满足工程项目投资方需要的审计方案。

（二）会计师事务所确定审计小组

工程项目投资方在与会计师事务所签订审计业务约定书之后，对会计师事务所提出审计工作重点。根据要求，会计师事务所先确定审计项目负责人，方便与工程项目投资方的工程项目负责人进行沟通，明确审计程序、审计进度以及各时间等事项的安排。会计师事务所根据项目实际情况组成专项审计小组，将审计人员构成报送给工程项目投资方的内部审计机构。内部审计机构在收到会计师事务所的文件并审核后下达审计通知，会计师事务所在收到通知后即开始对工程项目进行竣工财务决算审计。在审计过程中，审计小组要重视现场审计，严格把控审计过程，向单位内部审计机构通报审计执行情况，加强审计质量管理，确保审计结果。①

（三）审计小组获取建设单位审核资料

会计师事务所进行竣工财务决算审计的依据包括国家的法律法规以及相关文件规定、行业制度规定、审计单位内部规定以及建设单位工程项目的资料等。在会计师事务所审计实施之前，工程项目投资方需要将工程项目各阶段的

---

① 魏开颜，何小富．水利基本建设项目竣工决算审计实施方案的编制方法 [J]. 治淮，2004（03）：51-52.

相关资料及数据送到公司内部审计机构，内部审计机构对资料文件进行盘点确认之后移交给会计师事务所审计小组，审计小组在接收时比照资料清单核对之后进行确认。工程项目投资方提供的资料包括工程项目的立项以及设计批复文件、设计预概算表、项目的开工及完工报告、初步及最终的验收报告、项目实施中的各项会议纪要、建设单位与中标单位签订的合同文件、项目的各项财务支出明细、会计账目及报表、项目的工程结算报告以及结算审计报告、竣工财务决算报告等。

（四）审计小组制订审计计划

审计小组获得工程项目的相关资料及数据后，根据这些资料制订审计程序的实施计划。审计程序的实施计划包括审核立项验收等文件以及项目实施过程中签订的设计施工监理等合同文件、核对各项财务数据及资金来源、核对设计计划以及实际结果等，在审查的过程中结合现场勘察，盘核固定资产等。

审计小组计划执行的竣工财务决算审计的内容包括工程项目整个过程中所编制的各项文件及审批，复核竣工结算结果和建设单位编制的决算报表，核算项目计划变更及各项财务收支，以确定项目投资的使用情况。

（五）审计小组开展审计实施工作

在制订审计程序的实施计划后，审计小组即刻开展审计实施工作。首先，审计人员查阅并熟悉工程项目的审核资料，比对书面文件，将二者的差异情况做成书面报告。其次，审计人员执行资料核查、现场取证、集中分析等审核程序，发现并证明整个项目中存在的问题，再就所有问题进行集中审查，确定审计事实，得出审计结论，编制审计工作底稿。最后，审计小组对审定的事实进行复核，与工程项目建设单位沟通审计过程中发现的重要问题，对需要由建设单位确认的事项提供书面确认材料交予工程项目投资方。

二、现代工程项目竣工财务决算审计实施工作

（一）事前准备阶段审计

审计小组收到工程项目投资方递送的工程项目的各项资料后即刻进行汇总整理，资料内容如下：立项批复文件、设计预概算表、项目的开工以及完工报告、初步以及最终的验收报告、项目实施中的各项会议纪要、建设单位与中标单位签订的合同文件、项目的各项财务支出明细、会计账目及报表、项目的工程结算报

告以及结算审计报告、竣工财务决算报告等。

（二）可行性研究阶段审计

工程项目的第一个阶段就是可行性研究阶段，这一阶段工程项目投资方的工作包括编制项目建议书和可行性研究报告，项目的预审、立项等内容。会计师事务所对可行性研究阶段审计的主要审查内容为：项目立项批复文件是否齐全，是否编制项目建议书或可研报告等，检查各项文件的编制是否符合国家规定，核定投资估算能否为项目决策提供依据，等等。

（三）设计阶段审计

工程项目的第二个阶段是工程的设计阶段。这一阶段工程项目投资方的工作主要为工程设计文件的编制，具体包括根据工程项目的编制依据、工程建设的目标以及建设规模确定设计分工、设计范围，得出设计方案，投资预算等。会计师事务所对设计阶段的主要审查内容有设计手续是否齐全、是否有完善的设计资料，设计方案的编制是否符合规定，投资预算是否准确，计划与实际建设规模是否相同以及设计工作的时间安排是否合理等。

（四）招投标阶段审计

工程项目的第三个阶段是招投标阶段审计，这一阶段工程项目投资方的主要工作为组织参建单位的招投标、合同以及约定书的签订。工程项目投资方采用了两种招标方式：公开招标和邀请招标。招标对象包括设计单位、施工单位、监理单位以及设备供应单位。会计师事务所对招投标阶段审计的主要审查内容包括：建设单位招标过程是否公开透明、符合相关法律规范，中标单位的资质是否符合工程项目的要求，招投标结果是否具有真实性和有效性，等等。招标单位和中标单位在彼此确定签约意向后便可签订业务合同。会计师事务所对合同签订的审计内容主要包括：审查合同内容是否真实、格式是否正确，签字及盖章是否齐全且具有有效性，等等。

（五）验收后续阶段审计

这一阶段工程项目投资方的工作内容为对刚完工的工程项目进行验收，同时编写竣工财务决算报告等。会计师事务所审计的内容主要包括：工程的完工进度、验收工作的完成情况、设计概预算的执行情况、施工物料的使用情况、项目资金往来和结余情况、建设单位竣工财务决算报表的编写情况等。

第三节　现代工程项目竣工财务决算审计风险及成因

一、现代工程项目竣工财务决算审计风险

（一）事前准备阶段审计风险

在事前准备阶段，工程项目投资方需要对工程项目的各项资料进行汇总整理，及时递送到会计师事务所的审计小组手中。资料涵盖立项批复文件、设计预概算表、项目的开工及完工报告、初步及最终的验收报告、项目实施中的各项会议纪要、建设单位与中标单位签订的合同文件、项目的各项财务支出明细、会计账目及报表、项目的工程结算报告以及结算审计报告、竣工财务决算报告等。经过会计师事务所的审计，使工程项目投资方的财务管理缺乏严谨性的问题显露出来，具体表现如下。

1. 财务部门资料滞后

在会计师事务所对工程项目进行竣工财务决算审计时，发现工程建设其他费用出现超出概算的情况。该样表如表6-1所示。

表6-1　工程建设其他费用概算表（样表）

单位：万元

费用名称	批准概预算	实际可执行概算	送审决算金额	审定金额	净增减
第三部分工程建设其他费用					
土地征用及拆迁补偿费					
建设单位管理费					
建设项目前期作费					
专项评估费					
联合试运转费用					
生产人员培训费					
建设期贷款利息					

工程建设其他费用出现超出概算的原因主要是土地征用及拆迁补偿费上涨，工程完工决算时，工程项目相关资料会交予财务部门进行决算分析。财务部门需要对土地征用及拆迁补偿费上涨的详细原因以及上涨程度等做出详细的分析。但是在预概算和合同中却没有相关问题的反馈，审计时无法进行详细的分析。财务

部门资料滞后造成管理部门和设计部门对此问题一无所知，无法发现工程管理中可能出现的漏洞。

2. 财产物资账实不符

审计过程中某些明细账存在账实不符的情况。工程项目在材料采购环节需要购置的设备、材料等种类繁多，核算方式不尽相同，有些按单件价格核算，有些按成批价格核算，加上建设单位管理过程中，各部门之间配合不到位，造成账目混乱，账实不符。

3. 工程退料的问题

工程项目的材料供应是由专门的材料供应商负责的，会计师事务所通过将材料供应表与耗用表相对比发现，二者金额、数量几乎一致。理论上，施工单位在项目建设时往往会出现材料损耗等情况，材料供应表和耗用表基本相同并不符合现实情况。因此，项目建设中必然有材料浪费的情况。

（二）可行性研究阶段审计风险

工程企业的工程项目的可行性研究报告在上报政府相关部门后，就将进入获得批复的阶段。假设获得批复，经过审计小组对项目建议书和可行性研究报告的编制，项目立项批复文件、项目建议书或可研报告、投资估算数据等的审核，认为工程项目的立项手续齐全，编制的各项文件符合国家规定，投资估算结果准确，没有发现审计问题，不存在审计风险。

（三）设计阶段审计风险

经过审计小组的审计，工程企业在工程项目初步设计的各方面（主要包括概算金额、工程项目原报概算金额、建筑安装费用金额、设备及其他购置费用金额、工程建设其他费用金额、预备费用金额等）都符合要求。此时，审计小组会认为该项目设计手续齐全，具备完善的设计资料，设计方案的编制格式符合行业相关规定，设计工作的时间安排较为合理。同时，审计小组还将对设计文件中不完善的地方加以修正，指出需要加以改进的地方（如预算金额与项目建议书的估算金额之间存在偏差等），以便进一步消除审计风险。

（四）招投标阶段审计风险

1. 招投标审计

审计小组审查发现，工程项目的施工单位的招标采取国内公开招标方式组织开展，最终选定某公司承建合同段范围内的路基、路面、桥梁、互通立交、交通工程、绿化工程和房建工程项目。设计单位以及建设单位采取的招标方式也为国内公开招标，最终择取某规划设计公司中标承担工程设计工作；某工程监理公司中标承担工程监理工作。经过审计，会计师事务所认为工程项目的招投标程序符合相关法律规定，招投标结果真实有效，不存在审计风险。反之，就存在审计风险。

2. 合同审计

会计师事务所将对工程项目建设单位与其他单位所签订的合同展开审查。一般来说，经审查后，工程项目的建设单位与其他单位所签订的合同都是真实、有效的。如果存在某些合同签订不规范的问题，如签字及盖章手续不全等，这说明工程项目投资方的项目管理部门缺乏制度性，对工程项目的具体实施工作没有完善的管理制度，造成管理漏洞，存在极大的审计风险。①

（五）验收后续阶段审计风险

1. 验收情况审计

建设项目生命周期的最后一个阶段就是验收阶段。一般来说，审计人员所看到的工程项目会经过两次验收，即初步验收以及竣工验收。会计师事务所将对该工程的开工时间、竣工时间、工程项目投资方对该工程的初次验收以及内部审计部门的最终验收等展开审计。在完成该工程项目竣工财务决算审计这个环节之后，会计师事务所将对该工程项目的验收作出“是否存在审计风险”的判断和决定。

2. 资金使用情况审计

会计师事务所将对工程拨款、政府性基金、商业银行贷款等展开审计，进而确认送审决算金额，其中主要包括建筑安装工程投资金额、设备投资金额等，最终形成审定决算金额数目。经过该过程，会计师事务所将获得准确的资金使用情况。如果建设单位送审的各项内容不存在问题，那么就获得工程项目资金使用情况“不存在审计风险”的结论；反之，就存在审计风险。

3. 概预算执行审计

会计师事务所对于概预算执行审计的审计主要是将设计阶段报送的概算表中

① 王宇，王锦刚，李金姝．建设工程总承包合同风险管理审计内容探析[J]．佳木斯大学社会科学学报，2006（03）：51.

的数据与实际建设数据对比，得出净增减值，找出引起增减变化的具体费用，分析工程变更情况，并且审查工程变更的依据、变更流程是否符合规定。

经审计，会计师事务所将发现工程项目设计阶段批准的各项概预算资金使用情况，如果金额控制在概算确定允许的范围内，而且预留的金额和比例较为合理，那么该工程项目将获得应有的审计结论。需要注意的是，在这个部分，会计师事务所一般都会指出由概预算执行审计所导致的项目审计风险。

4. 施工结算审计

施工结算审计的实施一般由造价咨询公司审计，施工结算审计的主要审计内容包括审核是否发生设计变更，工程签证以及签证资料是否齐全，是否存在私人工程，购置设备以及材料的价格是否合理等。会计师事务所主要工作是对造价咨询公司的施工结算审计结果进行检验、复核。经会计师事务所审计（有些项目会采用抽查方式）、复核之后，再对项目的工程量以及竣工图展开核查，如果发现现场抽查结果与造价咨询公司的结算审计结果相同，没有发现异常，则该工程项目的施工结算不存在审计风险。否则，就存在审计风险。

5. 建设单位决算报表审计

建设单位决算报表的审计对象包括报告封面、工程决算总表、工程交付使用资产总表、交付资产明细表、剩余固定资产明细表、应付账款明细表等。

对决算报表封面的审计重点是核对项目的名称和编号是否正确、各部门的盖章是否齐全。对竣工财务决算总表的审核重点是表中标注的设计单位、施工单位、建设时间、设计概算金额、建设资金支出以及实际建设内容等是否与事实相符。

交付使用资产的审核对象主要包括资产交付手续、未完工程。重点审核项目工程是否经过初验和终验，两次检验是否合格，各项交付的使用资产是否能够正常使用。

经过审计，若会计师事务所认为工程项目投资方的决算报表封面的项目和编号准确无误，竣工财务决算总表标注内容真实完整、准确无误，交付使用资产总表和明细表互相对应、数目金额一致，均已交付且交付的资产均能够正常使用，审计无异常，那么该项目则不存在审计风险。否则，就存在审计风险。

二、现代工程项目竣工财务决算审计风险成因

（一）建设单位财务管理部门缺乏严谨性

建设单位作为工程项目竣工财务决算审计的审计对象，在项目进行过程中可能会存在很多违反工程建造规定的问题，失误频率较高，对工程项目竣工财务决算的审计工作造成了诸多不利影响。建设单位财务管理部门出现问题也会增加工程项目管理的难度，影响工程进度。工程项目投资方财务管理部门存在的问题具体包括以下四点。[①]

1. 会计核算不合规定

会计核算是竣工财务决算审计对象之一。某些建设单位的会计科目设置混乱，无法契合总承包的项目核算；还有某些参与建设项目的单位虚开发票，缺乏对工程款项的把控，造成款项流失，增加了项目成本。会计核算中出现的违规违纪行为属于财务部门管理中出现的问题，极大增加了工程项目管理的难度。

2. 财务资料报送不及时

某些建设单位可能会出现财务管理部门对财务人员管理松懈、财务人员工作散漫、单位财务管理部门人员短缺、无法完成项目的工作量等导致审计机构需要的财务资料报送不及时的情况。财务部门的管理制度建设不完善，给会计师事务所的审计工作带来很多不确定性。

3. 财务信息处理延迟

工程项目投资方的财务信息处理存在延迟的情况。财务管理部门对于财务信息的处理需要及时、高效，如果出现财务信息处理延迟的情况，如工程退料、材料以及费用调整等财务信息的遗漏问题，会对工程项目的成本管理以及后续审计带来很大影响。

4. 财务部门人员缺乏培训

某些建设单位的财务人员缺乏专业素质，不能对工程项目进行有效的财务监督，导致项目进行中时常有财务舞弊的情况发生。对工程项目投资方而言，单位内部对人才选拔方面可能缺少透明度，没有定期对财务人员进行继续教育，组织集体学习最新的会计准则。这种行为会造成财务人员的知识体系出现漏洞，提高在财务工作中的犯错率。此外，很多建设单位在工程项目财务工作中，没有按照制定的会计体系进行会计核算，导致会计核算中出现科目设置混乱等问题。外部

① 武丽春 . 工程结算审计风险控制问题探析 [J]. 现代审计与经济，2023（03）：45-46.

审计机构在对工程项目审计时，常常发现很多工程项目没有独立设账，审计人员无法通过会计账目了解建设项目发生的实际成本，严重影响了工程项目的竣工财务决算审计质量和审计效果。

（二）建设单位项目管理部门缺乏制度性

工程项目投资方签订的某些合同存在不规范的问题，如签字及盖章手续不全，这说明建设单位项目管理部门缺乏制度性。建设单位项目管理部门直接负责工程项目整个过程，其出现问题会直接增加工程项目管理的难度，对工程进度产生严重影响。建设单位项目管理部门缺乏制度性的表现具体包括以下五点。

1. 证件不全、缺少施工权限

一些工程项目在建设单位不具备土地许可证或者施工单位不具备施工许可证等无施工权限的情况下便开始了工程建设，先施工后补手续；还有部分工程项目在建设时没有得到政府部门的审批备案或者未进行项目环境影响评价就提前开工，甚至强制开工；一些施工单位在施工图纸存在问题的情况下便开始施工，忽略了施工方案。这些行为严重违反了相关法律，会造成建设行业施工混乱的现象。

2. 隐瞒工程造价

建设单位下属的施工部门为了追求利润忽略职业道德，以定额套用等错误方式增加自身的经济利益；或故意以工程量数额造假等方式获得额外的监理费。以上这些隐瞒工程造价的行为违反了法律的规定，给整个工程项目带来了巨大的不确定性。

3. 合同签订违规

某些建设单位为了节约建设成本，私自使用不具备施工资质的小施工队承担项目的施工工作，经审计机构审核后不符合规定；还有一些建设单位与施工单位签订私下合同，在正式施工之前，没有按照相关规定交付履约保险金。以上行为严重违反了《中华人民共和国招标投标法》等法律的有关规定，造成工程建设行业乱象。

4. 工程招投标违规

某些建设单位在进行招投标工作时，为了节约成本将项目发包给某个施工企业，指定其进行工程建设；还有些建设单位将整个项目拆分为很多小项目，对每个小项目都进行招标。但实际上投标公司并没有很大的变化，依旧是同样的几家投标单位。招投标单位之间互相约定，分项目集体中标；有些建设单位为了避免公开招标，直接将项目划分为几个标段，内部决定中标单位。以上行为违反了《中华人民共和国招标投标法》，使得招投标工作丧失了应有的公平性和透明性，同时某些施工单位的资质不够、性价比低导致工程项目存在质量隐患。

5. 部门之间缺乏协调性

在工程项目建设中，各个部门之间的协调性尤为重要。在竣工财务决算时，如果审计部门缺乏其他职能部门和工程部门的配合，审计工作将很难继续。工程项目的管理人员的组成大部分是从建设单位临时抽调的，具有很强的流动性，很多管理部门对竣工财务决算的认识不准确，将其归结为财务部门的职责，没有对竣工财务决算中出现的问题进行及时的解决。以上行为为部门之间的协调增加了难度。

（三）建设单位内部审计模式陈旧

建设单位内部审计部门在竣工财务决算审计工作中具有较强的参与性，内部审计部门出现的问题会对审计工作产生一定的影响，增加竣工财务决算审计的工作难度。建设单位内部审计问题的具体表现如表6–2 所示。

表6–2　建设单位内部审计问题的具体表现

采用事后静态审计	目前很多建设单位的内部审计制度不完善，无法采用跟踪审计以全方位地从事前、事中、事后环节对工程项目进行充分审计，极大降低了竣工财务决算审计的审计质量。
审计人员的审计能力薄弱	某些建设单位对内部审计部门的重视程度不够，对内部审计人员的专业素质培训较为懈怠，导致内部审计部门职能虚化，无法承担项目审计工作。
忽略单位审计的后续跟进	许多建设单位的内部审计部门将竣工财务决算审计委托给外部审计机构以获得审计报告，往往在获得审计报告之后忽略了审计后建设单位的内部整改以及后续工作的跟进。

在对工程项目的竣工财务决算审计的研究过程中，本书发现工程建设单位内部审计部门造成的审计风险主要有以下三点。

1. 依旧采用传统的事后静态审计

工程项目投资方对于工程项目采取的竣工决算审计方式是传统的事后决算审计，将工程的竣工财务决算审计委托给外部的会计师事务所进行。由于工程项目投资方内部审计部门已经完成了竣工决算部分，会计师事务所只能根据工程项目投资方提供的竣工决算资料，包括各种电子版和纸质文件等对工程项目进行审核。会计师事务所无法参与建设项目的整个过程审计，影响了审计的及时性和有效性，进而产生审计风险。工程项目投资方的内部审计部门应参与全程审计，对建设项目进行全过程跟踪审计，随时监督工程质量以及工程进度等以便于及时发现建设项目中的各项财务支出问题以及经营管理问题，及时提出改进意见。

2. 后续审计跟进工作不到位

工程项目的后续审计工作一般由建设单位的内部审计部门跟进。后续审计工作发生在会计师事务所完成竣工财务决算审计之后，会计师事务所会考虑此次项目审计的成本以及效益，基本不会对审计后建设单位的内部整改以及后续工作跟进。此时，建设单位的内部审计部门需要协助单位完成审计后续工作，包括编制设计跟进方案和审计跟进报告等。工程项目投资方的管理部门对会计师事务所竣工决算审计完成后的后续跟进工作没有达到一定的重视程度，导致外部审计部门提出的改进意见没有完全落实。工程项目投资方内部审计部门在后续审计工作中没有起到监督作用，造成公司内部改进工作责任不明确，影响项目质量。因此，工程项目投资方内部审计部门很有必要加强对工程项目审计后的跟进工作。

3. 审计质量控制缺乏明确的标准

通过会计师事务所对于现代工程项目财务决算审计，可以明确地看出公司内部审计部门的审计质量不够完善。目前，工程项目投资方的审计质量控制制度仍旧停留在内部审计团队管理以及建设内部审计制度的阶段，没有达到与当前企业组织形式和经营的业务相符合的内部审计质量控制标准，因此其竣工财务决算审计存在问题。虽然工程项目投资方对竣工财务决算的编制和审计有着明确规定，但是缺乏与竣工财务决算审计的质量控制标准有关的规定文件。部分工程项目投资方尚未制定内部审核质量控制标准，如审核计划质量控制标准、审核过程质量控制标准、审核底稿质量控制标准、审核档案质量控制标准等。因此，工程项目投资方对外部审计的审计质量更加无法控制。可见，工程项目投资方内部审计质量风险是由缺乏审计质量控制标准造成的。

（四）建设单位审计法律制度建设尚未完善

1. 内部法治建设不够明确

目前，工程项目投资方工程项目在审计时所采用的审计方法为事后审计。这种传统的审计方法存在很大的局限性，审计过程中也伴随着很多审计问题，在无形中增加了审计风险。由于我国目前的法律法规中，并没有明确竣工财务决算审计的审计方法和执行审计的时间，所以目前建设单位对竣工财务决算审计的重视程度不高。此外，我国的工程建设也缺乏完善的问责机制，审计问题对应的职责并不明确，很多工程项目审计因为时间久远，项目已经交付使用等原因，无法追究当事人的责任。

2. 相关部门不能及时问责

按规定，在工程建设单位将竣工财务决算审计委托给会计师事务所之后，要对会计师事务所的审计工作实施监督，在会计师事务所出具审计报告之后对其实行审计问责工作。审计问责工作的具体内容包括对会计师事务所的审计质量的审查以及对审计人员在审计过程中审计行为的审查。实际上，许多建设单位内部审计部门在会计师事务所审计之后未执行审计问责程序，这种工作漏洞往往会降低审计质量，不利于实现审计目的。建设单位不仅要对会计师事务所实施问责制度，还要对参建单位同样要实行问责程序。在拿到会计师事务所的审计结果之后，对于参建单位造成的审计问题，建设单位应该对其实行责任追究。

3. 相关法律法规的执行不到位

依据《中华人民共和国招标投标法》《建设工程质量管理条例》等相关法律文件规定，建设项目必须经过竣工验收，在确定符合验收标准后才能够交付使用。竣工财务决算报告的编制和竣工财务决算审计是项目竣工验收的前提。工程项目在没有经过竣工决算审计这一关键环节就进行竣工验收，这种本末倒置的行为给今后的审计工作带来一定的风险。

第四节　现代工程项目竣工财务决算审计质量控制的建议

一、现代工程项目竣工财务决算审计质量控制概述

在工程项目竣工后，经过会计师事务所选择、审计业务约定书签订、事务所审计过程和审计报告会审等流程，建设单位的财务决算及其审计质量得到了实现。其主要体现在以下四方面。

（一）会计师事务所的选择

外包服务商的选择是决定内部审计外包成功与否和审计质量高低的关键所

在，建设单位选择的外包服务商若是不称职或能力不足的，反而会对建设单位产生负面的影响。因此建设单位进行内部审计外包时一定要谨慎选择外包服务商。建设单位在委托事务所进行竣工财务决算审计时，首先要选择一个合适的会计师事务所。选择的会计师事务所必须具备良好的财务状况、完善的内部控制和专业胜任能力，建设单位在招标过程中对会计师事务所提出的资质要求能从一定角度上为审计质量提供保证。但是本书认为在选择会计师事务所时应该从以下三方面加以综合考虑。

1. 对会计师事务所资质的要求

建设单位将内部审计外包时需要评估外包服务商是否具有提供所需审计服务的经验和能力，是否具备与外包项目相匹配的专业知识和技能。建设单位在委托会计师事务所进行竣工财务决算审计时提出相关资质的要求，是保证会计师事务所审计工作能力和技能的有效方法。在《基本建设项目竣工财务决算管理暂行办法》中也规定会计师事务所和审核人员承办基本建设工程预算、结算、决算审核业务，应当符合国家有关部门规定的条件，并取得相应的资格。

实际上，建设单位通常通过招投标的方式选择提供审计服务的会计师事务所，在招标文件中会列出招标单位、项目名称、项目概况、投标单位资质要求和开标时间地点等内容。其中，有关投标单位资质的要求是保证投标的会计师事务所具备相应审计能力和技能的有效技巧，为之后审计的质量提供了保证。建设单位对会计师事务所的资质要求可以从以下四方面考虑：第一，会计师事务所要有独立的法人资格，具备会计师事务所等级（一般包括AAAAA、AAAA、AAA三个级别）；第二，会计师事务所在所在省市会计师事务所的排名；第三，会计师事务所应具有良好的职业道德记录和信誉；第四，会计师事务所在近几年内的时间进行过类似项目竣工财务决算审计。

2. 会计师事务所对审计人员、时间、质量的承诺

向建设单位投标审计服务的会计师事务所通常会在投标过程中给出一份有关审计服务的承诺，列出事务所在人员、时间和质量等方面的承诺。查看会计师事务所在审计人员、时间和质量方面的承诺，能够从更为具体的角度看出该事务所能否在建设单位规定的时间内提供较高质量的审计服务。

竣工财务决算审计需要由注册会计师进行审计，在人员方面建设单位需要综合考虑事务所派出的审计人员的数量和审计人员是否具有竣工财务决算审计

的经验。

按照建设单位的规章制度，对由内部审计部门进行的竣工财务决算审计有时间上的要求和规定，这个规定可以用来考察会计师事务所给出的时间承诺。会计师事务所在收齐资料后进行审计工作，并出具审计报告征求意见稿，与建设单位交换意见后定稿，出具审计报告的时间不应该迟于内部审计部门的时间要求。在会计师事务所投标的文件中通常也会附上竣工财务决算审计方案，审计方案中会列出审核范围、时间、程序、人员安排的具体内容。在审计人员和审计时间方面对会计师事务所审计服务进行评估时，应该结合审计人员、审计时间的承诺和审计方案中的具体安排进行。

在外包审计中，如果外包服务商承诺的审计质量不能达到建设单位的预期要求，服务商给出的审计结果其实是值得质疑的，其对企业的价值也大打折扣。会计师事务所给出的审计应该在质量承诺中提出事务所审计的审计依据和事务所本身建立的审核规范，建设单位则应将这些规定与内部审计的相关规定和质量控制的要求进行对比，从而在一定程度上考核事务所承诺的服务质量是否达到了建设单位的要求。

3. 审计收费

建设单位将内部审计外包，除了出于会计师事务所丰富审计工作经验和技能方面的考虑，希望降低内部审计成本是另一个重要的原因。选择会计师事务所进行竣工财务决算审计时，事务所提出的审计收费是影响建设单位选择的一个重要因素。目前事务所对审计业务的收费通常是按照工程造价的一定比例来征收的，较低的审计收费可能是因为会计师事务所给出的审计时间和审计人员方面不足。因此，建设单位选择的会计师事务所应该在审计时间、人员和审计质量方面达到内部审计的质量要求后，再考虑审计收费的问题。审计收费应该将审计人员、时间安排综合起来用以评判选择会计师事务所。

（二）审计业务约定书的制定与签订

建设单位确定了审计任务的外包服务商之后，应与该外包服务商就有关事项签订外包服务合同，外包服务合同对外包合同的双方都有约束的作用，也对外包服务的顺利开展有至关重要的作用。建设单位委托会计师事务所进行竣工财务决算审计时所签订的审计业务约定书，规定了双方的权利、义务以及审计服务的其他事项，起着外包合同的作用。完善的业务约定书能够在一定程度上对事务所的审计活动进行规范和制约，对审计中可能出现的有损委托单位利益的行为进行防范，提高审计的质量，维护被审计单位的利益。

审计业务约定书约定建设单位（甲方）委托会计师事务所（乙方）对工程项目竣工财务决算审计，完善的业务约定书应既为审计工作的顺利进行提供条件，又对可预见的问题采取一定的措施，只有这样才能为审计的质量提供充足的保证。完善的审计业务约定书应该包括以下七方面的内容。

1. 审计范围及目的

竣工财务决算审计是对竣工财务决算的真实性、合法性和效益进行的审计监督，在《基本建设项目竣工财务决算管理暂行办法》中对竣工财务决算的审计目的和范围进行了具体的规定，因此关于审计范围和目的这个方面可以参照上述规定。

2. 委托企业的责任与义务

工程企业的主要责任和义务是合理编制竣工财务决算，及时提供审计工作需要的工程项目竣工财务决算的有关资料，并保证竣工财务决算及相关资料的真实、合法和完整，为事务所审计人员的审计工作提供必要的协助和配合。为提高审计工作的效率，保证审计工作的顺利进行，工程企业还可以规定下属分公司相关人员根据需要提供全部资料以及提供资料的时间限制。

3. 会计师事务所的责任与义务

会计师事务所的责任是按照《基本建设项目竣工财务决算管理暂行办法》的要求进行审核，出具审核报告，并要在工程企业要求的时间内出具审计报告。另外会计师事务所有对企业信息保密的义务，在事务所的义务中应对这一点加以规定，并规定对相关信息准许公布的特殊情况。

4. 审计收费

会计师事务所进行竣工财务决算审计的审计收费通常是按照项目投资额或者工程造价的一定比例收取的，在审计业务约定书中应对收费的标准、费用支付的方式和时间做出明确规定。实际审计工作中常常出现工程审计增（减）的现象，对于这种情况对审计收费如何影响，是否另外收费、另外收费的方式也应该规定清楚。

审计中出现事务所审计服务实际时间较业务约定书时间明显增加或减少的情况，以及审计有关的其他费用如交通费、食宿费等由哪一方负责，也应在业务约定书中约定清楚。

5. 审计报告和审计报告的使用

会计师事务所可以参照规定的格式和类型出具审计报告。工程企业亦可对事务所审计报告的格式和内容给出一些指导意见，使审计报告更适合本企业使用。

6. 约定事项变更

审计工作中出现不可预见的情况可能会造成审计工作不能如期完成，工程企业也可能会出现需要事务所提前出具审计报告的情况。约定事项的变更应该规定在这些特殊情况下双方可以要求对约定事项进行变更，并及时通知对方，由双方协商解决。

7. 终止条款

审计工作过程中出现事务所发生突然变故或依据法律法规不再适宜提供审计服务时，企业能向事务所提出合理通知，以这种方式中止履行本合约。

（三）事务所审计过程的监督控制

工程企业将竣工财务决算审计委托给事务所进行后，面对的就不是企业的内部审计人员，而是会计师事务所派出的外部审计人员，这样就增加了企业的运作风险，因此对事务所的审计活动进行控制和监督就显得尤为重要。工程企业内部审计人员纵然出现不负责进行审计工作的现象，但是他们可以对审计过程采取一些间接的监督控制，获得对审计工作实时的了解。对事务所的监督和控制可以从以下三方面着手。

1. 监督事务所的运作状况

会计师事务所是否仍然满足资质条件、事务所审计人事方面的变动、事务所自身内部控制的相关政策变化等都在一定程度上影响竣工财务决算审计的质量，因此这是委托公司在事务所审计工作监督和控制的一个方面。当事务所在以上方面出现重大变动时，工程企业有权要求事务所就以上的情况进行说明，评估对本企业竣工财务决算审计的影响，并采取一定的措施保证竣工财务决算审计的质量。

2. 监督事务所业务约定书遵守情况

事务所在投标时给出了关于审计人员、审计时间的承诺，在双方签订的业务约定书中约定了出具报告的时间及相关的保密义务，企业应该考察事务所是否在承诺的时间派出承诺的审计人员实施审计工作，这对保证审计工作的进度和质量都是很重要的。

3. 对事务所审计工作采取一定质量控制措施

工程企业有义务及时提供竣工财务决算所需要的相关资料，为事务所审计人员提供必要的协助和配合。但为了提高审计工作的质量，企业也应该对外部审计人员的审计工作实行一定的监督控制措施，这些监督控制措施应由企业内部审计来执行。具体来说，可以从两方面来进行控制：一是对审计计划进行评估；二是审计计划的执行和修改的监督控制。

会计师事务所的审计计划对审计工作的时间和人员安排；通过对审计计划的评估可以了解审计人员和时间安排的强度，及会计师事务所在审计过程中自身的质量控制措施。这些都能够从一定程度上反映审计工作是否能够按时、保质的完成。

会计师事务所在审计计划的执行过程中，审计人员通过收集审计证据、编制审计工作底稿，发现企业在编制竣工财务决算中不规范的问题。内部审计人员应该及时获悉事务所审计中发现的此类问题，及时追查审计中发现的问题，分析问题发生的原因，对还可能出现问题的地方进行审查，并对照内部审计部门发现的问题和事务所发现的问题，据此来分析事务所审计工作的水准。

（四）审计报告审核

审计报告是审计工作的最终成果，综合体现了审计工作的质量。《第2106号内部审计具体准则——审计报告》对内部审计报告的质量要求、要素、内容编制、复核等进行了规范，其中指出内部审计机构应该建立健全审计报告分级复核制度，明确规定各级复核的要求和责任。审计报告的复核是在审计工作的最后一个环节，对全部的审计活动进行的一次整体把关。

虽然目前并没有对内部审计外包审计报告复核的规定，但是工程企业可以参照对内部审计报告复核对外包的审计报告继续复核。内部审计报告复核的相关规定指出复核工作应由内部审计机构的负责人或其指定的具有丰富经验的人员承担。对事务所竣工财务决算审计报告的审核应该由内部审计机构中有丰富的竣工财务决算审计经验的人员担任，复核人应该对审计工作底稿进行全面、综合的复核，检查是否遗漏了重要的事项，评估事务所是否进行了必要的审计程序，事务所的审计结论和审计建议是否是正确、恰当的。

二、工程项目财务决算审计系统化的控制措施和手段

（一）建立会计师事务所聘用管理体系

会计师事务所的选择是决定竣工财务决算审计质量的一个最为关键的因素。因此为了确保获得优质的审计服务，工程企业有必要建立科学的会计师事务所聘用管理体系。为了建立科学的会计师事务所聘用管理体系，工程企业需要明确会计师事务所聘用的流程以及在聘用会计师事务所中相关部门的职责，要做到分工明确、运行规范。

首先，企业应该建立对事务所的评价流程，制定事务所准入条件。事务所的准入条件可以分为定性条件和定量条件两大类。定性条件主要有：事务所是依法设立的，具备健全的内部管理制度，拥有良好的社会信誉；事务所审计人员拥有较高的职业道德和较强的专业能力，以前没有出现过违法和违规行为；事务所对工程项目竣工财务决算审计业务有充分的了解，有竣工财务决算审计的工作经验等。定量条件主要有：事务所获得一定的事务所等级和省级事务所的综合排名；事务所从事竣工财务决算审计的时间长短；事务所过去从事竣工财务决算审计金额即项目投资金额的大小等。

其次，对于合格的会计师事务所建立合格事务所清单，工程企业每年应根据事务所资质以及往年竣工财务决算审计工作的效率和效果进行重新评价，更新会计师事务所清单，并从中选择最合适的会计师事务所完成来年的审计任务。

这种对会计师事务所持续更新评价的机制，一方面能够督促正在审计的会计师事务所提高审计的质量和效果，另一方面能保证可供选择的会计师事务所包含了所有的资质条件。

对于竣工决算质量控制是内部审计部门的责任，因此会计师事务所聘用管理工作也应该由该工程企业内部审计人员来负责。会计师事务所的准入条件应该由工程企业内部审计机关制定并作为筛选会计师事务所的依据。事务所的后续评价和维护会计师事务所合格清单的工作应该交由固定的内部审计人员执行。

执行该项任务的内部审计人员应该了解竣工财务决算编制和竣工财务决算审计的工作，并且这项工作任务应该规定在该审计人员的工作职责中。此外，在内

部审计部门还应有上一级的领导对该内部审计人员的工作情况进行检查和评价，确保对事务所的评价工作公正、高效的执行。

（二）建立对事务所审计人员的评价机制

竣工财务决算审计质量控制贯穿于审计的全过程，从确定审计的事务所到接收审计报告并进行审核都需要全面的质量控制。虽然工程企业不直接参与进行审计工作，但对事务所审计过程应该强化跟踪和指导，对审计人员进行客观、公正的评价，要建立对事务所审计人员的评价机制。

工程企业要为事务所审计人员了解和熟悉被审计单位的情况创造条件，及时提供竣工财务决算审计需要的资料。但此外其内部审计人员还可对会计师事务所审计方案的制订进行指导，对事务所审计过程形成跟踪、汇报机制，并就审计过程中发现的问题重点审查。在内部审计人员对审计过程进行跟踪和指导的同时要形成对事务所审计人员的评价机制。

内部审计人员对事务所审计工作的评价应该形成正式的文件，在文件中写明其在事务所审计跟踪过程中对事务所审计工作的评价和认识，并重点说明事务所在项目审计期间的运作变化情况和审计业务约定书的遵守情况，以及审计过程中发现的审计问题的情况。此外，工程企业可以要求会计师事务所在开始审计工作时，随附“被审企业满意度调查问卷”，并保留此项问卷的副本，为事务所审计人员进行客观、公正的评价提供数据支持。

以上评价的材料应在审计结束时交由负责事务所的后续评价和维护会计师事务所所有清单的工作的审计人员，帮助其形成对会计师事务所全面准确的评价，据此来更新满足准入条件的会计师事务所名单及会计师事务所的排名，从而实现对会计师事务所持续更新评价的机制。

（三）建立内部审计外包质量评价体系

我国企业内部审计质量控制仍停留在制度建设的阶段，缺乏明确的审计质量控制标准。如果工程企业能够借鉴先进公司内部审计质量控制尤其是竣工财务决算审计质量控制方面的成功经验，建立统一的内部审计质量控制的准则或评价标准，这对于提高竣工财务决算审计质量无疑是有重要意义的。

工程企业竣工财务决算审计是属于内部审计外包的一类，内部审计外包与内部审计存在着审计主体外部化的巨大差异，如果直接用内部审计质量评估标准对内部审计外包质量进行评价，可能产生不匹配和无法评价打分的情况。有学者在借鉴上述标准的基础上，提出了针对内部审计外包业务特征的审计质量评价体系，笔者认为工程企业可以借鉴此审计质量评价体系用来评价竣工财务决算审计的审计质量。

彭正辉在《中小企业内部审计外包质量评价体系研究》一文中提出了一个中小企业内部审计外包质量评价指标体系。在这个体系中他将评价类别分为合同履行评价、过程质量评价、结果质量评价三部分。

合同履行评价（评价外包机构）是否按照审计业务约定书的承诺拓展审计服务，比如，外包机构是否按照承诺派出满足相应资质条件和经验要求的审计人员，是否履行了保密的义务，有没有对外泄露委托方的信息，是否按照审计业务约定书规定的时限完成审计工作并提交审计报告等。在合同履行评价中他设计了审计人员、审计范围、审计时间、审计保密、审计收费五个评价指标。五个评价指标的评价要点分别为：审计人员是否拥有委托项目的专业胜任能力和独立性；审计范围和内容是否与委托方要求一致；审计项目是否在业务约定书规定的期限内完成；外包机构是否为保守商业秘密采取了相应措施；审计收费是否适当并与履约质量挂钩。

过程质量评价即评价审计人员在审计过程中对审计准则的遵循程度，如审计方案是否全面可操作，审计工作过程是否合规。在过程质量评价中包括审计方案、审计证据、审计工作底稿、审计报告、后续审计五个评价指标，评价要点分别为：审计方案是否对审计范围、时间及资源需求等做出合理安排；审计方案是否有可操作性，是否按委托方要求取得适当、充分的审计证据；审计工作底稿内容是否完整、记录是否清晰、结论是否明确，并按要求进行复核；审计报告是否表明审计发现的违规问题以及审计对象对该问题应负的责任，是否依据相关的政策法规就问题的处理提出了合理的处理意见；是否及时、有效地对委托方的整改情况实施后续审计。

结果质量评价即考察审计结果能够揭示企业经营中存在的问题，并提出有针对性的改进建议。在结果质量评价中包含审计发现、审计节约、审计建议、建议采纳、建议落实五个指标。这五个指标的评价要点分别是：对错报、舞弊是否有重大发现；是否在关键控制点上协助委托方缩减成本、核减金额；是否就审计中发现的内部控制薄弱环节提出真实可行的改进建议；重大的审计发现和建议是否获得委托方管理层的评价或反馈；管理层最终是否按照审计中发现的重大问题及其改进建议采取适当的措施。

这个评价体系的总分为100分，彭正辉按照指标对内部审计外包目标实现的作用大小对不同指标分配了不同的权重，将100分的分值分配到15个指标中。合同履行评价中的五个指标均为5分，过程质量评价中五个指标是6分，结果质量评价中的审计发现、审计节约、审计建议是10分，建议采纳是7分，建议落实是8分。

审计质量评价的关键工作是对每个评价指标打分，评价指标的量化打分直接影响到对内部审计外包机构的评价结论，是评价工作的重点和难点。评价者在打分的时候需要综合考虑影响评价指标各方面的因素，做出客观的专业判断。在指标的量化上彭正辉将分值分成了四个等级，分别为好（得分占分值的85%以上）、较好（得分占分值的80%以上）、一般（得分为60%～70%）、差（得分60%以下）。

以上的内部审计质量评价指标体系为工程企业评价事务所竣工财务决算审计质量提供了模板，工程企业可以参照以上系统设计审计质量评价的指标并规定每个指标的分值和打分的标准。通过量化指标的评价和比较，工程企业能够更加快速和直观地了解所选择的事务所审计工作的质量。

此外，会计师事务所还应积极建立绩效和考核指标体系，这样才能及时收集会计师事务所内部人员、利益相关者及社会上的各项评价，才能根据这些建议和意见对事务所的社会责任管理体系进行改进，更好地为工程企业展开高质量服务，以更稳健、专业的水平为工程企业乃至其他社会群体提供服务。①

① 沈永平．浅谈注册会计师事务所如何建立全面社会责任管理体系[J]．中国市场，2016（09）：155-156.

第六章　现代工程项目财务风险控制体系构建

第一节　财务风险控制概述

一、风险与风险控制概述

（一）风险的概念

风险是指企业在生产经营活动中面临的外界因素和内在因素的影响，导致企业目标的实现具有不确定性。风险是客观的，不确定的，是不可能完全消除的，任何企业的任何经营活动都会面临不同的风险，风险的管理也伴随在经营活动中。

（二）风险管理概述

实际上，企业风险管理框架对于风险管理领域的研究具有里程碑的意义，该框架的提出对进一步完善我国风险管理理论和实践具有非常重要的参考意义。具体来说，风险管理是指在企业董事会、管理层和内部成员不同层级由上至下的协同作用下，利用风险的预警机制，识别出可能引发风险的因素，对其采取一定的措施，将风险降至最低的过程。企业风险管理过程是持续进行的，是随着所处内外部环境的变化而不断改进的，贯穿于企业经营活动的整个过程。在风险管理过程中，处于“金字塔”不同位置的员工都发挥着不可或缺的作用，例如，具有监督和审批职能的董事会，及以执行为主的一般员工。另外，企业风险管理活动受多个因素的影响，这些影响因素包括环境、信息沟通和监督等，是一个不断变动的过程。企业风险管理对实现企业的战略目标，实现价值最大化具有重要意义。

二、财务风险在集团公司风险管理中的核心地位

工程企业在生产经营过程中会面临各种各样的风险，这些风险包括战略风险、运营风险、市场风险、合规风险、财务风险。财务风险在生产经营活动中与

其他各类风险混合在一起，互相交织、互相影响。集团经营过程中众多风险如战略风险、运营风险最终会表现为财务上的损失，与此同时工程企业财务风险的发生也会引发其他众多风险。因此，财务风险是工程企业存活与成长过程期间面临众多风险的核心风险，财务风险对工程企业存活与成长具有决定性的作用，控制和防范财务风险是控制工程企业风险管理的有效途径。

（一）财务风险是其他风险的集中体现

1. 战略方面的错误选择将引发财务风险

工程企业战略定位不准确、不适应变幻莫测的外部因素、执行力不强、运行速度缓慢，均会引发战略风险和财务风险。有些大的工程企业一味追求扩张，通过银行贷款进行大规模的并购，不考虑并购企业是否能创造稳定的、充裕的现金流，盲目并购、扩张形成大量的不良资产，忽略并购企业的管理，导致工程企业隐匿了战略风险，等到风险聚集到一定程度，外部环境恶化，工程企业将面临流动资金不足，财务风险骤增。

2. 市场风险恶化会直接或间接导致财务风险发生

工程企业的生产经营活动离不开外部环境，外部环境包括金融、资本市场、原材料、客户等一系列因素。外部环境变幻莫测，银行利率水平的上升会增加企业资金使用成本；资本市场恶化，会增加企业债券、股权融资难度；原材料价格上升，会提高企业的生产成本；市场对商品喜好的改变很可能会影响企业的销售收入、利润。工程企业组织复杂，规模庞大，国际化的工程企业面临更多不确定的外部环境、更多的外部市场风险。

3. 运营风险的进一步加重引发财务风险

工程企业因复杂庞大的组织结构，在运营中对外部环境的变化更加敏感。工程企业体系中任一经营单位因运营失败或不能达到战略预期造成的财务风险都可能传导至工程企业。

4. 合规风险最终会转化为财务风险

工程企业的任何经营、投资、重组等活动都受法律约束。例如，被担保的企业违约，会使担保公司承担连带违约责任，工程企业可能存在多个担保主体和大规模贷款，违约企业的累积最终导致工程企业承担违约责任，承担财务风险；金融行业开展业务，一定要审核业务的合规合法性，不合规的业务开展会受到监管机构的处罚，法律风险最终表现为企业的财务风险。

（二）财务风险发生引发其他风险

财务风险和其他风险互相交织、影响，财务风险的进一步加重将引发其他风险发生。具体如下。

1. 工程企业发生财务风险会导致其他风险的发生

公司采购、生产、人力各个环节都会因为财务风险的发生导致运营风险。工程企业财务风险发生，难以偿还银行贷款、供应商货款、其他债权人的欠款，导致法律风险。

2. 财务风险的发生影响工程企业战略的执行

工程企业战略发展要靠财务政策、运作的支持，财务政策或决策的失误不仅会引发运营风险，还会间接影响战略目标。工程企业组织层级多，资金运作复杂，倘若某个环节发生财务风险，可能会影响到整个资金链条，整个链条上的生产、运营环节面临运营风险，若控制措施不及时，集团战略目标难以实现。

3. 财务风险会传递到其他关联方

大型工程企业以产权为联结纽带，母公司和子公司处于价值链的不同环节，财务风险也顺着价值链在母公司和子公司之间传递，传导至集团外部，影响其他利益相关者的价值。工程企业金字塔式的财务风险特征，激发连锁的财务风险波及集团外部的资本市场、债权人、合作伙伴等。

第二节　现代工程项目财务风险控制体系的设计

一、构建现代工程项目财务风险控制体系的必要性

工程企业在生产经营过程中会面临千般种类的风险，以财务风险尤为突出。财务风险与其他各类风险相互交织、相互影响，是工程企业生存与发展过程中面临众多风险的核心风险。财务风险在工程企业风险管理中处于核心地位，对财务风险控制的研究是工程企业风险控制的最有效手段。财务风险的形成由众多的因素决定，对财务风险这一经济现象的研究，已经成为现代财务理论的核心内容，加强财务风险控制成为工程企业亟待解决的重要问题。目前，大多数工程企业财务风险管控能力明显不够，缺少系统的资金管理、预算管理体系，内部监督制度、监督职能部门的设置形同虚设，财务风险管理意识淡薄，风险管理措施不完

善，工程企业沟通不畅、监管不力、人员素质不高等问题普遍存在，缺少一个有效的财务风险控制体系。

很多工程企业由于战略选择失误，盲目扩张，从而导致资金结构不合理，资产负债比例过高，短贷长投的运作方式导致资金链断裂。有的工程企业的破产直接原因则是公司监管不力、缺乏有效的治理结构，这都是由于管理者盲目自大所致。总结上述两个例子，就可以看出工程企业走向破产的原因是财务危机得不到有效防范。缺乏有效的财务风险控制体系是工程企业走向失败的根本原因。可见，财务风险始终是工程企业健康发展的一大威胁。如果能构建一个有效的财务风险控制体系，那么财务危机事件一般就不会发生在任何一家工程企业身上。

对于大多数工程企业而言，财务风险的管控对其发展起着决定性的作用，因此工程企业应从整体发展的高度建立一个有效的、系统的财务风险控制体系，防范财务风险的发生。①

二、构建现代工程项目财务风险控制体系的原则

（一）层级控制原则

工程企业的财务风险管理一般包括股东会、董事会、工程企业财务部、集团内各下属企业的财务部门，各自在工程企业财务风险中扮演不同的角色。下属工程企业的财务部门执行集团总体战略目标，具有一定的决策权，同时，集团工程公司财务部门对下属工程企业的财务活动具有监督作用，对集团工程公司的财务风险采取分层级的控制方式。同时，还要注意分权的管理办法，保证决策权、执行权与监督权互不影响，保证监督的独立和公正性，使股东会、董事会的设置形成有效的监督。

（二）权变性原则

集团工程公司面临的财务风险是不断变化的，财务风险控制体系要能够分析影响财务风险的因素，根据变化的财务风险做出相应的反应。变化的风险要求工程项目财务风险控制体系也不能一成不变，需要定期或不定期地调整总结，组织各层级的财务部门加强交流、沟通，学习外部财务风险管理的成功经验，把好的东西带到企业中，不断加以纠正和发展。

① 马琳琳．试论建筑企业内部控制与财务风险防范 [J]. 商讯，2020（02）：57-58.

（三）配备高素质人员原则

集团工程公司想要做大做强，应当有一个相互制衡的、高素质的工作团队做支撑，高素质的人员不单指具备财务知识与技能，还应当具备职业操守、职业道德素养和协作精神。管理者职业道德的缺失直接影响企业的经营行为，使得风险管理制度流于形式，没有发挥真正作用。因此，必须匹配高素质的人员、加强管理者和员工道德风险教育以有效地防范工程企业财务风险。

三、工程项目财务风险控制体系的构成及相互关系

随着市场环境的进一步恶化，集团工程公司面临的财务风险日益增多，也趋于复杂化，能否对财务风险进行有效的管理和控制，直接关系到工程企业是否可以生存发展。因此，工程项目财务风险控制体系的构建应当遵照以上原则执行，以解决风险为起点，以创造企业价值最大化这一目标来建立。

工程项目财务风险控制体系应当是一个合理的、相互制衡的、有效的体系。同时，工程项目财务风险控制体系紧紧围绕着控制风险这一出发点，风险的控制贯穿体系的整个过程，目的是实现企业价值最大化这个目标。财务风险控制体系应当从组织控制体系、制度控制体系、文化控制体系三方面为切入点，分层级的组织控制体系是基础；财务预算、资金集中管理、内部审计制度是核心；工程企业从上至下一致认同的风险管理理念是财务风险控制体系的灵魂。另外，工程项目财务风险控制体系应当具备风险分析处理机制和预警分析控制机制，这两个机制对三个主体即组织控制机制、制度控制机制、文化控制机制起到辅助和支持作用。三个主体和两个机制互相作用、影响，互相制衡形成一个灵活的、有效的财务风险控制体系。

第三节　现代工程项目财务风险控制体系构建

一、构建工程企业分层级的组织控制体系

工程企业内部由多个生产经营单位组成，每个企业都有独立的法人地位，多个相互独立又相互影响的企业以产权联结的方式构成了工程企业庞大的、复杂的组织结构。因此，工程企业的治理问题不仅有一般公司治理问题的共性，还有其不同于一般组织的组织结构导致的特殊的治理问题，其面对的财务风险要比一般

的企业更加难以控制。因此，工程企业治理结构的安排尤为重要，构建分层级的财务风险管理组织控制体系对防范工程企业财务风险具有重要意义。

（一）工程企业治理结构的特殊性

公司治理结构对企业制度的构建成功与否起着决定性的作用，是一种有效的制衡机制。广义的公司治理是指通过切实履行股东会、董事会、监事会和经理层的职权、职责，形成了各司其职、协调运转和有效制衡的公司法人治理结构，从而维护股东、债权人、供应商、雇员等所有利益相关者的利益，保证公司能正常、有效地运行。

一般地，公司治理都是由股东大会、董事会、监事会及管理层构成。以股东会、董事会、监事会、经理层作为法人治理结构确立了所有者、公司法人和经营者之间的权力、责任和利益关系。股东大会是公司最高权力机构，经营中的重大问题由董事会充分讨论，监事会列席董事会，监督董事会的决策和经理层的经营管理活动，从而形成了一个决策、执行、监督“三权分立”的框架，再进一步形成一个相互制约、权责划分的制度安排。工程企业的治理结构由于其特殊性也自带特殊的属性。

首先，对一般公司而言，公司治理结构的实质是通过设立股东大会、董事会、监事会和经理层的职权、职责达到一个权责划分、相互制约的管理机制。对于很多大型的工程企业来讲，工程企业以产权关系为联结，以母子公司为主体。这类工程企业通常不能直接参与子公司的生产经营活动，而是通过持有子公司股权的形式控制、协调子公司的活动。因此，工程企业的治理结构不单是一般公司股东大会、董事会、监事会和经理层之间的相互制衡，还包括母公司对子公司的控制、权力集中和权力分散的关系。对于一般的公司而言，经营业务范围单一，董事会和经营层的人员有重复的可能，但是以母子公司为主体的工程企业经营领域趋于多元化，地域分布广泛，母公司不能直接参与子公司日常生产经营活动，更多是通过股权的形式形成控制，作为集团层面重大决策者指导和监督子公司的经营活动。

其次，虽然一般的公司也存在着权限的划分，但对于工程企业而言，集权与分权式的管理更难以统一，导致工程企业组织治理结构更加复杂。一般公司的投资决策在某一金额之内的，经营管理层具有决策权，超过某一确定金额的需要上报董事会经董事会批准。然而，子公司一般只能在一定额度范围内拥有决策权，超出规定额度的投资项目只能经由母公司统一审批，子公司没有权力决定。

最后，以母子关系为主体的大型工程企业，业务范围分布较一般公司广泛，对具有经营决策权的董事会的决策能力提出了更高的要求。工程企业有内生的动力在董事会下设立专门的各专业委员会以辅助董事会进行决策，从各个方面帮助董事会把握可能出现的风险，提高董事会的决策能力。另外，大型工程企业母公司董事会在专业委员会的人员配备、议事、决策方面比一般公司复杂得多。大型工程企业对董事会的议事规则、流程、内容深度、频率的要求也随之提高。

（二）强化工程企业治理结构管理

大型工程企业组织结构的复杂性、经营领域的多方面化，导致工程企业的治理结构应更多地关注工程企业母公司对子公司的监督控制以及子公司的协调。以下四方面应特别强化。

1. 三权合理分配

母公司董事会是集团重大决策的担当者，母子公司的经理层是执行者，监事会对董事会的决策、经理层的执行进行辅助、监督。

2. 强化董事会的决策权

工程企业业务多元化经营，导致风险加大，因此，工程企业董事会的正确决策尤为重要，董事会的决策作用应当加强。

3. 强化监事会的作用

工程企业组织的特殊性，下属单位数量多，分布广，监事会的意义更加突出，应当将监督作用落到实处。

4. 加强董事会下相关专业委员会的设置

专业委员会的作用是辅助董事会做决策，分散多元化经营的风险，提高董事会的工作效率。专业委员会可以借助公司内部和外部在某一特定领域具有专业经验的专家对董事会的决策内容进行专业划分，为董事会的决策提供科学的、准确的意见，促使董事会作出最优的决策。

（三）构建分层级的财务风险管理组织控制体系

组织制度的管理是工程企业管理的起点，影响着集团的经营方式。有效的组织制度的建立对于实现集团价值最大化，降低工程企业财务风险具有重要意义。组织制度的建立包括组织结构、权责关系等内容，受到外部环境、规模、战略等因素的影响。因此，针对不同的组织制度经营模式构建分层级的有效的组织控制体系对于防范工程企业风险具有重要意义。

工程企业组织控制体系的建设应当遵循以下三个原则。

1. 因战略目标调整而调整的原则

组织制度的安排是围绕组织的目标进行的，工程企业在所处的不同阶段其战略目标也有差别。企业战略目标的不同需要有不同的组织制度来配合，以确保组织结构的设计符合战略目标的要求，防范财务风险。

2. 集权与分权平衡的原则

母公司希望更多的集权来控制子公司，子公司希望更多的分权来掌握更多的权力，集权与分权影响着工程企业的灵活性。工程企业组织制度的建立应该追求集团与分权的平衡。

3. 风险价值原则

工程企业设置组织结构时要将风险价值管理的观念贯穿其中，体现一种公司由上至下注重风险管理的组织文化。

二、完善财务预算控制制度

对于一个规范的工程项目财务风险控制体系来讲，财务预算控制制度是一项不可或缺的组成部分。特别是工程企业组织结构复杂，财务风险变幻莫测。因此，制定并有效执行一套完善的财务预算控制制度来规避、防范财务风险，对于工程企业而言具有重要的意义。

（一）预算控制如何防范财务风险

建立工程企业预算控制可以有效控制资金的使用情况，合理规划财务结构，使企业可以较多地获得投资收益的同时又能兼顾资金的流动性。以具体例子来讲，工程企业在经营中一定会面临投资与筹资的问题，财务预算要求工程企业有一定量的流动性资产以备不时之需，但流动资产过多表示企业没有充分利用资金赚取更多收益；短期贷款长期投资的方式偿还的贷款利率低，但是财务风险较大；根据未来资金的使用情况决定闲置资金的投资方向，并在风险与收益方面保持平衡；等等。以上例子均能够表明通过财务预算控制可以防范工程企业的财务风险。

（二）财务预算管理的误区

关于工程企业财务预算在执行中常见的两点误区。

（1）预算控制流于形式。预算控制制度包括收入预算、工作量预算、费用预算、资金的筹集和使用等多项内容，更不是现实中被误解的预算控制就是对费用的考核。在实际操作中，很多工程企业的预算管理效率很低，甚至将预算控制这一重要的事前控制程序演变成对已经发生的不可改变的事项的被动管理。例如，对各项费用支出的管理，虽然工程企业在年初对内部各企业制定了各项费用的预算情况，但是在实际执行过程中，费用预算目标的制定只是流于形式，并没有起到真正的预算控制作用，对超出预算的费用支出随意提高预算额度，忽略了预算控制制度对防范财务风险的控制作用。虽然，财务预算控制可以根据外部客观环境的变化在不同的项目之间进行动态调整，但是预算控制一旦制定，就要有效地实施和严格遵照执行，要使工程企业内各个企业、各个部门有效地执行预算控制，将预算控制在集团内部从横向、纵向落实到各个部门和环节，形成一个有效的全方位的预算控制体系。

（2）财务预算控制只是财务部门的事。工程企业内各企业的各部门常常误解财务预算只是和财务部门相关的事，财务部门提出年度预算，各部门的费用支出等只要在预算之内就可以了。这样的现实情况，使得预算控制制度没能够调动集团内部的积极性。完善的财务预算控制应当是由下至上全体员工共同参与的、全程的、全方位的预算控制体系。在生产经营活动中，凡是和资金的使用、筹集、分配等有关的财务活动都在财务预算的控制范围内，工程企业由下至上，各个企业、各个部门、各个环节，乃至各个岗位的各项经营活动都受预算控制的影响。财务预算管理不仅仅和财务人员相关，更需要各个岗位的严格执行、协调一致。

（三）建立工程企业有效的财务预算控制制度

有效的财务预算控制制度是工程企业内从下到上全员参与、各个环节全程在内的、全方位的管理和控制，借助财务信息网络系统对凡是涉及资金的财务经营活动进行动态分析和监督，准确把握各项预算的执行情况，及时发现预算执行情况与预算目标制定之时的偏差，及时调整，并将预算的执行情况作为绩效考核的影响因素之一，从而形成一个全方位的、有效的预算控制体系，进而达到有效防范金融风险的目的。其具体表现如下。

（1）全员参与。财务预算控制制度是财务风险控制体系中的一大制度主体，工程企业想要做大做强，必须建立一套完善的财务预算控制制度。工程企业应当成立专门的预算委员会，专门负责预算的编制、审批、执行和监督等一套事前控制程序。在制定财务预算的目标时，工程企业根据整体战略目标制定预算规划指标，工程企业内部自下至上编制预算，各部门相互协调上报至工程企业总部。对大型工程企业而言，其应根据各内部企业的上报情况和掌握的历年的实际发生情况来审查、确定预算目标及政策。预算目标制定后，工程企业应当在平衡上报指标的基础上，将预算指标一层一层分解，从横向和纵向落实到工程企业内各企业、各部门加以执行，形成一个全面的、兼顾的财务预算控制制度。大型工程企业内部各企业、各部门要全员参与，严格执行，将经营活动全方位地纳入预算控制的管理。同时，在执行的过程中，工程企业应当通过一定的方法对预算的执行情况进行监督，例如，通过由下至上的内部报告、定期召开会议分析预算执行情况与制定情况的差异等形式，发现偏差，及时调整。由于客观环境的变化或者生产经营中的实际需要，预算控制可以相应地在不同项目中进行动态的分配和调整。为了更好地完成预算执行情况，使财务预算控制主体发挥更大的作用，可以将预算完成情况和业绩考核挂钩，这样以便调动大型工程企业内部各企业、各部门执行预算的积极性，进而实现工程企业总体战略目标，实现企业价值最大化。

（2）事前控制，过程管理。预算管理是对和财务有关的经营活动的事前的、过程的管埋，不是事后的、结果的管理。预算管理是提前对资金的使用、筹集、分配进行协调，合理安排资金结构，规避资金风险，不是财务活动后记账、汇报。预算控制的事前控制，过程管理的特征可以监督预算执行情况和预算目标的偏差，及时发现问题，及时调整资金的使用情况，保证预算控制切实有效的执行。

（3）各岗位全方位。预算控制是涵盖工程企业、企业各部门、各岗位等在内的全方位的控制制度。生产部门提供生产设备的采购预算，人力部门提供用工成本的预算，综合管理部提供办公费用的预算，信息管理部提供信息系统建设的预算等，各部门根据本部门的职能实行全面的预算管理，从而将财务预算管理落到实处，加强财务预算管理的有效性。

三、完善资金集中管理制度

资金是企业经营的重要因素，对工程企业的运作具有重要的意义。工程企业管理的资金管理包括现金的管理、筹资的管理、投资的管理等。现实中，工程企业对资金的管理分权程度较高，导致一方面资金的使用效率不高，另一方面企业有大量的负债，背负很多利息支出。通常，企业有大量可用的资金闲置不用，同时又存在着大量短期借款，承担着短期归还巨额利息的压力，资金结构安排不合理，倘若企业将短期借款用于长期投资，且投资经营回报较慢较低，那么企业将面临很大的财务风险。例如，华源集团财务危机的根源就是盲目举债扩张、短借长投的战略模式，引发了财务风险。因此加强工程企业对资金的集中管理，可以掌握工程企业内部各单位资金的使用情况，协调资金的短缺和盈余，有效地提高资金的使用效率，降低闲置资金余额，监督资金使用安全。在考虑各种综合能力如偿债能力的基础上，从各种筹资方式中选择最佳的、最适合企业经营状况的筹资方式，避免筹资规模过大、筹资成本过高、盲目筹资、盲目投资等风险而引发的财务风险。因此，加强工程企业对资金的集权式管理，对降低工程企业财务风险具有重要的意义。加强资金的集权管理，使得母公司能够控制集团内部各企业的资金，拥有财务决策权、资金调配权，协调和监督资金的使用情况，避免盲目筹资、盲目扩张等行为，增强工程企业对资金整体支配的能力，降低资金的使用成本，提高资金的使用效率。

（一）工程企业资金集中管理模式

资金的管理模式随着工程企业的发展而发展，在不同的阶段产生了不同的资金管理模式。资金的管理模式主要有五种，分别是传统的统收统付模式、结算中心模式、内部银行模式、财务公司模式和现金池管理模式。统收统付模式是指子公司没有设置单独的账号，现金的收支由母公司管理，是一种高度集权化的管理，母公司保证了资金的安全，但是子公司对资金的控制太低导致积极性不高。结算中心模式是指由工程企业内部设立的一个单独的部门，统一处理集团内部企业资金的收付及往来结算、资金调度、运筹以降低资金成本。结算中心是一个专门设立的独立的运营部门，集中统一管理工程企业内各单位的资金，重在内部资金的管理和统一。工程企业内各企业可以向结算中心借贷资金，但是要按照一定的利率承担资金的使用成本，向结算中心上交资金使用费。这种资金管理模式的优点是子公司对资金有一定的决策权，增加了子公司的积极性，但缺点是资金的管理成本也随之增加。内部银行模式是把社会上银行的基本职能和管理方式相结合并引入企业内部的资金管理机构。一般地，内部银行管理的资金包含企业的内部资金和从外部商业银行借来的信贷资金，对其实行统一管理、协调。子公司对资金的管理掌握更多自主权，可以办理除了对外投、融资以外的各项收支结算。内部银行模式促进了工程企业的发展，随着工程企业的发展，其对资金的管理模式提出了更高的要求，而且内部银行的合法性一直存在争议，在这种情况下，财务公司应运而生。财务公司模式是一种经营部分银行业务的非银行金融机构，其特别之处是集团工程企业内各子公司具有完全独立的自主经营权，可以自行决定资金的使用，集团工程企业仅通过财务公司对子公司进行财务控制，但是不再直接干预子公司资金的使用。财务公司的设立是工程企业发展到较高阶段的产物，必须经过人民银行的批准才能设立。因此，财务公司的存在比内部银行的存在更具有法律依据。财务公司经人民银行批准成立后，可以在大型工程企业内部开展政策允许范围内的金融业务，对集团内各企业的筹融资、投资、沟通信息具有重要意义，为集团内部企业提供资金的融通、协调的服务，并从中赚取回报。随着工程企业发展趋于成熟化，对资金的管理模式也持续进化，现金池的管理模式应运而生。现金池管理模式对资金的集中管理贯穿始终，借鉴商业银行现金管理方式和网络信息技术，对集团内各企业资金的需求、使用情况予以协调、安排、监督和集中运作的一种管理模式。现金池的管理模式符合工程企业集权化管理资金的要求，合理安排资金的调度、使用情况，降低了资金的使用成本和财务风险，是未来工程企业资金管理的发展方向，但是现金池的管理模式对信息化水平和工程企业管理控制力具有更高的要求。

（二）构建工程企业现金池管理制度

现金池的资金管理方式现在已经被众多工程企业视为一种有效的资金管理方式，现金池的管理模式强化了工程企业对资金的集团化管理，降低了资金的使用成本，提高了资金的利用率，对有效地管理集团整体流动资金具有重要意义。因此，如何构建一个高效的现金池管理模式对集团整体资金进行集中管理，对工程企业至关重要。

现金池的管理是指将集团内部各企业的账户资金按照一定的频率和目标余额归集到集团规定的主账户中，由集团统一调度管理。频率可以是每日、每周、每月多种方式，目标余额是指留在子公司、分公司账户中不做调动的余额，可以是零余额，也可以不是。

资金在母子公司、分公司之间的调拨通过账户的转移。在我国现行的法律制度下，对于分公司来讲，其和母公司属于同一个法律主体，资金在分公司和母公司之间的转移没有法律的约束。对于子公司来讲，现金池管理模式的实现要采用委托贷款的安排。

建立一个现金池的管理模式一般操作步骤如下：以每日零余额的现金池管理为例，母公司选择到一家银行开户，将此账户设为现金池，集团内部各子、分公司在母公司账户下设立子账户，母公司和银行签订协议，银行系统准时在每天的某个时间对子、分公司的账户进行扫描，将子、分公司账户的余额归集至主账户中，作为母公司发放给集团的贷款，从集团收取利息。集团性工程企业以现金池中的资金及向银行申请的授信额度为保证，可以让子、分公司在约定的授信额度内以透支的方式对外支付，如果日末子、分公司的账户在余额不足的情况下透支支付，工程企业将现金池里的资金调拨至子、分公司的账户，当作向工程企业的借款，支付利息，保证子账户每日的余额为零。

资金的归集由银行系统自动完成，集团母公司根据集团内各企业资金的需求情况分配归集到主账户的资金，对集团整体资金的使用进行合理的安排和管控。

现金池管理模式的主要特点是集团和子、分公司的账户必须开立在同一家银行，母公司的账户设为主账户，子、分公司的账户是挂靠在主账户下的子账户。工程企业和选择的银行签订现金池管理协议，银行利用其电子系统对集团内各子账户进行实时的监控，对银行信息系统管理要求较高。另外，子账户盈余的资金归集到主账户中，增加了集团整体的授信额度。

现金池资金管理模式作为工程企业资金管理的一种最先进的模式，其主要的优势在于：集中管理内部子、分公司的资金，将盈余资金提供给需要资金的一方使用，并以低于同期银行贷款利率的利率收取利息，节约利息支出，降低资金的使用成本，同时对资金盈余方以高于银行同期存款利率的利率支付利息，提高资金的利用率。综合来看资金的盈余和透支两方，子、分公司既降低了资金使用成本，提高了资金的利用率，同时集团总部也会获得利差收入。另外，工程企业将多余的资金归集起来可以进行更加有效的投资活动或者获得较高的大额存款利率，增加企业的收益。而且资金归集在主账户中，还可以增加银行的授信额度，实现了集团总部和子、分公司的多赢，大大增加了资金的使用效率。现金池管理模式利用银行的信息系统对集团内各子、分公司的账户资金情况进行监控，每日进行资金的调度，平衡集团内部的资金需求，对子、分公司提供贷款的同时，也整体把握了其借款金额，避免了超出自身能力的盲目借贷情况，提升了母公司对集团整体的资金监管和控制力，最大限度地提高了资金的利用率，降低了财务费用，控制了财务风险。

现金池的管理模式在解决工程企业集权化管理资金方面起到了巨大作用，但是也存在着一些风险。现金池作为资金管理的一种模式，面临着暂时缺少资金的一方可能无法归还贷款的情况，这样的大型工程企业面临的集团外部融资风险转移到了集团内部，因此，在实施现金池管理模式的同时，要加强全面的财务预算管理制度，约束各子、分公司资金借用额度，严格控制资金流向审批，对资金的用途要按预算来控制，对大额资金的使用进行监控，建立风险防范措施，保证借出的资金可以偿还，强化对资金的监控作用。

另外，现金池的管理模式对银行信息化程度、网络系统和配合意愿都有更高的要求，这就要求工程企业加强和银行的战略合作关系，同时工程企业自身也应当加强财务信息化建设，通过加强财务信息建设可以使工程企业对内部子、分公司的财务情况具有更加快速、真实、清晰的了解，监控集团整体资金的使用情况。在完善资金预算控制、内部风险控制、强化财务信息系统的配合下，发挥现金池管理制度的作用，实现企业战略目标。

四、强化基于全面风险控制的内部审计制度

工程企业因其组织结构的复杂性，经济规模的庞大性等特征及外部环境的不断变化、难以预测，使得工程企业内部审计制度的建立对于完善工程企业财务风险控制制度的建立具有重要意义。

目前对我国工程企业来讲，内部审计制度还存在诸多不足。工程企业对财务风险管理的意识不足，导致没有将内部审计制度与财务风险的管理相结合，审计制度的建立大多只局限于业务流程上的审查和控制，缺少一套系统、规范的以风险管理、内部控制为核心的审计制度。审计制度对工程企业风险控制的作用甚微的根本原因主要表现为：对大多数企业来说，集团决策层没有将审计意识提高到战略的高度，缺乏战略性、持续性的审计目标思维，内部审计的工作还只是停留在财务会计是否存在违规事项的检查，花大量的时间、人力用于已经发生的业务、财务上的检查错误、防止舞弊的阶段，使得审计工作流于形式，缺乏方向感，审计制度得不到有效利用。这种滞后的观念和行动导致内部审计制度的设置无法达到对工程企业战略目标系统性管控的要求。工程企业内部审计制度的精髓应当是以内部控制和风险管理为出发点，与工程企业的战略目标相结合，控制决

策风险和违规行为的发生，发挥审计制度事前监督、防范风险的作用。

随着外部经营环境的不断变化及工程企业自身结构的复杂性，有效地预测、防范风险对工程企业来讲尤为重要。工程企业应当实施基于全面风险控制的内部审计制度，采取全面的、系统的、持续的、动态化的、前瞻性的思路，将审计制度与战略目标相结合，尽可能地发挥防范风险的作用。内部审计制度对于工程企业财务风险的控制包括对各项业务活动的控制、财务活动和财务数据的控制以及公司各项规章制度的控制。审计制度应当注重开展经营业务活动之前的审查，对业务活动的合规性进行审核，对于违背监管规定的活动及时纠正，提出整改措施，保证公司开展的业务活动在监管层允许的范围之内。业务活动开展中也要对项目的进程、落实情况进行审计，对业务活动实施全过程的监控，做好信息的收集和分析评估工作，及时调整偏差。内部审计对财务活动的控制目的是保证财务活动如费用的支出、信息化系统的建设、固定资产的采购等费用支出和投、融资活动符合工程企业规定的制度，在预算之内，监控财务数据，发现问题及时纠正，控制财务风险。另外，审计制度还应当在公司的管理制度、公司章程方面加以审计，保证公司制度、章程的合理和完备性。

基于全面风险控制的审计制度精髓是将内部审计制度与企业的战略目标相结合，通过审计制度的发挥，从内部控制拓展到风险管理、公司治理的领域，有效地控制财务风险，为企业创造更多的价值，最终实现工程企业整体战略和价值最大化。审计意义的提高对于公司的治理结构也提出了一定要求，有效的审计制度需要工程企业构建一个有效的审计组织框架。具体来说，工程企业董事会下应当设立审计委员会作为审计监控总部，接受工程企业董事会的任命，处于监控活动的核心地位。审计委员会下设工程企业审计部对集团下属各子、分公司的活动进行监督和控制，指导各子、分公司的内部审计工作以符合集团整体战略目标。在此过程中，其他部门如战略委员会、风险管理委员会等其他各部门均需要配合实施，以控制风险为主线，实现集团战略和价值最大化。基于全面风险控制的内部审计制度与防范工程企业财务风险高度契合，使工程项目财务风险控制体系的构建具有重要意义。

五、培育以风险防范为核心的企业文化

工程企业的风险管理文化意识是其生产运营的无形资产，风险管理文化的缺失难以保证工程企业做大做强。风险文化意识的建立对工程企业保护股东、国家

各利益相关者的目标具有重要意义。然而，我国大部分工程企业风险管理意识依旧淡薄，工程企业从上至下没有形成一致认同的风险管理理念，缺少倡导集团全员参与风险管理文化建设的意识。工程企业风险管理文化的缺失，导致工程企业风险管理措施的建设缺少基础，影响工程企业共同的凝聚力和共同的价值观，导致风险长期累积引发财务风险。

（一）企业文化的含义及功能

工程企业的企业文化是其价值观的集体意识形态，每个工程企业有其独特的核心价值观。企业文化是其企业的“软实力”，是集团核心优势的内在优势，对工程企业的发展有着重要影响。企业文化建设是指企业文化形成、塑造和传播的过程，对工程企业内部各企业和员工价值观的形成具有重要意义，通过企业文化的传播和建设，使得集团内部由上至下有统一的价值观和行为准则，增加企业的团结力，是企业健康可持续发展的基石，因此加强以风险管理为核心的企业文化建设对防范其财务风险具有必不可少的作用。

企业文化具有如下功能：企业文化可以指引员工行为，引导集团内各成员的价值准则，将集团的目标通过在精神层面的传播来约束集团成员的行为，使集团内部由上到下形成统一的行为准则。企业文化大大增加了集团内成员的凝聚力，通过凝聚力将各成员在精神层面上紧紧联结在一起。同时，工程企业通过加强企业文化的建设把企业的核心价值观反映到集团外部可以对工程企业起到宣传的作用，为集团发展创造良好的外部条件。另一项重要的功能是，企业文化制度对企业的内部控制具有重要作用，这种控制作用是无形的、难以复制的、流淌在工程企业内部各成员间，将其紧紧联结在一起。企业文化制度是其他包括财务预算制度、资金管理制度、内部审计制度等一切制度的基础，没有文化制度基础做支撑使得其他制度的实施变得困难。企业文化可以通过内部成员一致认可的目标、理念等因素调动员工工作的积极性，为工程企业的可持续发展打好基础。

（二）工程企业企业文化与风险管理的关系

企业文化是集团内部各成员由上至下一致认同的核心价值观、基本信念和行为准则的集合。企业文化制度是其他一切制度的基础，是统一集团成员行为规范的“看不见的平台”，更主要的是企业文化影响着工程企业风险管理系统的运行，建立以防范风险为核心的企业文化对完善工程项目财务风险控制体系具有重要意义。企业文化主要在以下方面影响风险管理：企业文化虽然看不见摸不着，但是却悄无声息地影响着集团整体战略的实施及公司内部成员的行为规范。内部成员是风险管理的主体，企业文化的形成促进风险管理战略更好的执行。如果工程企业内部没有形成健康的企业文化，那么工程企业的财务风险控制体系缺少了实施风险控制的基础，很难将内部成员凝聚到一起，将财务风险控制意识贯穿到整个生产经营活动中。

企业文化是被全体成员认同的价值观念，以风险控制为核心的企业文化大大增加了工程企业风险控制的有效性。

（三）构建工程企业风险管理的企业文化

企业文化建设主要包括四个层面，即物质层面、行为层面、制度层面和精神层面，因此工程企业风险管理的企业文化体系也应当从这个四个层面建立。企业文化建设的精神层面是企业风险管理文化建设的灵魂和思想上的上层建筑，处在文化建设的最高点，深层地贯穿于制度、物质层面的建设，发挥着指引企业风险文化建设的作用。企业文化建设的制度层面是文化建设的载体，精神文化建设通过制度文化表现出来，制度文化是行为和物质的基础和纲领，在工程企业构建风险管理文化的过程中起到承前启后的重要作用。企业文化建设的行为层面是指集团成员在进行具体活动中表现出来的行为习惯和风格，是在精神文化的渗透指导下和制度文化的基础上形成的统一的行为规范的总和。文化的物质层面是指通过风险管理文化的渗透形成的安全的生产经营环境，安全的生产、管理等技术手段，安全的生产设施、产品等以物质形式表现出来的文化方式，是企业文化建设的实物表现和最终目标。安全生产的经营环境和设施如厂房、机器设备的管理是工程企业风险管理的表现，其是在工程企业精神、制度、行为文化的共同影响下形成的。工程企业风险管理文化的建设通过精神、制度、行为、物质四个层面搭建，四个层面互相影响，相互作用，缺一不可，共同构成文化建设体系。

六、建立财务风险预警分析机制

工程企业因其复杂庞大的组织结构，相对分散的管理及外部环境的不确定性，导致其经营活动暴露在很高的风险之下。前文所述的华源集团由于盲目扩张，采用短贷长投的经营模式最终导致集团破产。不难发现，其不合理的资金结构，长期偏高的资产负债率使得财务风险不断累积，最终导致资金链断裂，成为华源集团破灭的“导火索”。工程企业的财务风险是一点点形成、累积直到爆发的，如果可以及时发现财务危机的征兆并采取有效的防范措施，那么工程企业将有机会化解风险，将大大增加工程企业抵抗风险的能力。因此，建立一个有效的财务风险预警分析机制对于工程企业对财务风险的监控、及时发现从而化解财务风险具有重要的意义。①

财务风险预警机制是指通过设定指标标准，对企业的运行过程进行监测，检测财务活动的各项指标，并将指标与设定的标准进行比较，从而判断企业经营活动处于何种状态，以及将要面临的状态，是监测、识别和预报风险的管理机制。工程企业内部组织机构复杂，经营业务范围广泛，不同的子、分公司经营的特点不同，监测的重点不同，因此工程企业应当根据各子、分公司不同的经营特点设置不同的监测指标。举例来说，对生产部门应更多地关注生产成本、库存成本的控制；对于财务部门应注重资金成本、资产负债率、利息费用等的控制，对于销售部门应注意销售费用、宣传费用等支出和应收账款的控制。针对不同的特点选择不同的财务风险预警指标并分配指标的权重，利用财务信息系统和财务风险预警分析系统将财务数据输入监测系统，系统可以综合计算出一个指数和工程企业设立的判断标准进行比较，从而判断企业所处的风险状态。例如，工程企业为了监测债务情况，设置资产负债率监测指标，当资产负债率在50%以上时为重警，表明负债比例过大，已经形成财务风险，要及时纠正处理。

（一）选择财务指标标准及分配权重

企业经营的风险往往是通过财务风险表现出来的，企业运营的风险水平可以通过一系列的财务指标反映出来。通过对财务指标的监测可以识别出企业当下或者潜在的风险，正因为这样的内在联系，使得财务风险预警的分析机制对识别风险成为可能。财务指标是财务风险预警的关键，建立财务风险预警机制的第一步是选择适合企业特点能够反映企业经营状况的财务预警指标体系。常见的财务预警指标有两个层级即能力指标层次和财务指标层次，能力指标包括获利能力、偿债能力、管理能力和发展能力，财务指标包括反映偿债能力的资产负债率、速动比率等，反映获利能力的成本费用利润率、主营业务利润率等（见表7–1）。

① 郑巍，徐少华．企业财务风险预警机制的建立 [J]. 中国内部审计，2006（05）：83.

表7-1　财务预警指标体系及权重

<table>
<tr><td rowspan="2"></td><td rowspan="2">第一层：能力指标</td><td rowspan="2">权重
100</td><td colspan="2">第二层：财务指标</td></tr>
<tr><td>财务指标</td><td>计算公式</td></tr>
<tr><td rowspan="12">财务预警指标体系及权重分配</td><td rowspan="3">获利能力</td><td rowspan="3">33</td><td>总资产报酬率</td><td>息税前利润/资产平均总额</td></tr>
<tr><td>成本费用利润率</td><td>营业利润/成本费用总额</td></tr>
<tr><td>主营业务利润率</td><td>主营业务利润/主营业务收入净额</td></tr>
<tr><td rowspan="3">偿债能力</td><td rowspan="3">21</td><td>资产负债率</td><td>负债总额/资产总额</td></tr>
<tr><td>速动比率</td><td>速动资产/流动负债</td></tr>
<tr><td>债务保障率</td><td>现金流入量/债务总额</td></tr>
<tr><td rowspan="3">管理能力</td><td rowspan="3">24</td><td>总资产周转率</td><td>营业收入净额/平均资产总额</td></tr>
<tr><td>应收账款周转率</td><td>营业收入净额/平均应收账款余额</td></tr>
<tr><td>存货周转率</td><td>营业成本/平均存货</td></tr>
<tr><td rowspan="3">发展能力</td><td rowspan="3">22</td><td>净利润增长率</td><td>本年净利润增长额/上年净利润总额</td></tr>
<tr><td>资本保值增值率</td><td>期末所有者权益/期初所有者权益</td></tr>
<tr><td>主营业务收入增长率</td><td>本年主营业务收入增长额/上年主营业务收入总额</td></tr>
</table>

（二）确定财务预警指标的标准值

工程企业内部不同的子、分公司生产规模、所处的行业、地域的不同导致各种财务指标的标准值也不同。财务指标的标准值受很多不同因素的影响，没有一个固定的数值，一般参照行业平均数、国家公认的标准来确定。以资产负债率为例，企业产品的盈利能力越高、资金周转速度越快，企业可承受的资产负债率越大。在银行利率相对较高时，一般资产负债率标准值会相应降低。因此，根据不同的经济环境、商品盈利能力不同等，资产负债率的合理水平在一个区间内存在较大的差别。

（三）财务预警指标分析

财务预警分析是建立财务预警分析机制的重要一步，在确定财务预警分析指标和标准区间后，利用财务预警分析系统，对财务数据进行处理，得出综合财务指标指数，最后针对指标指数进行分析。综合财务指标指数是根据财务指标实际值（X）、财务指标行业标准值（P）和财务指标权重（Y）三个指标计算得出。例如，计算获利能力的分值，要考虑总资产报酬率、成本费用利润率、主营业务利润率，获利能力的分值是这三个财务指标分值的加总，财务指标分值由（X×Y）/P计算得来，综合指标指数是各能力分值的加总。通过建立财务风险分析预警机制可以监测、识别企业的风险，及时发现财务风险，采取相应的措施控制财务风险，增强工程企业对风险的抵抗能力。

七、建立财务风险处理机制

工程企业面临的风险无处不在，任何企业都不能保证生产经营活动永远在安全的环境之内进行。当企业不可避免地面对风险的时候，一套完善的财务风险处理机制显得尤为重要。财务风险处理机制包括财务风险的组织机制、风险处理机制和风险责任机制组成。

（一）财务风险组织机制

财务风险的组织机制是财务风险处理机制的基础，对财务风险的管理需要有一套财务风险组织机制作为支撑。有效的组织机制包括对风险的监测、识别、判断，预警部和危机管理部相互作用，形成一套严密的组织系统。预警部主要是对日常经营活动的财务活动进行监测，识别潜在风险和监测工程企业财务风险水平状态，以及总结财务预警的工作经验教训等。当企业的风险水平较高，陷入危机时，预警部应当根据特定的危机情况组成危机管理部。危机管理部是企业遇到危机时临时成立的一个组织，在危机真正爆发前制订处理计划，尽量避免危机爆发，若危机无法避免真正爆发，及时隔离危机。

（二）财务风险处理机制

财务风险处理机制是工程企业在对风险监测、识别的基础上处理财务风险的过程。财务风险的处理一方面是在财务风险真正发生前，尽量采取各种手段和方法避免财务风险的发生或者将可能发生的概率降到最低，另一方面是不能避免的风险真正发生时，要及时采取有效的措施把财务风险带来的影响控制到最低。处理财务风险的方法主要有风险规避、风险控制、风险转移和风险自留。财务风险规避是指在财务风险尚未发生的时候，通过对风险的监控和识别，分析预测到风险可能对企业带来的不利影响而采取回避的措施，避免财务风险的发生。这种方法规避了可能引发财务风险的事项的发生，相对保守，避免了风险的同时机会也随之损失。财务风险控制指不因规避风险而放弃既定的计划，而是对引发财务风险的因素进行控制，最大限度地降低财务风险发生的可能和财务风险对企业带来的影响。财务风险转移是指对无法避免的风险（如市场风险这类不可控制的风险）进行适当的转移。财务风险自留是指对于无法控制又无法转移的风险只能自行消化。

（三）财务风险责任机制

财务风险责任机制是指明确公司各部门对风险管理的责任，风险责任机制是财务风险处理机制的重要组成部分。主要包括两方面：一方面是将监测控制财务风险的职责落实到各部门，这样可以调动监测风险的主动性；另一方面要对财务风险的发生实行问责机制，对于因风险项目的开展给企业带来的不利影响采取问责机制和惩罚措施，为财务风险处理机制的有效进行提供了保证。

第四节　现代工程项目财务风险控制措施

一、完善工程项目管理的相关制度

对任何一家现代工程公司来说，其要控制财务风险，就要制定风险操作手册和各环节业务的规章制度，让工程项目管理流程清晰，有章可循，改善粗放式管理的现状。

首先，要制定《现代工程项目风险操作手册》，分五个部分制定风险操作规范：风险管理规划、风险识别、风险评估、风险应对计划、风险报告。将这五个风险管理流程融入现代工程项目管理的程序中，明确五个部分的人员职责和工作程序。将该《现代工程项目风险操作手册》作为现代工程承包的工作指南，能有效预防和控制财务风险的发生。

其次，要制定每个风险管理流程的制度。比如，现代工程招标流程管理、现代工程物资采购管理、现代工程财务管理、现代工程税务工作指南、现代工程竣工结算等。制度包括各项业务的办理流程、办结材料、办结时限、部门及岗位职责、审核环节、奖惩内容。工程企业应从目前所开拓的项目出发，制定相应的工作指南，比如，某项目工程管理制度等。这项工作可以由战略与风控部统筹，各部门提交部门工作草案，通过风险管理委员会召集各部门讨论修订，最终形成一套完整的工程项目管理制度。

二、建立普适性的工程财务风险预警机制

财务风险预警有两方面的作用，一是让管理者发现风险的存在，二是通过预警了解到风险的状态和影响程度。风险预警主要有三个步骤：制定风险控制指标、设置风险预警信号、风险预警结果报告。对于税务风险、汇率风险、资金风险、成本控制风险、工程管理能力风险，可以根据每项风险特征确定预警指标。财务风险预警机制可以设置的项目一般是能够进行定量的，定性指标需要通过数学方法定量化才能进行预警。

本书以通货膨胀率、汇率变动率、利率变动率为例，设置风险预警区间，这些数据通过相应的披露数据收集得到。为了提高风险预警的准确性，借鉴以往关于项目风险预警的研究，将预警区间进行分类，按风险的高低设置预警信号：绿灯、蓝灯、黄灯、橙灯、红灯。工程项目可以进行预警监控的指标有汇率变动、通货膨胀、利率变动，从而基本确定其预警区间，如表7-2所示。

表7-2　风险预警区间（样表）

指标名称	风险指标取值区间				
汇率变动率（月）	0, 2%	2%, 4%	4%, 6%	6%, 10%	＞10%
通货膨胀率（月）	0, 2%	2%, 4%	4%, 6%	6%, 10%	＞10%
利率变动率（月）	0, 4%	4%, 8%	8%, 12%	12%, 16%	＞16%
风险级别	低	较低	中等	较高	很高
风险等级值	1	2	3	4	5
预警信号	绿灯	蓝灯	黄灯	橙灯	红灯

对于财务风险预警，并不是每个风险变动都需要采取措施，一是企业没有足够的资金进行风险管控，二是许多单个风险在企业的可承受范围内。因此，对工程企业来说，处于绿灯和蓝灯风险区间的，都可以忽略不计；对于黄灯区间的风险需要加以关注，保持警惕，看后期发展；对于橙灯和红灯区间的风险，除了警惕，还要及时采取预控措施，并跟踪监控。

除了以上根据市场波动建立的预警程序，由战略与风控部牵头，建立专家持续监测财务风险的预警程序，对于一些税务风险、商务风险等，难以找到具体的数据预警，或者建构复杂，可以通过财务处和其他业务部门收集的信息，定期将

国内外政策变动和行业变动的信息提交给风险预警专家，由专家为企业出具风险提示，专家和管理层以及董事会成员及时召开会议制定防范措施，以此起到风险预警的作用。专家可以是从事国际经济、国际贸易研究的科研人员，也可以是更加大型、更加专注该区域工程承包的企业人员。

三、重点财务风险控制措施

通过对工程项目财务风险的评估，结合不同的调研资料来看，发现成本控制，资金风险是当前大多数工程公司面临的最大的风险。同时不能忽视现代工程特有的外汇风险和跨国税务风险。因此，要优化工程项目管理流程，以成本管理为中心，以合同管理为主要手段，重点关注资金风险。将可能遇到的问题提前在合同中规避，同时关注工程项目最主要的成本和资金两项风险。

（一）关注成本管理关键节点

工程项目的成本控制管理，需要重点关注国际市场、汇率变动、税收政策等方面的内容。具体如表7-3所示，同时做好这些工程项目关键节点的成本管理。

表7-3　工程项目成本管理关键节点

关键节点	环节描述	成本管理关注点	审核材料
项目签订及谈判阶段	审核初步设计、工程预算方案	财务部门对投资明细进行重点关注、联合市场开发部门和审计部门针对市场情况提出调整意见	初步设计方案、成本预算方案
项目执行阶段	审核材料设备采购/物流运输合同、支付价款	财务部门重点关注支付明细和支付时间节点、审计部门关注采购物流价格合理性	采购运输合同、补充协议、比价报告
	工程变更，根据项目部和审核部门的意见，对必要性进行审核，控制预算上限	工程变更设计、监理单位说明、公司相关部门审核意见	工程变更签单
竣工决算阶段	制订决算方案、发布决算通知	梳理项目全过程管理流程、收集必要文件	工程项目文件
	根据决算报表规范、查阅凭证账表、编制财务决算	审查凭证合规性，业务合理性	工程竣工决算报表
	决算审批	关注决算审核报告与决算的差异	工程竣工决算审评报告

（二）通过合同条款规避风险

合同贯穿项目始末，关于工程项目的系统性风险，大部分可以通过合同条款进行规避，可以从合同的三个环节去分析，具体措施如下。

1. 项目投标环节

主要工作就是对潜在的财务风险进行调查识别，并提前在合同中考虑规避。对汇率风险的调查，要了解与项目相关的外汇管制政策，当地的货币政策，以及分析历年来该国的汇率变动情况。对资金风险的调查，一是当地金融环境、银行资质、融资要求等；二是业主信用及付款能力。对税收风险的调查，主要是税收政策、纳税或退税流程。此外，还要对国际市场原材料价格变动、当地人力市场以及保险等各方面进行了解；对于预估财务风险较高的项目，可以考虑是否需要弃标；对具有潜在财务风险的项目，公司需要采取谨慎态度，尽可能把风险问题可能产生的费用考虑到投标价格内；防止在风险不明的情况下投标。

2. 合同签订环节

该阶段是合同管理的关键阶段，合同条款的制定是防止后续因责任不明而导致风险发生的重要手段。通过合同条款，可以实现财务风险在业主、银行、供应商、保险机构等利益相关者之间进行转移。在合同签订时，针对汇率风险，要选择适当的计价货币（一般为人民币）。

3. 合同履行环节

针对工程项目的汇率风险，尽量实现外汇的收付匹配，对于大额的收汇金额，可根据汇率的波动情况，使用一些金融衍生工具，比如，开展远期结汇或者进行外汇套期保值。针对收税风险，一是要同业主协调好，明确业主承担的税种，让业主配合公司取得税收优惠、免税许可；二是在材料设备运输过程中，要管理好每项单据，保证发票流、物流、资金流，“三流”一致，让业主协助完成清关手续，早日在国内取得出口退税金额，缓解资金压力。竣工结算时，引入第三方评估机构，厘清业主和承包商之间的各项责任，如果是因为业主原因导致的成本增加、汇兑损失等，要根据前期合同约定，让业主追加款项，保证足额结算。

（三）资金风险控制

1. 项目投标前

要详细调查业主的资金来源，信用情况，评估其按时付款的可能性。在合同签订中，明确付款节点、付款方式，并明确停工条款、违约条款、索赔程序。如果有分包合同，应该明确分包合同的付款节点，尽量晚于业主支付的节点，便于缓解资金压力。

2. 项目执行过程中

重点要加强进度款的收取。首先，运达项目的材料设备，要尽快拿箱单、提单去和业主办理验收，及时按照合同收取材料设备款。其次，每个月和业主核对工程量单，确保项目进度正常，并按照合同条款支付履约进度款。同时，在项目执行过程中，如果需要短期的资金周转，要提交资金计划，并监控资金流动情况。既要保证项目的正常运转，同时又要减少资金结算，尽量采用银行汇票、信用证等方式进行合同支付。最后，各项目分公司要加强保函的管理，建立保函台账，跟踪保函期限，及时回收和注销保函。

四、制订财务风险应急预案

（一）组建公司内部的财务风险专家协助小组

再严密的风险防范措施也不可能完全杜绝现代工程项目运行过程中不可预见的财务风险的发生。地缘政治、全球经济形势、外汇波动等无时无刻不影响着工程项目的执行。由战略与风控部组建公司内部的专家协助小组，把不同领域、背景、专业的核心骨干联系到一起，发挥“智囊团”的优势，处理突发事件，第一时间做出应急反应是工程项目财务风险管控不可或缺的重要环节。

（二）维护国际合作伙伴网络

虽然企业已经构建了总部、分公司、项目部“三位一体”的财务风险防范体系，但内部的力量必然是有限的。受专业性、知识结构、反应速度的制约，发挥的效能是有限的。建立专业的合作伙伴网络可以在一定程度上弥补这个短板。在财税管理方面，与会计师事务所达成合作协议，实现总部与分支机构的财税一体化咨询服务支持；与金融机构合作，实现跨境授信额度共享，资金管控与统一归集；与大型机械设备供应商，达成框架合作协议，保障施工进度，实现设备的高效租赁与调拨，避免因设备闲置导致的机械成本失控；与专业施工企业签订战略合作协议，选择有实力有经验的分包商，确保项目施工组织有序，避免违约等。建立并维护覆盖全球的专业合作伙伴网络，做好财务风险防范预案。

五、偿债风险控制措施

（一）适度举债，调整公司资本结构

1. 债务性融资方式的选择

工程企业可选的融资方式一般有三种：通过银行借贷来进行融资、非银行金融机构借贷以及公司发行债券融资。银行贷款融资是工程企业最常用的融资渠道，从贷款方式上，银行贷款可以分为三种：企业的信用贷款、公司固定资产质押和贴现贷款方式。如果工程企业的信用体系良好、公司自身的资产负债率偏低、偿债能力较强、短期贷款记录良好，那么，其相对安全稳妥的融资方式为资产抵押贷款。

2. 融资金额的确定

融资金额在银行审批同意的前提下，工程企业要从自身规模的发展区衡量借款金额，确保公司的贷款能及时归还。

（二）加强资金回收管理，确保公司可以及时还款

工程企业借入资金投入经营活动，为保证还款的及时性，就要加强资金回收管理。对应收账款的管理，防范可能会面临的流动资金短缺致使无法到期偿还债务的风险。对应收账款的管控主要体现在如下两个方面：

第一，根据工程企业的实际业务发展需求和资金回收情况建立适宜的往来客户信用体系管理制度和审批流程。随着工程企业产能的扩大，需要开拓市场，在未来的发展中，必须建立起对应收账款的严格管控。工程企业想要开拓市场，就会存在赊销期过长的情况，其应从源头上加以控制，而对于应收款源头控制就是工程企业的信用管理制度。在工程企业建立相关客户的信用管理体系，并且需要工程企业定期对客户的信用进行核验和侦查，判断客户的信用变化。在建立的客户信用管理体系中，对客户的信用进行评级，判断其信用状况是否良好，并根据各层级确定工程企业应给予客户的具体信用期限和信用额度。

第二，加强应收账款管理和催收工作。随着工程企业的业务增长，其负责应收账款的财务人员按应收款项客户分别进行往来账目的登记核算工作。根据实际的应收账务分析及时催促负责该客户的业务员进行应收账款的回收工作。负责往来应收款项的财务人员每个月至少核查一次应收款项的实际情况。财务部门要每月编制应收账款账龄分析表，详细列出其各项信息，并且交由财务主管和副总经

理审核。定期向销售部门传送应收账款账龄分析表，将应收款回款情况作为销售人员的业绩考核之一，促使销售人员增强对应收款项回款的责任意识。

六、经营风险控制措施

（一）强化现金和银行存款管理

现代工程企业应严格执行预算项目支出管理各项办法，减少现金结算，在各现代工程企业非法人单位逐步推广公务卡的使用，有条件的非法人现代工程企业可以开通网银，由财务人员统一对因公消费的支出，进行公务卡还款或转账。如果有必要的现金使用，要加强现金管理，实现日清月结，不定期进行抽查，发现现金与账面存在差异时，要及时查找原因并进行更正，做到账实相符。

对银行存款进行分类管理，对于零余额资金，合理规划财政资金使用进度；对于科研专项经费，要按年度定期清理已结题专项，及时做账务处理；对于保证金账户资金的到账时间要进行定期核对，到期及时申请转回基本户，使资金实现有效运转。定期向单位主要领导递交财务分析报告，详细分析单位目前可以动用的资金情况，确保现代工程企业不出现流动性风险，尤其是在新政府会计制度推行和现代工程企业参加社会保险缴费的新情况下，加强银行存款分类管理和分析比较重要。

（二）加强应收账款（票据）的管理

加强应收账款（票据）管理，制定科学、合理的催收制度，相应的责任制度和奖惩制度，加强日常管理。财务人员要定期分析应收账款的账期，及时清理核对。对可能收回的款项，各单位应该和财务部门及时沟通，共同出具收款函，来确认有关债权。对账龄长，已形成的呆、坏账要及时申报处置。

（三）加强其他应收款的管理

加强其他应收款的管理，尤其是加强个人借款和保证金借款的清理，确保有关债务明确。一是要严格借款审批制度，大额借支要经过单位领导审批；二是积极、及时地清理欠款，减少呆、坏账损失的可能性，职工调转退休时，原则上应将欠款结清才能办理调转手续；三是对于确定无法收回的款项，要依据相关规定做出账务处理。

（四）加强存货管理

强化存货管理意识。现代工程企业要自上而下地提高对存货管理的认识，特别是单位领导人和财务部门首先要带头树立对存货管理重要性的认识。要增强行政事业单位存货管理意识，需要借助一定的制度手段，例如，对于违反存货管理制度的行为要予以处罚等，只有这样才能把对存货管理重要性的认识贯彻到现代工程企业的每项具体业务环节中。加强存货日常管理，保证账实相符，以工程项目信息化为推手，加强存货信息化管理，强化各部门存货管理责任，要切实改变“重采购、轻管理”的现象。

（五）全面推动公务卡结算

现代工程企业要在有条件的地方全面推进公务卡结算，减少现金支付比率，堵塞制度管理上的漏洞。流动资产管理是资产管理的重要组成部分，是推进资产精细化管理的重要推手，要进一步细化财务分析，细化会计科目分析，要通过各种数理统计方法把有关财务指标统计出来，以便领导进行决策，促进现代工程企业长久发展。①

七、盈利风险控制措施

工程企业在产能提升后，其营业收入将急剧上涨，但相应的毛利率和总资产利润率却在下降，其主要原因在于公司的成本核算体系的不健全和相应的管理制度的不规范，导致成本归集和分配数据失真，影响工程企业的盈利情况。基于此情形，这类工程企业急需构建规范的成本核算体系。

（一）加强对宏观调控信息的掌握，制定销售可行性报告

政府可通过法律、经济、行政等宏观调控手段对工程行业进行指导、监督、和调控，实现工程行业与国民经济协调发展。随着我国“十四五”规划出台，宏观经济政策对工程企业的经营和发展产生了巨大影响，工程企业应对国家最新出台的相关政策进行收集和整理，并及时作出自己经营战略的调整，将政策调整带来的挑战转化为机遇。

（二）提高盈利能力，稳定股利分配政策

工程企业当前处于成熟的发展期，其经营规模、业务范围处于相对稳定的状态。因此，现金股利是较为合适的。然而，由于近些年经济环境和宏观调控政策的不确定性，工程企业的盈利状态一直上下波动，比较难维持在稳定的盈利水

---

① 安国祥，朱亦锋．水利事业单位如何加强流动资产管理[J]. 经济师，2020（01）：156.

平。一方面，公司需要从公司的经营目标、运营现状和资金需求等多维度情况入手，制定合理的股利分配政策，从而满足各方利益相关者的需求。另一方面，需要维持股利政策的稳定性，这是企业良好经营能力的信号。企业还可以进一步提高服务质量和管理水平，拓展其他业务的收入，稳定和巩固工程企业在房地产行业中的相对竞争优势和地位。

（三）细化成本核算所需的会计科目

即依据工程企业核算规定和根据工程物料的特点细化成本核算需要的会计科目。根据工程企业现有的资产项目，设置相应的工程生产性资产、工程生产性资产累计折旧、工程生产性资产减值准备、消耗性资产、工程生产成本等一级会计科目。同时，根据自身企业的特点设置相应的二级明细账目。

（四）充分利用财务数据信息，提高公司的盈利能力

工程企业管理层只有掌握了准确的成本数据，才能更清楚地了解企业的生产经营状况，以此对企业的生产运作加以指导，进行科学化的生产，从而充分利用财务数据信息，提高企业的盈利能力。成本数据的准确性、真实性、有效性至关重要，企业的财务人员需要准确记录和整理各项成本数据和信息。严格按照不同项目的完工时间、物料成本、人工成本、其他间接费用等整理的真实、准确的数据，准确计算出工程项目的生产成本费用。

精准的成本费用数据，有利于公司在项目成本控制、项目修建以及运营等方面作出正确决策，有利于增强公司的盈利能力。

八、风险控制保障措施

财务风险保障措施是财务风险控制能够有效实施的前提，因此工程企业需要在公司现有基础上，改进和完善公司的财务管理制度和财务管理工作流程，明确财务人员岗位职责和权限，加强财务人员的培训学习。

（一）完善公司财务管理制度

首先，从工程企业的实际需求出发，完善公司的财务收支审批制度、财务日常核算管理制度、日常财务活动监督制度和财务人员岗位职责制度等。

其次，要完善产业交流会议、公司员工学习培训、公务接待费用支出等公司支出管理方面的办法和实施细则。

（二）完善公司的财务管理流程

1. 明确工程企业财务管理流程优化的基本要求

应该根据企业的实际情况对工程企业的财务管理流程进行全方位的优化。在财务管理流程的优化方面，应该从工程企业经营发展的全局角度出发，既应该立足企业自身发展实际，也应该站位企业战略发展高度，更加积极主动适应外部经济环境变化。财务流程优化过程中还应该注重实现工程企业内部的信息共享，有效防止在工程企业内部财务管理方面出现“信息孤岛”的问题，通过扩大财务信息共享范围提高财务管理效率。此外，财务管理流程优化方面还应该注重做好成本预算以及效益预估，明确企业价值增值的目标要求，增强财务管理流程优化开展实施的针对性。

2. 优化企业的采购和付款流程

采购和付款管理是企业财务管理非常重要的一项内容，在工程企业采购付款流程的优化方面，应该全面强化工程企业内部财务部门的知情权以及决策权，尤其是结合企业的实际情况建立完善采购预算管理机制，严格企业内部的采购资金、时间管理，提高工程企业采购计划制订的科学性，对于重要采购活动提升企业内部财务部门的决策力度，确保采购活动规范高效有序实施。在对工程企业付款流程的优化方面，关键是完善企业内部的授权审批管理，明确企业内部的责任授权管理制度，对工程企业内部的采购业务申请以及审批流程进行全面规划，对内部的审批金额权限等进行明确规定，进一步完善工程企业内部的网上报销系统，强化对工程企业内部的资金管控，确保付款流程更加规范合理。

3. 改进企业内部的资金管理流程

在工程企业内部资金管理流程的优化方面，首先，应该根据工程企业的实际情况建立完善全面预算管理制度，充分发挥预算对于经济活动和财务活动的规范约束作用，做好企业内部的经营活动资金、投资活动资金以及融资活动资金预算，对企业未来一段时间内的经营财务数据进行预测，同时完善企业内部的ERP管理系统，及时准确掌握企业内部的资金信息数据状况，对工程企业未来一段时间的会计期间内的资金需求状况以及使用状况进行科学预测分析，并注重加强企业资金预算使用执行控制力度，确保资金管理目标的顺利实现。其次，应该强化工程企业内部的资金集中性管理，在工程企业内部资金使用管理方面强化财务共享理念，设立统一账户对工程企业内部的各类资金进行统一集中管理控制，避免出现资金闲置浪费问题，提高企业筹资活动的规划性科学性，进而充分发挥资金的最佳使用效益。

4. 完善工程企业的销售以及收款流程优化

在工程企业的销售及收款流程优化方面，首先，应该注重全面加强工程企业内部的信用风险管理，建立完善销售信用审批制度，避免因为客户信用问题造成应收账款出现问题。其次，应该强化工程企业内部的应收账款动态管理，加强对企业应收账款的账龄分析，定期对企业内部的往来款项进行核对，按照应收账款的实际情况对应收账款进行相应的分类，强化应收账款的催缴管理，减少由于应收账款问题造成企业出现财务损失。

5. 强化企业的成本费用管理流程优化

在工程企业内部的成本费用管理流程优化方面，应该对企业内部的成本核算方法进行统一，可以积极运用作业成本法等进行成本核算，根据不同的作业项目内容进行成本分摊，为成本管理提供更加精确的成本信息。同时，还应该建立更加科学全面的成本费用核算管理制度，对工程企业的成本费用支出尤其是投资项目成本费用支出进行动态的跟进管理，定期了解资金使用状况以及成本状况，及时快速掌握成本核算数据，确保工程企业内部资源能够得到最大限度的利用，有效控制企业的成本费用开支，促进提升成本效益水平。

（三）工程企业财务人员合理配置并明确岗位职责

工程企业应根据实际的业务需求，按照有利于分工协作、相互制约和提高财务工作效率的原则设置财务岗位、配备财务人员。工程企业的财务部门主管人员任职须经过相关财务培训后上岗，工程企业的安排目的是在掌握整个运营流程的基础上完成财务工作，这样才能更好地预防财务风险。财务助理的工作内容相对较杂、较多，容易造成数据的统计不及时、不明确，工程企业应随着规模和业务的扩大，增加相应的财务成本核算人员和管理软件，在财务助理的配合下，整理仓库、进销存业务、生产性生物资产和消耗物料数据登记等工作。

制定关于符合工程企业财务人员实际状况的考核标准，让财务人员明确自己需要遵循的相关制度和应完成的工作内容。工程企业应完善相应的激励措施，对优秀的财务工作者给予明确的物质奖励如奖金和精神奖励及优秀员工证书等，激励每个财务人员都在做好本职工作的基础上，加强相应的财务管理和监督职能。使公司的财务管理工作处于高效率、高质量的状态。

（四）加强财务人员培训学习并增强财务风险意识

组织财务人员定期进行培训学习，工程企业的财务人员需要不断地进行学习才能满足本公司发展的需求。工程企业要注意不能为了培训而培训，要制订系统而全面的财务人员培训计划。工程企业应充分考虑每个财务人员的岗位职责需求和工作流程需求，以帮助员工熟知并掌握他们应该掌握的业务知识。

工程企业应积极转变财务人员的观念，加强风险培训工作。工程企业通过开展专业知识学习和职业道德培训等学习活动，能让公司的财务人员从被动记账的现状中脱离出来，结合会计核算和管理职能，提高公司财务人员对公司财务管理的主动性和积极性。工程企业管理层应积极转变对于风险的观念与意识，做到严格把控公司的财务风险控制，在公司的财务风险进行有效的防范和风险发生后做到及时有效的控制。即工程企业管理层要不断促进公司财务人员的专业知识素养、职业道德素养的提高，进一步强化财务人员的责任意识和职业道德操守。[①]

① 何川宁．公司财务管理流程优化研究 [J]. 营销界，2019（33）：240，259.

第七章　现代工程项目财务内部审计信息化建设

第一节　内部审计信息化概述

一、内部审计的含义

内部审计是一种检查、监督以及评价的活动，建立在组织内部同时为管理部门提供决策支持。内部审计在公司生产经营的过程中发现问题，排除风险，是保证公司正常运行的防线。

国际内部审计师协会（Institute of Internal Auditors，IIA）在《国际内部审计专业实务框架》中提出："内部审计的主要作用是提高企业价值和优化企业组织结构，它作为一种独立且客观的确认以及咨询过程，通过采用系统化和标准化的方法，对风险控制、管理以及治理过程的有效性提供帮助，在此基础上实现企业的经营目标。"

二、内部审计信息化的内容

内部审计信息化涉及两大模块，包括审计管理信息化和审计监督信息化。审计管理信息化提供了一系列优化措施，用于保障内部审计信息化系统的平稳运行。其内容包括审计项目执行的管理、审计人员的管理和审计机构日常工作的管理。在项目执行管理层面，对审计内部审计流程的各节点进行管理监督，通过对审计底稿、审计意见以及审计报告的质量控制，加强对审计项目的监督。同时上级管理部门可以对内部审计的各工作流程关键节点进行全程监管。在人员管理方面，将审计人员的相关信息包括年龄、学历等纳入系统进行归档便于审计人员的管理，同时加强业务人员的专业知识，进行定期考核，将个人成绩一并纳入系统。在审计项目实施过程中，将相关审计人员参与项目的时间、责任和考核也同步到个人档案。审计机构日常工作的管理。如法律法规、公告文件、新闻报告、工作进程和其他业务管理。同时，确保法律法规库的及时更新、公告文件的发布和查询、工作进程的实时跟踪等。

审计监督信息化是在内部审计工作中，运用计算机技术进行审计工作，提高审计效率。其内容包括数据收集、打包、分类，并将收集来的数据进行分析对比，得出审计结论。数据收集系统负责收集审计中所需各类数据。数据分析系统对收集而来的数据进行建模分析，发现问题以及潜在的风险。现如今很多企业使用ERP管理系统，能够根据企业的不同业务特点进行连续审计，但难以在不同的企业中推广使用，不同部门之间依然存在缺乏系统间的联系等问题。

三、内部审计信息化的特征

内部审计信息化指的是在审计过程中利用信息化技术提高审计效率，降低审计风险。运用内部审计信息化的技术，可以有效提高审计的科学性和合理性，及时发现潜在风险，为决策者提供科学合理的审计意见。与传统的内部审计模式相比，内部审计信息化的特征主要表现在如下四个方面。

第一，审计对象信息化。随着信息技术的不断发展，海量的数据充斥在企业集团的各业务流程中。这些数据包括结构化与非结构化数据，这就使得审计过程中数据收集工作的难度加大。正是由于这种原因，审计信息化的建设应该紧跟时代发展，同时为了提高工作效率以及降低失误率，审计从业者不仅要学习计算机技术，更要提高数据处理分析能力。

第二，审计技术创新化。随着内部审计信息化建设不断优化，很多企业已经自行研发内部审计管理平台，包括数据分析及风险预警等多个模块，并且随着审计功能的不断增加，审计方法也开始变得多样化，简化了传统审计复杂程序的同时，大大提高了审计的准确性。

第三，审计风险多样化。计算机技术并不是零风险，在应用技术的过程中同样伴随着风险。一方面，信息系统本身可能存在漏洞，人为主观性的操作失误等问题都影响着审计结果的质量；另一方面，计算机本身就带有数据易丢失，数据易篡改的弊端。

第四，审计范围全面化。在计算机技术不断更新的背景下，内部审计所覆盖的范围也在不断扩大，从一开始的单方联系发展到全系统覆盖，如设备管理系统、企业运营系统，财务管理系统等，并且同时可以覆盖系统相关的运行环境。

四、数据分析的技术方法

（一）数据仓库

数据仓库可以想象成数据集中存放的集合点。同数据库不同，数据仓库并不像其他系统一样产生数据，同时也不会依赖任何数据执行操作，需要相关业务人员从外部将数据输入。数据仓库为企业高层管理提供决策支持，为企业所有决策定制过程。通过对数据仓库中数据的分析，可以帮助企业改进提高运营效率、规避风险等。企业公司里不同业务产生的不同数据，有的存在于MySQL（关系型数据库管理系统）中，有的存在于MongoDB（基于分布式文件存储的数据库）中，甚至还有些要做第三方数据。数据仓库的作用就是把数据整合起来，统一存放，便于审计工作的展开，同时带有数据分析功能，对多种业务数据进行筛选和整合，可以用于数据分析、数据挖掘、数据报表等，更加简化了审计工作，提供了便捷的服务。

（二）数据挖掘技术

数据挖掘是一种常用的数据分析方法。数据挖掘就是从海量的，包括结构化与非结构化的数据中，提取对分析者具有一定价值的数据，并通过建模的方法分析数据，得出结论的过程。通常数据挖掘对应了六种不同的分析方法，分别是：分类、估值、预言、相关性分组或关联规则、聚集、描述和可视化。数据挖掘模型一般分为非监督模型无响应变量和监督模型有响应变量。其中，非监督模型无响应变量又可分为描述性模型和关联性模型，如聚类分析、关联分析等。监督模型有响应变量分为分类性模型和回归性模型，如决策树、线性回归和神经网络等。[①]

（三）数据可视化技术

数据可视化就是将数据以更加直接的方式呈现，如图、表等。可视化技术可以把复杂的数据通过图形化的手段进行有效表达，更加直观地发现数据间的联系与趋势，从而发现问题疑点，挖掘数据背后的价值。数据可视化技术不仅提供了直观的数据表达方式，更是在多维度多方面揭示数据间的关系，起到预测、警示的作用，为审计工作提供便利，加快信息化建设的脚步。数据可视化技术可将结构数据、非结构数据以不同的方式展现出来，为企业高层管理者提供科学的决策支持。

① 耿超.浅议数据挖掘技术在管理会计中的应用[J].中国乡镇企业会计，2023（08）：178-180.

第二节 现代工程项目财务内部审计信息化建设分析

一、工程企业内部审计信息化发展状况

（一）内部审计信息化建设的过程

工程企业审计体系为两级架构模式，第一级为集团董事会及其下属的审计与风险委员会，第二级为审计与法律风控部及下属的审计部，业务涵盖集团各子公司。

其中，审计委员会定期举行会议，听取审计部门的工作报告，审议、批准和指导有关工作计划。工程企业审计体系实行垂直管理模式，分别为：第一，机构垂直管理。集团党组、集团董事会对审计体系各级机构直接领导。第二，人员垂直管理。集团确定机构人员编制，对体系内部人员统筹调配。第三，业务垂直管理。集团统筹审计资源，分配审计任务，并统一管理审计工作成果。

工程企业的内部审计从零开始到建立完善风险管理系统，该系统覆盖所有的审计项目，主要包括重要的建设项目审计、内部控制评估和其他专业审计等。审计部门在两年内制定并颁布了一系列规章制度，对内部审计工作如何进行制定了相关规则，对审计的工作内容以及工作流程进行了梳理，并且制定了审计工作人员的相关工作要求。从很多企业《关键风险指标（KRI）手册》中的内容来看，使用了186个指标和17份问卷对公司可能面临的34种风险进行量化，并定期结合管理报告展开汇报与评估，有关数据资料的收集范围包括公司的所有部门和业务领域。

工程企业审计系统经过多年的体系化建设，在审计方面起到了举足轻重的作用。审计部门主要的功能就是将企业的运行风险控制在未发生之前，并且对风险进行实时监控，以此为基础，为公司的战略目标服务，其中主要包括企业风险管理架构的建设、内部审计评估、审计信息化建设、审计体系的建立以及对公司项目的跟进等。

同时，在不断发现问题和解决纠正问题的过程中促进企业稳步发展、战略实现以及文化进步。另外，审计部的工作重点根据内外部条件的变化而随时调整。当外部环境变化较小时，风险识别和评估系统每两年或三年进行一次评估，以确定审计的重点；当外部环境发生较大变化时，会加大评估频率，及时识别风险，

调整工作重点。

随着工程企业的投资项目越来越多，审计部门拓展了传统的基建项目审计模式，逐渐建立和完善了“基本建设项目全过程跟踪审计”制度，达到了从传统的事后监督到事前预防、事中控制及事后反映的转变。审计工作开始于建设项目正式立项后，范围包括项目实施阶段的每个环节。在整个过程中，通过利用外部专业的造价咨询机构，为建设单位提供权威和公正的审计服务，保证建设程序符合要求，节约项目成本，实现价值工程目标。

近年来，工程企业积极创新审计理念，深入开展审计信息应用实践。从2013年3月启用用友审计信息化管理系统V5.85版本，随后完成了系统升级，进行了审计信息化二期建设规划，完成客户化开发新功能需求17个，功能优化及运维处理问题约140个。集团目前使用的用友审计管理系统V6.1版本，能够根据集团改革变化，对审计管理系统基础信息进行调整。审计信息化建设的重要发展，让企业生产经营活动和内部审计工作密切融合，提高了企业管理水平和内部审计工作的质量和效率。工程企业在审计信息化实践方面所做的努力也得到了国务院监事会和中国内部审计协会的高度认可和充分肯定。

根据公司内部需求和管理现代化的目标，内部审计信息平台由审计门户系统、审计管理系统和审计作业系统三个子系统组成。其主要突出了审计工作系统在进行审计工作时的流程和管理，同时建立完善的适用于下属公司的内部审计系统。公司审计部门与用友共同开发的审计专项作业系统，通过设计标准化的审计流程，规范的审计工作底稿，生产各种财务软件数据接口，严明法律法规和内部控制制度，建立标准会计科目、财务报表模板、报表经济指标，同时，遵循国资委的要求，建立审计问题和审计结果统计模板，使审计系统的内部审计工作流程和审计底稿实现了标准化管理和编制，提高了审计电子数据收集的准确度，提高了审计分析与抽样的客观性和专业性，提升了审计效率与质量。

（二）内部审计信息化建设的条件

1.具备良好的外部环境

随着信息化的发展，人类走进了大数据时代，因而在构建内部审计信息化体系的过程中可以获取大量的信息资源支持，并且随着“互联网+”这一理念的推广，更多的人开始挖掘互联网在构建内部审计信息化系统中可发挥的“潜能”。《第2108号内部审计具体准则——审计抽样》文件中明确指出审计抽样是构建内部审计信息化体系数据库的重要参考依据，在内部审计中发挥着不可替代的功效。

（1）大数据。其通常是指因有关数据总量庞大而难以在规定时间内利用当下市场上常见的软件系统进行整理归纳、研究分类并且转化为有效信息，进而为决策者提供助力的巨大信息群。而IDC——互联网数据中心则认为大数据是新生代架构技术中的一种，它的诞生有利于人们从大量的结构种类不尽相同的高频信息数据中快速地获取有价值的信息。合理利用大数据时代的资源，让内部审计信息系统的建设也产生了新的机遇。

内部审计信息化体系的构建促使审计样本完成从“样本审计”到“全方位审计”的过渡。审计工作者以往的工作经验及主观判断是传统审计中样本审计的主要判断依据，在一定程度上存在误差和潜在的审计风险。而通过大量的数据信息以及全量分析技术，可以使审计区间不再局限于样本，将更多的注意力转移到整体数据上，能够更全面地展现问题的实质。此外，审计范围还能够摆脱单一审计业务的局限，向全方位审计发展。详细来讲，首先，被审计主体的审计资料不仅仅包括原始凭证、财务体系以及各类账簿。在大数据环境下，审计视野得到拓宽，在从海量数据中找到被审计单位在经营活动中的所有业务信息的同时，还需考虑企业管理工作及内部控制等多方面因素，只有经过全方位的分析，才能对企业的监管评价等经营活动作出合理判断。其次，内部审计机构利用信息及项目的关联性，可以推动跨业务、跨部门、跨系统甚至跨地区的协同审计工作的开展，全方位审核企业各项经营管理工作。

（2）“互联网+”对审计行业的支持。“互联网+”概念的提出从政策上给予了构建内部审计信息系统的宏观支持。2015年3月，在召开第十二届全国人民代表大会第三次会议的过程中，我国提出要开展“互联网+”行动计划的制订工作，提倡大力推动移动互联网、物联网、大数据、云计算及现代制造业的有机结合。而作为企业日常经营管理中不可忽视的一部分，内部审计被划入“互联网+”界限范围内具有非同小可的意义。作为未来的一种发展趋势，它将给企业信息化管理的发展带来一场“暴风雨”。

（3）内部审计准则的发布为内部审计构建信息化系统提供了参考。针对抽样审计这一问题，中国内部审计师协会在发布的《中国内部审计准则》第2108号文件中明确规定：在确保审计样本具有代表性的同时，还需兼顾审计工作的效率及质量。其中，内部审计信息系统数据库的主要作用应包括对大量的数据进行归类整理，确保存放在数据库中的每一单元数据都具有完整性及准确性。同时确保审计人员可以通过对比分析数据信息，快速便捷地找到最恰当的信息数据，简化数据抽样的流程，降低抽样的概率性及随机性。

2. 具备良好的内部环境

（1）具备坚实的财务、业务信息基础，拥有基本的数据归纳整理体系。在日常运作过程中，工程企业的财务会计核算及业务流程具备规范化的体系准则。针对财务信息，分公司在填写财务预算、财务报表等财务数据时严格遵照国资委统一下发的财务标准，确保财务信息格式及口径保持一致，为内部审计信息的整理归纳打下了夯实的“地基”。

（2）对理论知识和实际经验具有一定的积累。在过往数年的工作过程中，企业的内部审计部门积累了大量的经验，给后期内部审计信息系统的建设带来了一定的支持。比如，工程企业可采用九恒星资金管理系统为其提供涵盖各主要业务中心、业务单元和利润中心的资金管理和司库管理IT系统。该系统依托于财务有限公司的资金管理，能涵盖工程企业与各级业务部门，以便确保集团资金链和产业链的有机整合，实现了集团资源配置优势，提升协同工作效率，提高整体偿付能力，优化资本结构。实际上，九恒星资金信息管理系统既能为财务公司服务，为其进行结算、信贷等业务，也能为工程企业服务，协助工程企业对下属单位进行资金管理与控制，同时为集团领导提供有效支持。通过信息平台，工程企业可以了解下属成员单位的现金流量、与外部金融机构资金的整合、向外部企业提供的担保等。该资金信息管理系统的成功推广使用，为内部审计信息化系统的建设奠定了良好的基础。

（3）企业内部网络及数据库为信息化体系的建设提供了技术支持。企业的数据库同时支持企业财务、经营及业务系统等多方工作，它还利用互联网技术持续加强总公司与分公司间的联系。企业还应聘用IT类人才日常监管维护数据库的运作，故其运行安全、效率较高。

（三）内部审计信息化建设的目标

1. 构建内部管理信息平台

审计信息化能够使企业获取大量的财务及其他数据，确保信息的多样化。

同时，能够根据不同需求对数据进行分别转换，为企业的审计工作提供重要的支持。此外，信息化平台的建设有利于快速便捷地追溯审计信息的源头，使审计方案得到优化改良，加快审计工作的进程，并且在一定程度上压缩审计过程中的现场时间。

2. 加强内部审计人才队伍建设

提高内部审计人员的整体素质，切实保证审计工作者熟悉并掌握与信息化及审计信息化具体流程相关的审计实务，培养并提高内部审计人员在工作过程中应用审计信息化体系的技巧及能力。

3. 对审计过程给予高度关注

重点关注审计人员的工作过程管理，在公司内部体系不断发展的前提下，确保审计流程的明确性，使全部经济活动在审计监督下进行。

（四）内部审计信息化建设的总体思路

通过总结国内外的审计信息化建设经验可知，在信息化影响力不断扩大的今天，企业需参考其自身的特性，在审计工作中引进计算机互联网技术。针对审计内容，将计算机及人工两种方式有机融合，通过合理的辨别，有选择地应用定性及定量两种分析管理模式处理审计数据，并且尽可能在开展现场审计的同时，推动非现场审计工作的展开。企业应结合自身的情况建立出一套合适的审计信息化操作平台，如审计信息门户系统、审计综合管理系统、审计作业管理系统等，同时不断完善系统在实际操作中分类、处理数据等多项功能，满足企业日常经营中的大部分管理需求。

二、工程企业内部审计信息化应用现状

（一）审计信息门户系统

审计信息门户系统兼具管理公示信息及指引工作业务等功能，在企业日常经营管理中发挥着不可替代的作用。详细来说，审计信息门户系统具备管理企业及其相关用户的登录、管理基础数据、维护应用系统、控制系统权限、监督并修改系统日志及管理工作进程等功能。此外，在审计信息门户系统的应用过程中，企业可以依据实际情况及时调整优化组织结构、发布审计时讯、实时更新项目实况及工作动态。企业还可以在系统中创建学习交流平台、设置外网链接并且发布企业联系方式等多种信息，有利于引导企业及其员工不断学习更新自身的知识体

系。另外，审计工作人员能够实现对公司部门、工作内容的界定等相应的权限管理，并结合自身特点，对审计工作流程、审计数据备份与恢复等方面进行自定义管理。

（二）审计综合管理系统

企业审计综合管理系统的作用主要包括制订企业的发展计划、管理企业日常工作中的关键文件、对企业的相关业务进行处理，具有综合性和多样性的特征。在审计管理系统的指导下，审计要按照标准程序进行。这项举措稳定了审计效果，加快了审计速度。审计综合系统能完成以下工作：收集审计资料、管理审计目标、更新审计法律法规、保管审计档案、总结审计工作结果等。完善的审计综合系统包含审计工作的全部流程环节，通过技术层面的功能，保证公司内部审计的顺利进行，能够帮助企业完成对审计系统中的人力资源、审计预期、审计目标、法律政策、审计计划等各方面的审计资源的管理，减少不必要的损耗，最大限度地利用资源；同时为审计项目、相关台账、审计档案等日常审计管理工作提供技术支持；也为企业的审计工作，如年度计划审批、计划执行情况的实时汇总和统计等提供帮助。有效利用审计综合管理系统能够促进领导的评估和工作指导，有利于其处理审计工作与常规事项，有效监管审计工作的现状，掌握审计进度。同时为审计组织的沟通创建了一个高效稳定的平台，并促使审计人员在其作用下协同互助。在该系统下，通过综合查询审计报告，给予公司的审计工作强有力的技术支持。

在审计管理流程中，系统管理员要手工输入审计人员的编号、姓名、权限等基本信息，同时设置人员对系统的添加、修改、保存和删除等维护权限。审计系统管理员的工作重心是登记审计方案，监督审计方案的进展与落实，并对方案进行重新审定。通过对计划管理系统中审计信息的增加、删除、维护、纠正和存档等管理，审计工作者应该复核审计方案，再将审计方案和审计工作的下级系统对应起来，以便下一步审计工作得以顺利进行。最后，由归档人员对审计人员的工作成果进行分类、整理、总结等。

工程企业审计综合管理系统是其基于目前的审计管理体制和管理工作需要开发的一套系统。系统设计涵盖了审计计划管理、审计项目管控、审计档案管理、审计对象管理、审计资源管理及审计整改标准规范等主要功能模块。该系统可以实现公司制度中对审计业务流程的要求，包括审计方案、底稿、报告、审核、决策、统计、归档等环节的自动化集成，规范了审计项目实施过程中审计人员的流程操作，提高了公司的审计工作水平。还能够在系统中以完整周期管理项目，确保审计项目的实时在线管理。从审计项目的建立到实施再到最终归档，体现了全程在线控制，规范了审计工作流程。

（三）审计作业管理系统

实用性强、效率高的审计作业管理系统能为审计工作者提供从审计前期的准备工作到审计完成这一过程的审计程序。审计工作步骤与审计管理系统的自身特点相结合，主要包括以下三方面：第一，掌握被审计方的有关资料，在此基础上规划审计方案；根据审计方案，派遣负责相关工作的审计工作者进入内部审计数据库，注册新的审计项目，读取、研究并使用相关的审计信息。工作人员在运用审计程序时，应当注意保存审计工作中新出现的审计数据信息，这些数据经过复核人员的确认后，就能成为新的审计资料，工作人员随后将形成的审计证据归类到审计工作底稿中。第二，审计工作者要储存审计底稿的内部数据和其他相关信息，编写需要的审计报告，同时把审核后的审计报告保存在系统中。第三，把生成的审计报告发送给被审单位，同时与其进行相应的交流沟通。

审计作业系统作为审计信息化建设过程中的一个独立子系统，对于整个公司组织系统的审计都有提升作用，而且这个作用贯穿审计的全过程。该系统能促进企业内部审计更好地执行审计查询任务，通过审计的分析程序梳理有关信息，保证一切遵循规定好的审计方案进行，维持高水平的审计质量。审计作业管理系统覆盖面广，包括审计准备阶段、审计实施阶段，以及审计终结阶段的各分支环节，给予了审计工作一定的技术支持和科学指导。在完善的方案、行之有效的方法和相关指示下，审计作业管理系统可以查询各方面的信息，使用对应的分析模型完成审计，发现审计中现存的问题和潜藏的风险，并结合审计方案和相关工作程序，对审计工作的质量进行监督，为审计的高效开展奠定基础。其具体如下。

1. 审计准备阶段

在审计目标确定后，审计工作人员需要做好相应准备工作。首先，在审计准备阶段，审计人员应了解被审计单位会计信息系统的基本情况，如其硬件配置、系统软件应用情况等。其次，审计工作人员要检查审计要点，明确审计需要做的工作。在具体的操作层面，相关人员要以审计工作的难度和需要的审计服务作为参考，成立工作小组，成员包括专业审计工作人员和计算机专业人员。最后，在审计工作开展前，审计人员要向被审计单位寄发审计通知书，内容包括审计目的、审计范围、审计对象和审计措施等。

2. 审计实施阶段

（1）收集数据信息。审计流程中的信息数据收集和整理工作是审计系统的基础。在进行相关工作时，能否全面准确地归纳所需信息，直接关系评估的准确性与相关性。审计工作人员可以借助相关的办公软件（如Excel、WPS、Word）收集审计数据，也可以使用其他软件（如数据库系统）来收集审计数据。所需数据可以从被审计单位的应用系统中以文本文件的形式找到。

（2）开展数据分析。在数据分析方面，审计工作人员可以借助审计分析程序中的分析模块及工具，来分析被审计单位的有关财务状况。此外，审计工作者还能以业务的相关信息数据为基础，选择分类分析模型，保证公司在日常运行中能快速精准、完善全面地进行审计数据处理工作。对相关数据进行分析，还能为审计人员提供科学有用的审计信息，提升审计人员的工作效率和数据的合理利用程度。通过构建满足审计人员数据分析系统需求的数据分析模型，如多维分析、查询分析等，可以使数据的分析更加科学合理，确保数据的信息共享，更有助于达成审计目标。

3. 审计终结阶段

审计终结阶段的工作主要有两个目的：一是归纳、分析、整理审计工作中的信息系统数据文档，并核查涉及的重大审计问题及存在的潜在风险；二是总结审计工作中发现的问题，汲取经验教训，普及相关信息，为其他审计人员以后的审计工作提供参考。

在面对工程企业此类涉足领域多、审计工作杂的集团型企业时，审计作业管理系统应该加以微调，以适应新的要求，保证在集团内部能够顺利使用。内部审计对审计信息软件的要求较多，审计作业管理系统要确定审计的相关程序和要求，确保系统符合内部审计工作者的需要，也更有利于在企业内部推广使用。

三、工程企业内部审计信息化建设案例分析

（一）工程企业内部审计信息化应用的优势

1. 适应内部审计环境变化

随着信息环境的不断变化，各行各业都在进行企业的信息化建设。少数企业

通过将信息集成到信息应用系统平台，结合相应的审计处理，让企业信息化水平不断提高，实现了管理的自动化与网络化。顺应信息化的背景，可以促进内部审计环境改革。企业只有改变传统的内部审计思想，不断提高自身的信息化水平，建立适合自身特点的内部审计信息化平台，才能更好地适应内部审计环境变化，尽快达成企业内部审计的工作目标。

在企业的管理工作当中，利用信息技术和创新管理办法可以更好地适应当前的信息时代。工程企业规模较大，信息化与工业化融合是一项贯穿整个业务体系的大项目，要实现两者的融合，就必须考虑企业自身的战略目标、工作方针和管理程序。

如果信息化和工业化能协同并举，集团企业将更有动力，实现生产和运营效率的提升。

2. 促进内部审计转型升级

互联网的出现，启示当代企业采用新的思维模式和管理方案，企业的财务管理工作开始依托于系统，靠网银完成资金收付活动，而ERP系统确保了企业业务流程的信息管理。在以往的内部审计流程中，内部审计工作者只能在审计现场检查相关资料，凭借着以往的经验进行审计样本的选择。然而，在互联网出现后，这种获取审计证据的方式，已经无法满足企业经营及内部管理的需求。信息技术的发展使审计证据可以用电子数据的方式保存，审计项目可由信息系统进行管理、实时沟通及资料传递。

信息共享更有利于调动资源，提高社会发展效率。审计的数据化带来了以下改变：相同审计部门的多个审计工作者一起使用审计信息库，企业内部不同的审计方实现了资源的互联互通。而构建审计信息化标准体系可以让信息共享的范围更广，让不同审计人员共享审计成果。大数据、云计算技术的产生和普及为审计信息的共享提供了技术支持，逐渐改变了审计工作方式。这些新技术的发展，也促进了内部审计的转型升级。新的发展阶段同样需要技术的更新换代，在审计技术更新的情况下，企业也要更新相关标准，推广技术的使用，提升审计工作的效率，同时降低风险性。

3. 提高内部审计工作效率

审计信息系统管理审计工作的全过程，实时更新审计档案，有利于对审计过程的监督和管理，优化了审计程序，加快了审计工作复核的速度，推动审计工作走向信息化，使审计项目的时效性增强，加大了审计监管力度。在当前的趋势下，审计涵盖的业务范围增大，审计工作的效果也有了明显改善，相关方面开始重点关注对每个业务信息系统的后台配置，为深入开展信息系统审计工作奠定基础。如工程企业的审计作业管理系统能够根据企业的情况，对下属单位的不同信息系统的不同版本进行接口制作，通过“傻瓜化”的取数方法把审计各下属单位需要的数据采集到定制的审计作业系统中，审计人员再借助审计作业系统提供的查询、分析等功能开展审计工作，缩短了现场审计时间，让远程审计成为可能。

信息化的环境生成了审计客体数据，让信息处理更加便捷。相比以往的审计流程，信息化的推进为审计工作者提供了更多的有用信息，也拓展了新的审计思路。另外，信息化有益于审计方式的更新，审计人员不再面对传统的会计账簿，取而代之的是电子数据与ERP系统。审计信息技术的应用，把审计人员的审计方法从传统的手工操作模式中解放出来。审计的监督职能开始从事后审计变为事前审计，审计预警功能出现。

4. 提升内部审计管理水平

审计信息系统能够对审计项目进行全程监督。审计项目的实施全过程，包括立项、审理和报告等方面都在系统中运行，总部管理人员能够实时跟进项目的进展情况，还可以将审计计划录入系统，便于对审计计划的管理。审计工作者能够在相关法规信息库中，利用相关审计功能搜索法律规定和政策制度，并将这些信息应用到审计报告中。审计信息系统还保证了审计人员的内部交流，建立了通讯录；同时实现了对审计人员的在线管理，将其参与的培训、考评和个人学习情况输入信息库。另外，系统还包含教学功能，方便审计工作者进一步学习与专业有关的知识，获取审计学习的资料。

5. 符合内部审计目标的风险导向

2006年，我国将风险系数作为参考，创造出全新的内部审计方案。以往的内部审计将内部控制测评作为参照，借此衡量风险系数，并针对相关问题提出对策。而风险导向内部审计是先明确组织目标，继而分析目标实现的潜在风险，之后再核查内部控制程序，最后在实操层面验证风险控制的效果。2013年的内部控制方案规定，内部控制的目标包括运营、合规和报告三方面。通过内部控制系统的运行，保证资产的安全和完整性，防止损失，确保企业内外财务状况快速、完整、准确地得到发布，督促企业遵守相关规定，主动采取措施。而风险导向审计在风险识别与评估的基础上，通过风险的重要程度明确审计的关键点，并借助审计程序评估企业的风险管理、内部控制及治理程序的有效性，通过一系列控制活动防范风险，掌握主要问题，提出改进措施。

在此前提下，内部审计信息系统的建立能够有效地控制风险，达成内部控制的目标，帮助企业提升互联互通程度，优化运营质量，抵御潜在风险。然而，信息技术是把“双刃剑”，它能提升工作效率，也能带来更多威胁。对内部审计进行信息化管理，有助于企业的发展，但在信息化新形势下，面对可能出现的风险，企业也应做好预防，保证财产安全。

（二）工程企业内部审计信息化存在的问题

大型企业集团具有跨行业和跨地域经营的特点，企业的业务数据以海量的形式存储，每次数据挖掘都会产生TB计量的数据。因此，开展大规模内部审计工作对集团企业提出了更高的要求。工程企业内部审计信息化建设主要存在以下问题。

1. 内部审计信息化建设的风险

（1）信息系统本身的风险。为使审计工作步入信息化阶段，企业应该考虑系统面临的威胁，其中包括运行过程、硬件设施和隔离防火墙等方面。信息系统的功能就是管理信息，为审计工作提供依据和支持，如果数据备份存在风险，例如，没有数据备份或备份方法不合理，均会导致数据恢复困难。

（2）实施信息系统的风险。审计信息化项目的成功与否取决于许多方面，如项目计划、项目预算、时间安排的合理性和工作人员的素质等。还有一种情况，即信息系统不适用或存在问题，相关项目也会受到影响，甚至中止。企业只有在信息系统使用前，认真衡量相关系统覆盖的业务面，才可能保证项目的正常进行。另外，系统投入使用不代表万事大吉，系统后续的更新和修正也会耗费大量的时间、财力。

（3）成本浪费风险。企业想要落实内部审计信息系统的开发和使用，推进审计工作的信息化进程，就必须在前期投入大量成本。而公司内部审计信息化的开展程度取决于管理层对内部审计工作的重要性认识程度，是否有投资意愿改善内部审计信息化环境，以及公司内部成本效益的权衡。信息系统初期投资大，后期运行维护费用高，系统更新频率高，还要进行相关的人员培训工作。一旦该系统停止使用，之前投入的财力将会付诸东流。

2.“信息孤岛”问题

随着国家越来越重视和支持企业信息化建设，规模大的集团型企业也将信息化推广提上议事日程。工程企业信息系统遵循着从电算化到司库型的标准发展历程，具有重大的里程碑意义。在信息系统的最初建设阶段，工程企业投入了大量的财力提升自身的信息化程度。在信息化推广过程中，工程企业不仅应从单个业务、单个部门的角度考虑，而且要从整体层面出发，以促进系统与平台的互联互通，并将数据导入电子文件实现数据共享。这样，不同的业务系统之间存在隔阂、各自为政、信息系统更新速度慢的问题，才能得到解决与及时优化。此外，由于数据信息的录入方式的统一，相关信息资料将能实现顺畅流通，“信息孤岛”的局面得到消除。

总之，如果存在“信息孤岛”的问题，那么审计信息系统将不能在线穿透查询全部数据，这就会导致审计系统的应用效果受到限制。在内部审计工作中，内部审计的沟通环节不畅，信息共用情况不佳，这些都造成了内部审计成本居高不下，审计速度慢、效果差。①

3. 内部审计信息化人才缺乏

审计信息化的应用对专业人员提出了更高的要求，信息系统上线后，需要专业的运营和维护队伍解决系统使用中的问题。许多企业中，缺少专业的信息建设人才和系统设计人才，不能自主进行审计信息建设，系统日常运营要依靠外包来维持。

此外，审计信息系统的工作人员经验欠缺，不能熟练使用系统，而IT审计人员只了解计算机审计，不了解财务审计，也不了解相应的审计政策和法规。复合型审计人才数量少，技术水平不高，系统操作生疏，不能发挥关键用户在系统推广中的引导作用，不能做到审计知识与计算机技术完美结合，对工程企业的指导效果大打折扣，导致审计信息化的应用效果大大降低。另外，企业聘用的审计人员大部分出身于财务专业，对信息技术的掌握程度不高，这对审计信息化建设而言作用不大。当前在大多数工程企业之中的审计工作人员，由于缺乏进行信息系统审计的专业能力，只能由外部第三方机构进行评估，然而由于费用问题，也不能确保定期检查。

① 刘涛，王元鹏．大型水电站EPC项目业主视角下的“信息孤岛”问题研究与对策[J]．水利水电快报，2023,44（S1）：65-67.

很多大型工程企业由于下属公司多、资产规模大、对信息系统依赖性强，应尽快建立专业的信息系统审计队伍。而作为审计工作的重要内容，保证信息系统风险的防范与控制常态化必不可少。很多工程企业目前的内部审计人员队伍中缺少领军人才，在审计信息系统的上线过程中，企业耗费大量心血培养了一批关键用户，但由于利用不充分，没能发挥引导作用。虽然不少工程企业重视并积极开展信息化培训工作，但是覆盖面小、参与员工少，未能发挥关键的作用。因此，尽快健全完善企业培训体系，提高企业审计信息化应用水平迫在眉睫。

4. 审计信息化应用评价体系不健全

我国对信息系统的研究起步较早，从20世纪中后期就开始对其应用体系和评价体系进行探索，但是研究的重点仅局限于软件系统。进入21世纪以来，我国经济水平和科技水平都有了较快发展，信息系统在管理的各方面得到了充分应用，信息系统的研究走得更远了，产生了许多学术成果。然而，传统的信息系统绩效评价对其具体应用模式的评价不多。由于内部审计的特殊性，在对内部审计信息系统进行评价时，要以企业规模为依据，从具体的应用要求出发，要求绩效评价体系能够实现横向比较。然而，在现实中没有类似的评价指标体系，也无从得知审计信息化能否真正提高企业的经济效益，能否有助于企业实现战略目标。所以，创建符合实际的评价模型对健全审计信息化应用评价体系至关重要。

第三节　现代工程项目财务内部审计信息化建设优化策略

一、完善内部审计信息化系统的建设

（一）审计抽样系统

审计抽样系统可以实现远程在线审计及实时监督，减少审计现场的工作时间，有效减少成本，提高审计效率，增加审计价值。辅助审计信息系统（AIS）[①]是以ERP为基础的一种应用程序，该系统应用了嵌入式审计技术，以ERP平台为依托，结合企业实际情况，严格遵循审计要求，按照审计方法进行工

① 范莉莉．基于云计算的AIS审计实施研究[J]. 中国注册会计师，2019（08）：70-74.

作。依靠审计抽样程序和代码查询技术，从ERP系统[①]中获得需要的审计数据，然后使用审计比较分析程序来查询数据。查询与比对分析相结合，再结合审计抽样程序，这样就为审计工作人员使用ERP系统进行在线审计提供了方便。

AIS系统是由系统配置审计与实际业务审计共同构成的，拥有SAP的主要功能，可以完成在线审计、穿透查询及管理集成等各项工作。AIS系统涵盖了系统应用的相关流程和业务，在线审计能力增强，系统更加完善，提高了工作效率，促进审计工作发展。AIS系统能够实现对审计信息系统的实时监督，可以有效预测和规避IT过程控制中遇到的风险，还可以对各板块的数据进行检查，确保其真实合规。比如，在对财务总分类账进行审计时，要对其财务指标有详细了解，如财务报表、会计凭证等；成本费用审计的依据是供应商数据、核算标准、产品成本等；资产审计的依据是在建工程管理、固定资产变动情况等；销售业务审计的依据是客户信用管理、价格管理、应收账款管理等；项目管理审计的依据是承包商数据、项目进度、项目预算和决算等。

目前，中石化集团的AIS系统应用较为成功，事实证明这是一次具有重要意义的伟大尝试，对其可行性做出有力证明。而工程企业的信息系统建设中没有针对审计抽样的子系统设置，缺少相应数据分析程序，可以借鉴中石化集团的AIS系统，加强集团的信息系统建设。

（二）审计大数据分析预警系统

因为技术水平有限，传统形式的内部审计主要用于事后监督，然而作为企业的内部组织，内部审计更了解企业的情况，应当更倾向于事前和事中控制。与其他审计方法相比，内部审计的优点是可以进行预警，可以做到内部审计和企业管理系统的完美结合，提高监督效果。

审计分析预警系统通过对关键业务数据和相关资料的采集与分析，对风险性较高指标和核心数据进行全面监督和比较，有效预测风险，做好关键单位、重点业务及主要环节的风险防控工作。审计预警系统覆盖面广，能够将关键控制点都涵盖在内，包括系统预警、数据查询和结果分析等。自动预警可以有效监督企业生产经营的各个环节，能够及时反映各种异常，监督企业管理的合理合法性，对预警问题进行跟踪分析并找出原因。自动预警是研究企业运营指标的重要手段，

① 陈子睿.ERP系统在企业财务会计领域实施探析[J].合作经济与科技，2023（17）：162−164.

结合市场趋势进行比较分析，与审计项目相结合，协助审计工作。通过对预警结果的分析，明确企业的重点风险领域，帮助审计立项。

通过审计分析预警系统，审计人员可以实时监督业务数据，发现变化，找出系统中异常的数据并做出分析和预警。在进行风险防控时，审计信息化能够使观测到的数据更具时效性，能够及时接到预警做好风险防控工作。审计人员通过对异常的数据进行观察和分析，能够找到原因或者更专业地开展审计工作。以销售预警系统为例，通过观察应收账款的变化和调整价格前后销量的变化，分析异常之处并做出预警。该系统还能够把不同品类的数据从销售占比和毛利率两个维度打开，分析各品类是利润贡献型还是收入贡献型，并提出品类梳理的建议。预警系统中的凭证摘要重复预警方案，能够快速找到重复凭证，在系统内执行相关数据分析，提供凭证冲销调账预警方案，如表8-1所示。此外，审计大数据分析系统还可以进行趋势性分析，如以下单次数为判断标准，将客户分为普通客户、品质客户和忠诚客户，研究客户结构的变动趋势。

表8-1　偿债能力分析预警结果示例（样表）

编号	指标项目名称	月份	标准值	年度值	年度结果（正常或非正常）	指标项目公式
—	应付账款周转率	年度	2-999	—	—	主营业务成本/平均应付账款

审计大数据分析预警系统借助数据挖掘技术，收集整理系统数据，建立健全风险控制模型。同时实时监测指标变化情况，一旦超过一定的阈值，就自动作出预警。其转变了传统的审计职能，实时关注和提取企业ERP系统数据，在日常工作中实现风险事前预警，提高风险防范能力。而预警系统一旦启动，将按照事先设定的审计程序，持续监测系统，警示异常数据。

工程企业此前并未开展对于审计分析预警系统的建设，为更健全完善地实现风险防控，全面实时监督业务数据资料，加强该系统的建设，可以先选择首家分子公司单位开展试点工作，随后选取一家单位进行推广，并形成审计信息化工作成果总结和推进方案，最后进一步扩大系统建设试点范围。具体可以从以下两方面展开：第一，收集数据预警指标。成立专门的项目小组，对审计项目的不同板块和业务类型分别研究。第二，选取信息化条件较好的专业化公司开展数据分析预警平台建设，结合日常审计项目的开展需要，挖掘数据分析需求，按照审计重点和风险导向，逐渐丰富审计分析模型。

二、加强审计信息系统的维护

（一）提高审计信息的安全性

当今时代信息技术高度发达，经济发展与信息技术的联系越来越紧密。信息技术在企业中的应用既有优势也有挑战，其中审计数据的安全程度尤为突出。不同企业的数据安全管理实践水平不同，需要分别确保审计数据的安全管理及信息安全审计工作。与传统的纸质审计文件相比，审计信息系统在保管管理工作方面具有一定的优势，系统只需要做好文件的保密和保存工作，严格把关，任何人未经授权一律不准查阅文件。现今数据大多可共享、可移动，一旦出现蓄意改动、添加、删除数据的情况，审计人员就难以得到真实的审计信息，从而得出错误的审计结论。为保证审计工作顺利进行，需要对审计系统的设置进行变动和升级，如设置访问权限、进行严格的身份验证、设置高级的密码等。

（二）保证审计信息系统安全

企业应当定期组织审计人员进行计算机技术培训，制定完善的审计管理相关制度，根据项目情况合理配置审计人员，并设置专业人员负责信息系统的日常运行维护。企业应定期更新维护审计系统，提高审计人员分析处理潜在风险的能力。可以通过以下途径实现。

1. 安全使用网络

在计算机上安装专业的杀毒软件，建立“防火墙”，防止不法分子篡改、盗用、捏造数据；同时开发专门的审计软件，保证整个系统网络的正常运行。

2. 重视审计过程

定期对计算机进行扫描，找到问题并及时修复，防止互联网造成的网络漏洞。

3. 提升审计人员的整体素质

企业可以聘请一些审计经验丰富的审计人员，与员工开展技术指导与经验交流，研究和讨论疑难部分及问题区域并及时解决，确保审计工作的顺利展开。

（三）内部审计系统实时更新

审计系统要与时俱进才能满足企业内部审计的需要，要不断对审计系统及其相关系统进行调整和升级。需要与信息系统开发人员保持良好的沟通，要求他们提供技术支持、解决技术难题。双方共同努力做好内部审计系统的维护工作，减少系统维护成本，促进内部审计信息化的健康发展。

三、加强复合型审计人员的培养

当前，我国经济不断发展，内部审计越来越受到国家的重视。审计行业作为综合性的行业，需要具备财务、审计、法律、计算机、金融等相关知识的高素质人才。因此，审计人才的素质与审计工作的顺利开展关系密切，这就体现了人才培养的重要性。

（一）加强人才培训的针对性与科学性

内部审计部门对于工作人员的能力素质要求，应该随着时代变化而不断更新。当前科技不断进步，信息更替速度极快，这就需要培养适应时代发展的人才来适应审计工作，审计部门在招聘人才时，可以适当提高应聘者的准入门槛，加强对审计人员的培训工作，并实行聘任制度。首先，应该对在职工作人员进行继续教育培训，不断更新在职人员的知识体系，适应时代发展。其次，在技术设备上，可以组建专门的数据分析小组，为审计工作提供完善的技术支持，促进审计工作的顺利进行。最后，可以选拔高素质的审计人员参加海外的企业交流，学习相关审计技术，让审计人员真正掌握跨国公司经营模式的本质，并将相关经验融入自己的企业。

同时，可以借助审计信息系统，共享审计相关信息，为审计人员自由学习创造条件。应充分利用互联网的便利性和自主性，为审计人员邀请相应的专家，解决工作中所遇到的困难和阻碍。此外，还应建立分享平台，鼓励员工积极分享审计工作中的案例和经验，使其相互促进提高，提升数据分析效率。除定期的审计业务培训外，还应培训计算机知识，培养审计数据师和计算机软件应用人员。

（二）为人才发展创造良好环境

除了引进外部的专业审计人员外，吸收复合型审计人才最根本的办法是在单位内部培养和指导审计人员。审计部门应创造一个稳定积极、健康向上、绩效合理、科学进步、以人为本的工作环境，充分激发员工潜能，为其成长提供广阔的空间。应充分挖掘和培养优秀审计人才，鼓励审计人员取得有关证书，进一步掌握专业知识，增强自身的专业性，争取考取更多的相关证书，例如，高级审计师、高级会计师、注册会计师、CIA等，并对取得此类证书的人员给予一定的奖励。

（三）建立健全考核评价体系

企业要采取多种形式的考核激励手段。首先，要建立现代化的评价标准，根据审计人员的工作能力，如业务能力、组织能力、科研能力、计算机应用能力、创新能力等进行考核奖励。其次，要全面考核审计人员的各项审计指标，形成不同的考核体系，如日常考核、年度考核等形式。再次，应考核内部审计人员自身的复合型能力，企业审计部门要完善考核的评价标准及评价机制，在审计过程中依据审计要求进行复合型审计人员的考核。最后，与高校合作，开设相关专业培养优秀人才。当前，我国仅有为数不多的几所高校有审计信息化课程，专业人才紧缺，无法满足审计发展的需要，企业与高校合作，高校设置专业课程为企业提供高素质的审计人才。

四、构建审计信息化应用评价体系

工程企业在建立企业内部审计信息系统评价指标体系模型时，要先明确内部审计信息系统在初期的规划和战略目标，评价系统功能，运行成本核算并与预期相比较，观察实际效果计算产出比。例如，目前企业内部审计信息系统包括运营成本、系统功能、应用效果等相关因素，可以将这三个方面作为一级指标，在此基础上建立二级指标，指标体系的选择直接影响信息系统的效果和水平。相关应用指标见表8-2。

表8-2 内部审计信息化应用评价指标表（样表）

一级指标		二级指标	
项目	权重	项目	权重
运营成本	20	初始建设成本	5
		系统运维成本	5
		运维顾问成本	5
		其他日常性费用	5
系统成本	30	系统应用范围	10
		系统应用效率	10
		系统安全性	10
应用效果	50	缩短审计时间	15
		降低审计成本	15
		风险防控成本	20

五、应用“云审计”新模式

（一）“云审计”的概念

随着产业革命的不断发展，信息技术逐渐被应用到社会生活的各个领域，“云计算”等前端运算模式也为社会发展提供了动力。云计算应用的发展不仅加快了互联网技术的更新换代，同时其强大的运算能力也为各行各业的审计工作带来了便利。“云审计”这一概念被提出后，对于其解读大致有三个方向。第一，从安全的角度来谈。云审计应用的创始人思科公司的克里斯托弗·福什认为，云审计在实施的过程中首先要保证用户信息的安全，并且在审计中要做到公正透明。第三方作为连接被审计方与供应商之间的纽带，需要对客户的核心业务进行保密，不断地改进安全设施，从而实现数据的自动化。实际上，通过云审计平台，很多工程公司的信息安全得到了提升，其财务风险等方面的工作得到了更好的开展。第二，从储存的角度来谈。云审计是采用大数据的方式，使用云计算强大的算法来对需要审计的信息进行考核以保证绩效。储存空间的扩大有利于数据信息的分享，同时打破行业的垄断行为。有人认为，云审计可以在电子计算机的帮助下将审计信息存储在云盘中，从而便于数据的分析与考核工作。审计人员能够在任何时间和地点调取和使用资源，从而更加科学、快速和有效地执行审计程序。第三，从数据的收集与传输角度来谈。云审计即采用云计算的方式对审计信息进行收集、传递、整理、评价。

（二）“云审计”的应用

1. “云审计”的实现方式

（1）数据采集。在进行审计数据采集时，审计单位采用云数据平台可以直接与被审计单位进行数据对接，便于信息的传递，从而减少审计时间，提高工作效率。该方式下数据的提取过程得到简化，间接提高了数据在传输过程中的安全程度，有利于审计分析与审计核查。

（2）数据分析。云平台具有强大的数据分析能力，审计工作以互联网为基础，从而做到信息的对比与核算，云审计通过对数据进行深度挖掘实现分析的目的。

（3）数据储存。纸质文档的数据储存存在巨大的漏洞，容易丢失，采用云计算进行数据存储便于审计数据的保存，而且减少了审计部门的工作量。云平台的审计在数据使用中也便于审计部门查看，备份信息也为客户的数据安全提供了相应的保障，其方便快捷的工作优点为审计工作带来了变革。

2. “云审计” 的风险控制

云审计在协助财务工作的同时也为数据信息安全带来了隐患，在审计过程中对风险的严格控制可以保证审计工作的顺利进行。用户隐私、信息安全、信息丢失等一系列问题影响云审计的广泛使用，在信息时代需要发展先进的技术作为云平台数据安全的有力支撑。使用云审计平台后，首先要不断提升数据信息的保密程度，防止病毒的侵入，严格地控制访问用户的相关权限；其次要加强审计平台的内部控制，不断提升审计人员的专业技能。

第四节　现代工程项目财务内部审计信息化建设有效运行的保障

一、完善内部审计信息化规章制度

为了构建一套科学合理的内审信息化制度，以此来提高审计效果和质量、优化审计工作程序，就必须积极创新审计目标、管理模式，同时还必须进一步优化内审信息化的规范与标准。

第一，从工程企业的实际发展出发，坚持遵循全面质量管控原则，在内审信息化发展过程中制定合理的总体战略目标，制定规范化的执行标准。第二，按照我国有关的法律法规以及内审机制规范来制定相应的考核、响应、监管机制，确保企业能够建立起一套规范化、统一化的内部制度。制定切实可行的指标，及时维护信息化系统的正常运作，促进企业内审信息化建设工作的顺利开展和有序运作，科学设置相应的系统访问权限，明确审计工作人员的职责。积极研发具有创新性的审计方式和技术，推动信息科技深度融入审计系统，使得审计人员的操作能够实现有章可循，提高操作的规范性和标准性。第三，积极调整和改善内审信息化系统，提高审计人员操作的规范程度，以此来增强审计工作的效果。

信息科技的不断进步，不仅能够提高企业经营运作的效率，而且越来越具有人性化特征，这也要求审计人员在实操中要充分发挥这些优势，以此为基础来设计可行的管理制度，有效保障审计工作的顺利进行。第一，明确审计工作的效率要求，在常规化管理中，要针对工作人员制定相应的作业目标。信息化在为工作人员提供便利的同时也会导致个别人员出现消极怠工的问题，为此应该结合实际的作业要求来修正工作量目标，以此来提高人力资源利用效率，节约企业的经营成本。第二，要组织举行各类团建活动，在热烈的氛围中增强内部人员的凝聚力以及对企业的认可度，使得内部人员能够认可企业文化和竞争理念，为企业的发展贡献自身的力量。第三，建立科学合理的考评机制，如晋升考评、常规考评等。晋升考评指的是内部人员在拥有丰富经营并工作出色的时候，企业可以对其进行提拔，以此来丰富和拓宽内部晋升渠道。常规考评指的是在常规化工作过程中职工对内部人员进行系统性考察和评估，为此就需要构建一套内部人员信息反馈机制，以此来采集汇总内部人员所反馈的问题，针对存在的问题要主动采取有效的措施来加以解决，同时也能够了解掌握内部人员的发展状况，以此来作为年度考核的评价依据。

二、推动内部审计信息化数字应用

随着我国信息化建设日新月异的发展，大数据技术已经应用于各个领域，企业的发展也越来越离不开信息技术。信息技术俨然成为人们便捷的工具，在内部审计工作中也是如此。不断整合审计资源，优化内部审计管理系统，实现数据分析的实时性与动态性，进一步加大信息化及“工业互联网”建设，推进数字化及智能化应用。

（一）扩大审计系统数据源

当前，工程企业把大部分审计资源投入那些结构化数据，如文本信息等，而对非结构化数据，如音视频、图像等处理能力还不足。审计人员的审计重点不能只放在财务数据中，还应与其他业务包括工程建设、物资采购等信息数据关联在一起，进一步分析评价其逻辑关系，构建更全面的指标体系，拓宽数据渠道。同时可以采用Python（数据爬虫技术）在互联网获取所需数据，了解同行业发展情况以及国内外形势的变化，使工程企业一直在社会竞争中处于不败的境地。企业的每个岗位、每个人员都在进行着与企业相关的经营和管理活动，均会掌握一定的资源，了解该类资源的相关数据信息，这能够成为企业大数据的主要来源。因此，要积极引导所有的内部人员主动参与到收集、汇总信息的工作中，为信息的收集和处理提供支持和配合，以此才能更加有效地扩大企业自身的大数据资源。

政府或机构公开的行业数据其实更好获取，如国家统计局等。在这些网站中可以很方便地查询到一些数据，如能源生产总量和构成、对外贸易和利用外资等数据。并且可以分为月报、季报、年报，如果坚持获取分析，对行业的发展趋势等都有很大的指导作用。数据时代的到来，不仅使得数据资产在商业社会中的核心竞争力不断得到提升，而且让数据管理得到优化，系统功能得到升级，信息化覆盖率得到提高。

（二）提升数据模型建设能力

针对重点领域建立数据模型，运用沙盘推演、多元化场景分析等方式，增强数据分析能力，提高评估精准性。引入移动、物联、云办公等技术，突破空间与时间局限，提高模型预测能力、降低运作成本，实现实时、动态化管理。灵活使用模型，将模型应用到多种类数据中，在不断使用模型的过程中对模型进行优化。

（三）系统维护与更新

专业人员需要对内部审计信息系统做定期的维护，以防止系统运行过程中出现错误与故障，同时为了适应信息化发展的环境还需要对系统及时更新，以满足不断发展的审计工作的需求。系统维护有利于确保信息系统顺利运作，主要从设备硬件、应用程序、数据、代码四个方面加强维护，同时作为人机交互系统，维护人员的人事变动也不可小视，做好交接工作确保系统维护与更新工作万无一失，保障内部审计信息化建设稳定向前发展。

三、加强风险评估预警能力

加强风险预警指标体系，提高事前防范与自动控制、过程监测及预警响应，加强内外对标提升能力；增强风险管理意识，及时准确识别、评估各种潜在的风险，并做出有效的响应，进行业务数据信息共享，指导风险防控工作有序开展。

（一）收集风险初始信息

风险评估应该使用最有价值的、最相关的可用信息。在集团信息化建设日益发展的过程中，审计人员应不断收集以财务数据为核心，生产、运营、建设、销售等所有业务部门相关的初始数据。同时还必须进一步精选、归类、整合、比较所采集到的信息数据，以此来提高风险评价的准确性。

（二）风险辨识

审计人员根据各类财务指标及经营预测分析，识别工程企业日常经营中的风险，而且必须意识到风险的种类是非常多样化的，会产生一系列随机性的负面影响。

（三）风险分析

风险分析就是要深入研究风险问题的本质属性，结合风险评价的目标，运用定性方法，利用统计学理论来做出相应的分析和整合，为风险评估与防控提供信息依据。

（四）风险评价

风险评价就是评价风险形成的概率、后果以及进行防控的必要性等内容，结合其他因素进行全面考虑，以衡量风险重要性水平，为风险应对决策提供支撑的过程。

（五）风险排序

按照风险评估的结论来对风险的重要程度进行排序，设计风险图谱，同时结合重大风险评估标准来设计重大风险清单。风险排序要结合实际风险接受能力以及防控能力来评估其重要性等级，以此来为风险应对工作提供决策依据。在评价多个风险问题的过程中，还必须结合风险出现的概率以及负面影响情况来设计风险坐标图，通过对比不同风险的情况来对风险的优先应对顺序进行排列，并制定相应的防控策略。

（六）风险应对

风险评价结束之后，审计人员还必须结合风险评价结论、公司自身条件和内外部环境对风险做出相应的预警提示。在设计和完善风险防控机制的过程中，要结合实际的经营情况及业务特征来明确风险偏好以及可承受水平，以此来明确预警线，并制定有针对性的应对策略。审计人员要及时反思与研究风险防控策略是否科学可靠，并根据实际的变化情况及时进行优化和调整。另外，必须结合既定的风险防控对策来对不同的风险问题设计有针对性的风险应对方案。最后形成风险事件库，将风险事件嵌入内部审计信息系统，确保风险事件的完整性，丰富审计预警系统的建设，保障内部审计信息化建设向全面、可持续方向发展。[①]

四、加强内部审计信息化系统培训

从工程企业内部审计信息化的整个进程上看，制定完善的审计信息化培训机制成为关键一环，培训质量的高低和审计信息化建设的进度有关系，也决定了审计信息化程度的最高限度。受到信息技术对企业全方位的改造，审计信息化培训也需要做出改变，传统的硬式培训显然并不适合当前的审计信息化建设，因此在培训中应当降低对理论的宣讲力度，提升实际操作的培训能力。在培训中需要结合实际的问题，针对具体的困难展开培训，还需要将培训的焦点聚集到审计信息化的前沿领域中，以此激发集团中审计人员对建设更先进集团审计信息化的积极性。具体来说，培训应当从如下三个方向确定重心。第一，应当提高培训师资团队的专业化水平，尽可能地引进更多经验丰富和科学领域的领军人才。选择高质量的培训讲师能够激发集团审计人员对信息化学习的积极性。第二，培训课程应当符合工程企业审计的实际问题，针对集团出现过的问题和目前审计信息化的困难展开培训。可以通过工程企业的资料选择经典案例展开具体分析。在实操培训方面可以借助传帮带的方法强化企业审计人员的实际操作能力。第三，培训流程设计期间需要积极展开技能比拼活动，结合培训对象设计出针对性的比拼活动。通过集体性组织可以增进学员之间的了解，这对提高集团的整体审计能力非常重要。此外，通过员工的实际操作和交流有助于信息化操作系统快速推广，也可以在审计中发挥出更理想的审计信息价值。系统化的培训不仅能够提高企业审计人员对信息化的熟悉程度和适应性，而且能够提高集团审计团队的整体素质。

（一）组织专业培训团队

信息化的发展使得审计人员对适应新技术和运用新工具提出了更高的要求，结合实际来看，工程企业内部因人员编制等问题，未能大量招收专业人员，外部长期聘用专家也不利于内部审计信息化人才队伍的培养，因此建立培训部门必不可少，选择具有优秀资质的培训教师，聘请信息化专家、教授，定期组织举办各种科学高效的培训活动，以此来增强审计人员的专业能力，转变其审计理念，树立正确的审计意识和思路。

① 辛莹莹．风险导向内部审计应对施工企业供应链金融风险研究 [J]. 中国内部审计，2023（06）：32–38.

（二）培训计划

为建立内部审计信息化人才培养长效机制，工程企业需要建立全套培训体系，利用线上培训与线下实操相结合的模式，有针对性地对信息系统操作过程中的难点进行全面解释，培训过程可以包括案例讲解、实战操作、定期考核等，增强培训效果。培训主要对象为审计部门领导、审计业务人员以及系统管理员，培训计划表如表8-3所示。

表8-3　培训计划表

培训对象	培训内容	培训时间	培训目标
审计部门领导	系统功能应用、系统决策审批流程、风险数据库、大数据分析技术的发展与应用。	每半年一次	了解系统结构，掌握审批流程，及时发现潜在风险做出科学决策，及时掌握信息化相关政策，把握内部审计信息化发展方向。
审计业务人员	数据仓库操作流程、数据分析模型应用、风险预警模型介绍。	每月两次	加强业务人员信息技术的应用，提高审计工作效率。
系统管理员	系统架构、系统安装与调试、系统更新与维护、内部审计知识基础。	每月两次	了解系统基本架构，掌握系统日常维护与更新的技术，解决技术难点问题，为系统正常运行提供保障。

工程企业应当着眼于未来，建立中长期培训计划。扩大招收“双料”人才的名额，并及时储备后续力量。在政策上，对审计业务人员参加并通过国家计算机等级考试等类似的科目予以补贴和奖励，鼓励内部审计人员参加注册信息系统审计师等考试。在活动中，组织信息系统交流会，开展专题研讨，促进审计业务人员之间的交流，提升审计业务人员解决问题的能力。在制度上，建立奖惩机制与人才选拔机制，通过公开竞聘、培训考核的方式选拔人才，全方位挖掘优秀审计人才，建立物质激励、业绩激励等，调动成员的积极性，不断促进内部审计信息化发展水平的提高。

（三）培训反馈

为了使培训体系顺利运行建立起长久有效机制，针对本次培训设计出反馈表，用于检查培训过程中的疏漏，可以根据学员的反馈，了解学员掌握知识的程度以及修改的意见，培训反馈表如表8-4所示。

表8-4　培训反馈表

<table>
<tr><td colspan="6">培训反馈表</td></tr>
<tr><td colspan="6">课程名称：</td></tr>
<tr><td>受培训单位</td><td></td><td>培训日期</td><td></td><td>培训教师</td><td></td></tr>
<tr><td colspan="6">课程内容</td></tr>
<tr><td>考核指标</td><td></td><td>不满意</td><td>一般</td><td>满意</td><td>很满意</td></tr>
<tr><td></td><td colspan="4">低→高</td><td></td></tr>
<tr><td colspan="2">课程内容设计的合理性</td><td>1</td><td>2</td><td>3</td><td>4</td></tr>
<tr><td colspan="2">课程内容的实用性</td><td>1</td><td>2</td><td>3</td><td>4</td></tr>
<tr><td colspan="6">其他建议：</td></tr>
<tr><td colspan="6">教师授课情况</td></tr>
<tr><td>对教师专业知识方面的满意度</td><td></td><td>1</td><td>2</td><td>3</td><td>4</td></tr>
<tr><td>教学准备（讲义、资料、软件等）</td><td></td><td>1</td><td>2</td><td>3</td><td>4</td></tr>
<tr><td>授课技巧（能否激发学员兴趣）</td><td></td><td>1</td><td>2</td><td>3</td><td>4</td></tr>
<tr><td>课程的互动性（如小组讨论等）</td><td></td><td>1</td><td>2</td><td>3</td><td>4</td></tr>
<tr><td>对教师的总体评价</td><td></td><td>1</td><td>2</td><td>3</td><td>4</td></tr>
<tr><td colspan="6">其他建议：</td></tr>
<tr><td colspan="6">其他情况反馈：</td></tr>
<tr><td colspan="6">您认为系统中哪些功能还需要完善或改进？
培训中哪几部分对您最有用？
结合您的工作，您认为培训中哪部分内容对您用处不大？
请写下对此次培训工作的任何建议或批评。</td></tr>
</table>

第八章 现代工程项目财务审计案例分析

第一节 现代境外工程项目财务审计概述

一、境外工程项目财务审计的内涵及目标

（一）境外工程项目财务审计的内涵

工程项目审计分为财务审计、造价审计和经济效益审计等，每一种审计工作都有不同的侧重点。造价审计主要是公司内部配备的监理人员或与专业的工程监理承包公司合作，在工程施工的全过程进行现场计量、测试、检查、送专业机构检测试验，由监理工程师签字保证工程安全与质量的审计工作。经济效益审计则是对工程施工的未来实现经济效益的程度和途径进行审计，主要对象是国有企业或者政府工作的生产经营活动和财政支出情况的审计。

本书主要研究国内建筑企业在境外承包工程项目，年终聘用会计师事务所合作进行的财务报表审计工作，工程项目的审计结果将对工程企业的整体财务报表审计评价有重大影响。我国社会主义市场经济条件下的工程项目财务审计工作，是指会计师事务所作为独立的第三方的事务所，依照国家有关法律法规，对工程项目的合同、资金流转、成本费用计算及财务报表进行审计，并出具审计意见的过程。与其他两类审计工作不同，事务所更加注重工程施工的资金来源与利用，原材料的投入是否合理，工程结算后工程资金的清算与账面的固定资产与存货科目分类的处理，以及工程减值的计提。对于工程的安全质量与未来预期会带来的经济效益，不影响事务所的判断。

（二）境外工程项目财务审计的目标

工程项目财务审计的目标主要侧重于保障企业资产安全，提高该工程项目的资产附加值，完善企业相关制度规范等。工程项目财务审计重点关注合同订立与执行情况，资金筹措的合法性、合规性及经济性，项目建设时期的资金使用及管理情况，境外建筑材料流转与成本管理，以及工程项目竣工决算的真实性、合法

性及效益性等。审计的具体目标如下：

第一，评价公司对境外在建工程的相关内部控制是否健全和有效。

第二，对跨境工程项目合同的签署进行审查，确定在建工程是否真实在境外存在，并由被审计单位拥有或控制。

第三，确定所有应记录的在建工程是否均已记录，计入在建工程的支出是否真实。

第四，确定工程项目投资程序的合法性、合规性，投招标等实施过程的规范性，验证资金是否正常流转，材料成本费用的发生是否与建筑实际进度相匹配。

第五，确定是否存在已完工但长期在建工程科目挂账，未转增固定资产的情况。

第六，检查工程停工的合理性、预期会发生的合同损失，检查减值的计提是否合理等。

二、境外工程项目财务审计的内容及风险点

（一）合同订立及执行情况审计

审计人员对项目合同订立及执行情况的审计，包括审查签订合同的程序是否合法，各项条款和条件是否符合规定，并考察工程项目建设合同要求的某些具体规定是否合理，如结算方法、成本计算、支付节点等，以及权利与义务是否明确。重点关注以下风险点。

1. 合规风险

境外工程合同的具体内容、表现形式、签订过程是否符合中国相关法律法规、上市公司具体战略规划及项目境外所在国家或地区的相关法律法规；工程合同的风险责任条款是否有效考虑了施工企业的自身条件和能力，合同中是否规定了对等的双方权利与义务关系；合同条款是否完整，是否考虑各项意外或偶然情况的发生，合同的履行是否有效，是否存在损害单方利益的不合法行为；合同中是否规定了违约责任条款，并且检查该条款是否明确，义务发生时是否能够切实可行；合同是否有准确的外文表述，中外合同文本记录的项目、规定及表述是否一致。

2. 保函风险

控制从签发担保书的初始过程开始的各项风险，重点审查合作企业是否按照

国际惯例的有关规定适用担保；担保合约中记录的条款是否科学且严谨；担保的形式是否能够满足双方的要求；担保合约中是否有不利于单方的不合理用语，如果有，要及时提出修改意见。此外，审查银行对担保的意见条款，银行是否仅考虑自身利益，是否存在银行利用自身专业优势吸引申请人注意信用担保中风险的情况。

3. 合同币值的汇率风险

在当今全球化经济中，境外工程项目面临的巨大汇率风险可能会来源于市场预期、利率波动、国际收支变动、通货膨胀、各国宏观经济政策变动以及货币当局的干预等因素。这就给审计人员在审计境外工程项目时带来了新的要求，要注意合同是否建立了套期条款，是否提前使用有效的金融衍生工具去应对这些不利变化与市场波动，从而防止国内企业会因工程项目所在地国家的汇率波动而造成经济损失。

（二）资金筹措与使用情况审计

融资贯穿整个工程项目建设期间，这主要是企业财务部门的职责。为了确定融资方式并制订融资计划，财务部门必须遵循相关信息，如投资计划、施工进度计划等，以确定整个项目建设所需的资金以及每个阶段所需的资金数量。审计人员审查项目资金的来源，检查是否落实了合理的配套资金和自筹资金分配，资金来源是否合理合法；施工开始后资金是否合理地按照计划和实际建设情况从筹备阶段转入使用阶段。审计人员应检查使用阶段资金使用的效率性、合法性和合理性，主要存在以下审计风险点。

1. 资金来源风险

基本资金是否符合国家有关规定，自筹资金是否到位，是否可以保证投资计划，满足建设项目的需要；资金来源是否严格按照规定，是否有不正当的来源，如自负盈亏的银行贷款、未经授权的社会融资等，确保通过正常的渠道及时收到建设项目资金，以提高项目的经济效益。

2. 外汇账户管理风险

检查企业开立的外汇账户是否符合项目所在国的公司注册和管理要求，是否在项目开工前完成这些审批或提交程序，同时注意这些程序是否仍需要中国有关部门的批准；检查项目资金的前期筹集工作是否合规；是否存在转移支付且符合内部控制的要求，在支付过程中是否建立了相互制约的关系；是否管理好了银行外汇账户中的现金头寸，及时编制银行结余调整表以妥善处理未决事项；境外项目是否按照东道国法律、法规和企业有关规定办理资金清算业务，资金清算是否符合安全标准；外汇券的使用是否符合国内和东道国的外汇票据管理规定等。[①]

3. 资金使用合规风险

审查资金是否按照工程建设计划被投放；工程建设过程中是否按照计划对资金进行合理的调度；工程材料物资是否按照结算周期合理的入账；资金使用是否与真实的建设进展相关等。

（三）境外收入结转专项审计

做工程最怕回款不到位，工程项目回款是建筑企业收入的主要来源，尤其对于境外工程，收入的真实性和函证等审计证据获取的真实与准确更难辨认，审计人员应当保持职业怀疑态度，对工程收入的审计投入更多的人力物力，进行专项审计。对境外工程项目的收入情况进行审计，应重点关注以下风险点。

1. 跨境支付风险

检查提交给业主的项目评估信息是否完整，项目申报的数量与业主的批准数量之间是否存在差异；项目清算资金是否按时得到充分授权，各种项目扣除额是否由业主批准；施工单位的项目付款是否与发包商的付款一致。

2. 真实性与准确性

项目收入的结算确认是否遵循权责发生制原则，及时将发生的全部收入实现记录；检查项目所在地的日记账、资金的收支情况，仔细检查原始付款凭证，并获得直接证据以确保每个项目回款的真实性和准确性。

3. 会计核算风险

重点检查该企业设立的以人民币为记账本位币进行核算和登记的中方账簿，审查其账务处理是否遵循了国内企业会计准则和所属公司的会计政策，分析其对工程各个节点结转的工程量所对应的入账金额和材料成本是否真实、完整、准确地进行了记账和结转；审查是否合理且严格地控制境外工程的利润，避免利润过高或者过低问题的出现。

4. 境外函证风险

是否全程对境外函证进行追踪与控制；询证函是否由审计师本人发出，不

① 张晓丽．外汇账户风险控制和管理机制研究 [J]. 中国外汇，2013（09）：70–71.

经过被审计单位；回函是否真实。是否直接寄给审计师；邮戳、地址是否真实准确；审计底稿中是否对函证的发出及后续追踪与反馈处理情况留痕；是否存在串通舞弊的风险，注意观察被询证者是否认真对待回函；在发函前做好风险评估工作和相应的控制措施。

（四）材料投入与成本核算审计

重点审查工程项目的主营业务成本和收入是否匹配，有无错期或跨期确认的问题；成本确认是否遵循权责发生制原则；材料成本是否与预算进行经常性的对比调整，得到合理控制。主要有以下风险点。

1. 工程物资的权属风险

即材料的存在性认定，被审计单位是否配合审计工作提供了相关合同或凭据来证明工程物资属于该公司；审核材料是否真实出口，海关凭证是否真实可靠，境外合作商是否真实存在。

2. 材料投入的准确性风险

对境外施工现场是否进行了充分的实地监盘，是否在审计计划中提前规划好实地勘察的人员与时间安排，是否在后期实地勘察中增加了审计计划的不可预估性。审核材料投入是否与工程进度相适应，投入是否符合要求，是否有相关准确的凭证记录、仓库出库单等；检查材料的单价与预算价格是否存在较大的差异，有差异的话是否执行分析性程序或者追加审计程序分析其原因；是否及时将在建工程转入固定资产，检查是否存在大量已完工但未转入固定资产的材料。

三、境外工程项目财务审计流程

（一）接受委托与制订审计计划

在承接审计业务阶段，审计人员要重点检查施工单位是否具有相应资质的编号、项目建议书、可行性研究报告、工程合同书等。对于境外工程合同，还要严格审查双方跨境合同的签署细节，包括承包与分包合同、明确工程权属与相关责任等。

承接审计业务后，要开展相关的初步业务活动。包括审查管理层的诚信问题、是否存在因连续审计而导致的相应质量控制责任、考虑事务所是否有胜任能力与必要的时间和资源安排。

制订审计计划时，需要先制订总体计划，包括确定项目合伙人、审计范围和人员安排，确定哪些项目需要在境外进行实地勘察以及进行准备工作。制订具体计划并根据后期审计进展进行动态改动，在每个阶段有效分配审计资源，确定关键领域、重要性水平、审计程序、审计方法等。

（二）风险评估程序

1. 了解被审计部门及其活动

有关被审计部门及其活动的信息，可以通过咨询、现场访问以及与企业中非财务部门的其他员工进行沟通来获得。该过程所需的资料或数据包括：企业内部的管理政策、企业所适用的会计政策、部门规章制度、工程项目施工手册等能进一步了解企业性质和项目细节的各类数据以及各种设备指标。

2. 了解工程项目建设情况

审计人员应要求被审计单位提供该项目在境外的在建工程明细表，里面应包含各个小项目具体的建造情况、资金使用情况等。对照明细进行境外现场的实地勘察，结合建设实际情况与相关数据，执行分析件程序。

3. 管理访谈

与工程项目主管领导及管理部门主要负责人进行访谈，在上述两个环节已经完成的基础上，进一步掌握工程项目的资金来源、建设及管理情况，梳理可能存在的问题及薄弱环节。

4. 风险应对

结合实际执行的重要性水平，确定进一步审计程序的性质、时间安排和范围。其中，对于有明显的管理层凌驾于内部控制之上风险的情况，无论调查结果如何，都应执行进一步审计程序。针对重要账户或评估出有重大错报风险领域的项目，审计人员应进行专项审计，扩大审计范围，进行详细抽样，例如，境外工程项目的收入与成本线，通常是关键审计领域，境外收入的结转与价款的结算是存在重大错报风险的领域，应充分获取相应原始凭证审慎评价境外审计证据的真实性与可靠性，分配较多的审计资源，进行详细审计或专项审计工作。

（三）实质性测试

对境外工程项目进行财务审计最重要的工作是实质性测试。其目的是获得审计证据，这可以使审计师充分信任并根据证据得出审计结论。实质性测试的具体方法如下。

1. 观察法

审计人员应近距离观察（境外实地勘察）被审计项目的境外施工情况，通过观察了解实物资产的情况、工作效率的高低、生产组织的合理性、内部控制的执行情况、企业文化等信息来获取审计证据。

2. 检查法

审计人员检查被审计单位内部或者外部生成的各类文件，以纸质、电子或者其他介质形式存在的记录和文件为主。重点检查境外工程项目的施工合同、会计凭证、会计账簿、会计报表、会议纪要等。

3. 盘存法

盘存法是审计人员对被审计单位的实物资产进行实地盘点，对实物资产的数量、质量进行核实，以确认实物资产存在的审计方法。对于境外工程项目财务审计，盘存的对象包括库存现金、工程物资、在建工程、固定资产等。

4. 函证法

函证是通过给第三方发函，获取书面形式的回复来作为审计证据的手段，包括给境外材料交易方、境外银行等发函，审查材料流转与投入的合理合法，银行存款、应收和应付款等交易真实性、完整性等。境外函证的控制比境内风险更大，而对收入的函证又是关键审计事项，因此更应加大审计力度，严格规范审计流程。

5. 分析性程序

审计人员可以对被审计单位重要的金额、财务比率或者同行业等进行对比分析或者趋势分析，关注异常变动，进而获取审计线索或审计证据。分析性程序应从风险评估程序就开始使用，并贯穿整个审计过程；在审计后期，要加强质量控制，执行分析性复核程序，严控审计质量。

6. 重新计算

审计人员应对记录或文件中的数据的真实性和准确性进行重新计算，如比对记录档案中的数据与实际结果是否相符等。

（四）完成审计工作

审计人员需要对项目质量进行复核，并就一些审计过程中的重大发现与被审计单位的管理层、治理层进行沟通讨论。例如，考虑境外汇率风险、税收风险、外汇管制风险等境外工程项目的特殊性，决定是否要根据项目的动态施工进程及时调整审计应关注的风险点与重点科目，调整审计策略并改变审计方法，增加更多的不可预见程序，更合理地分配审计资源。

评价审计证据，进行项目组内部沟通。完成上述审计，将审计过程中所收集的原始凭证、报表以及审计分析表等重要的审计证据记录并存档在审计工作底稿中。在此过程中，有必要对收集到的审计证据进行筛选，不是全部保留，因此就要评估审计证据的真实性和有效性，能为审计报告提供充分可靠依据的审计证据才应保留。同时，分析不同类别审计证据之间的逻辑关系，为后续分析工作提供便利。审计证据的数量和质量是使审计师能够最终发布正确审计结论的保障。

第二节　现代境外工程项目财务审计案例分析

一、工程项目案例背景分析

（一）Q工程公司及A工程项目基本情况

1.Q 工程公司简介

Q工程公司成立于2009年，它通过借壳另一家公司于2015年8月在深圳证券交易所中小板成功上市。早期Q工程公司的主营业务是提供金属屋面围护系统服务和光伏屋面系统服务，主要服务对象是铁路车站、机场、会展中心、大型商业设施、城市综合体等，为这些大跨度建筑提供建筑围护系统服务与金属屋面围护服务。近年来，Q工程公司将其业务服务对象扩展到海外市场，在境外开展了大量的建筑工程与服务，营业利润在2016年大幅上涨。据财务报表披露，Q工程公司2015年、2016年收入的大部分来源于海外市场。

Q工程公司的组织架构是按职能性质来构建的，最顶端的是股东大会，负责公司战略性决策；下设董事会，包括董事、董事长和独立董事；总经理负责统筹行政人事部、海外事业部、法务部及PPP事业部等11个事业分部，这些部门直接对总经理负责。

其中，海外事业部主要负责公司海外工程项目的承接与建设管理，各部门都会分别设置相应的部门负责人来统筹部门的相关事务。可以看出，Q工程公司单独成立海外事业部，而且有独立其他各业务部门的内审部，从组织架构的外在表现形式上看，是比较权责分明的。但是，重组后的Q工程公司的股权结构，存在一股独大的风险，这对于会计师事务所来说，应当在风险评估时重点关注的股权结构风险，要审慎检查其是否存在管理层凌驾于内部控制之上的风险。

2. 境外A工程项目基本情况

2011—2014年，Q工程公司的营业利润走势并不乐观，呈现逐年下降的趋势。而2015年，其财务报表披露的营业利润却高达2014年的35倍，具体研究后可以发现其利润的上升主要依靠Q工程公司承接的境外A工程项目。

据Q工程公司所提供的资料，其于2014年与巴基斯坦L工程公司取得了关于A工程项目的业务联系。2014年8月，Q工程公司与A项目的当地公司于巴基斯坦境内签订了《A工程建设施工合同》，整个项目所涉及的金额超过3000万美元，该工程分为三个标段，Q工程公司主要负责第三标段的工程施工建设与外墙服务工程。合同中标明：该工程的前一标段由A公司与HRL公司等组成的联合体承建，第三标段的合同标的为1.71千米长的高架桥、全长20千米的路面维护及该路段所包含的13个公交车站金属屋面维护系统和附属工程等。

（二）Z会计师事务所简介

Z会计师事务所是一家于2013年登记成立的特殊普通合伙事务所，具有丰富且专业的审计经验。

在中注协发布的2014年业务收入前100家会计师事务所数据中，Z会计师事务所排名第23，在2014年的业务收入达到4.86亿元。Z会计师事务所拥有注册会计师311人，从业人员数量达955人，共有8家分所。

Z会计师事务所致力于组建专业的团队专门承接工程项目的财务审计工作，在境外工程如火如荼开展的这两年，Z会计师事务所也积极参与境外工程的财务审计业务的承揽。Z会计师事务所的经营范围包括审查企业会计报表（查账、验资、资产评估、投资预测及估算等），出具审计报告，验证企业资本，设计会计制度和内部控制制度等；还涉及培训财会、审计人员的活动；等等。

（三）证监会处罚结果

中国证监会官方发布对Q工程公司的处罚书：Q工程公司为欺诈而捏造了跨境业务，从2015年至2016年9月，Q工程公司通过在巴基斯坦旁遮普省的一个虚拟项目（虚拟的国际贸易和国内业务）增加了营业收入共计5.8亿元。为此，中国证监会决定对Q工程公司处以60万元罚款，对直接负责人处以30万元罚款，并采取终身市场禁入措施。

Z会计师事务所在2015年和2016年为Q工程公司财务报表提供审计服务、为Q工程公司盈利预测实现提供专项审计服务的过程中，相关审计人员未履行尽职调查职责，在编制和发布的审计报告和收益预测实现报告中都有虚假记录，未审查出Q工程公司通过A工程项目进行的跨境造假，出具标准审计报告，构成《中华人民共和国证券法》第二百二十三条规定的违法行为。

证监会决定责令该事务所改正，并没收相关审计业务收入共计54万元，处以罚款162万元；对签字注册会计师孙某、顾某给予警告，并分别处以8万元罚款。

二、Z会计师事务所对A工程项目的审计分析

（一）承接审计业务

Q工程公司与Z会计师事务所有着多年的合作关系，Q工程公司于2015年10月与该所签订审计协议，对境外的A工程项目进行2015年度和2016年度的财务审计工作。A项目是HRL公司分包给L工程公司，再由L工程公司通过招投标发包给Q工程公司的境外合作项目。会计师事务所对该项目的真实性进行核查，通过多种手段关注了该项目的非财务信息，获取了Q工程公司与L工程公司的合同，向HRL公司发函确认了L工程公司确实为其分包商。同时会计师事务所认为，2015年审计重点应是项目执行情况而非合同签署情况，发包方与施工方签署的合同缔约过程文件更能证明项目的真实性，这些调查足以证实项目的真实性，由此，并没有再要求Q工程公司提供A工程项目的中标文件、总包方HRL公司将工程分包给L工程公司的分包合同等，即采信了Q工程公司的上述说法。

会计师事务所没有执行进一步审计程序去获取更多审计证据加以验证A项目合同背后的真实性，仅获取了Q工程公司提供的发包方与施工方正式签署的合同就认为A项目是真实存在的。另外，会计师事务所认为自身有着多年的国内工程项目审计经验，有相应的胜任能力。至此，会计师事务所承接下境外A工程项目的财务审计工作。

（二）审计计划与准备阶段

审计部与工程部组成审计组，共同参与本项目。主要审计范围包括立项与合同审计、资金筹集与使用审计、回款审计、材料成本与费用审计四部分。

根据前期调查了解到的相关情况，Z会计师事务所拟组建15人财务审计组，包括2名高级审计经理，3名审计部门经理，3名审计助理与若干实习生参与A工程项目的财务审计工作。由于审计工作内容包括工程管理审计和财务决算，目前是二审阶段，因此拟派两位审计师在12月13日前往巴基斯坦境内进行实地勘察一周，另外，由于审计时间长，项目经理不能一直在审计现场。审计组组长在审前调查的基础上，编制了审计实施方案。

表9-1为审计计划表。

表9-1　审计计划表

审计时间	2015年11月开始，计划在2016年4月出具审计报告。在审计期间内，要求各审计人员要认真负责地对待年度财务审计工作，积极配合审计组做好审计工作，要求及时、准确提供包括收入、利润、资产等相关资料会计师，并对在审计中发现的问题及时整改。
审计目的	保障A工程项目的真实性、收入与支出的真实可靠、建筑材料与转增资产情况合理、不存在已完工但长期在建工程科目挂账、工程项目投资程序的合法性与合规性、材料投入的合规性。
审计重点	项目完工程度与收入费用发生的合规性。
审计依据	《中华人民共和国审计法》
项目立项检查	设计变更、工程进度款、主要材料及设备、工程索赔、工程例会、工程图纸、工程造价会议。

审计人员获取了A项目的建设可行性研究报告，检查项目初步设计、立项申请及批复工程建设的各项合同、付款单据、发票及验收报告等原始凭证，检查本期重大建设项目的项目周期、项目目标或内容调整是否进行了集体决策。查阅项目立项批准、建设批准、预算等文件资料，与项目实施内容进行对比，检查是否存在超期、超支或实施内容与批复不一致的情况。检查项目发包情况，获取招标文件，检查招标代理机构是否具有相应资质，建设内容是否全面，付款条件是否合规，合同内容是否合理从而规避风险。

（三）识别与评估风险

1. 管理性访谈

审计组与建设单位就审计人员进场时间、审计时间初步安排、审计重难点等进行了全面、有效的沟通，与工程项目业务主管领导及管理部门主要负责人访谈。L工程公司在访谈中表示存在外汇管制，Z会计师事务所也进行了相应检索。访谈提纲具体如下。

（1）部门基本情况及业务情况。包括部门组织结构和人员结构，部门的主要职责或业务内容情况。

（2）项目基本情况。主要包括：①资金来源、施工单位的确定、施工进度、工程款支付等情况；②施工管理、监理等工作的外包及工作开展情况；③结算审计和决算审计的情况及主要问题；④项目评价开展情况；⑤基本建设项目存在的问题及建议。

2. 识别重大错报风险领域

Z会计师事务所发现Q工程公司组织内部存在管理层过于集中的事实，怀疑存在管理层凌驾于内部控制之上的舞弊可能。对此，Z会计师事务所要求Q工程公司提供内部审计报告和管理层书面声明。

基于此，Z会计师事务所确认关键审计事项为建造合同收入审计、应收账款计价测试、材料成本审计。确认的认定层次的重大错报风险包括将工程回款收入账户、存货账户评估为可能存在重大错报风险的账户。

3. 控制性测试

审计人员在对Q工程公司与记录应收账款有关的业务活动的控制实施控制测试程序时，设定的控制测试目标是检验所有记录的应收账款是否均已发出相应货物，设计实施的控制测试程序是抽取凭证，并在底稿中记录凭证编号；检查发票上是否有相符印戳，是否输入应收账款借方、发票号码等信息；出库单据的抽查保留在实质性测试底稿中。在为被审计单位出具的2015年内部控制鉴证报告中，Z会计师事务所认为，Q工程公司按照《企业内部控制基本规范》保持了有效的财务报告内部控制。

审计人员在控制测试实施过程中，虽然已关注到合同编号问题，但只是口头取得了财务人员的解释，并没有执行进一步审计程序或者获取更相关的直接证据去证明合同编号没有问题，没有在进一步审计工作中为合同审查扩大审查范围，未将其纳入重点关注领域。

Q工程公司材料销售收入以采购方确认后的发货单为确认依据，采购方确认后的发货单是Q工程公司确认销售收入的主要依据，发货单连续编号是体现内部控制有效性的重要方面。但Q工程公司针对A工程项目对境外运送的建筑材料的发货单样式不统一，至少有四种制式，且发货单不编号。审计人员在实施销售与回款循环的内部控制测试程序时，未保持合理的职业怀疑以对发货单审慎核查，未获取充分、适当的证据，未发现上述异常情形，导致对Q工程公司出入库管理存在的漏洞未予以充分关注。

（四）实质性程序

Z会计师事务所的审计师按照收入与成本两条线对A工程项目进行审计，并寻找其关联以做好施工企业收入及成本审计，要掌握《施工企业会计核算办法》，对施工企业收入、成本核算涉及的会计科目和报表项目的列报非常熟悉。

Z会计师事务所的审计人员已获取Q工程公司下属各工程项目会计主体编制的建造合同明细表，与报表金额核对相符。Z会计师事务所项目组成员××于2015年12月13日赴巴基斯坦实地进行了为期一周的公交站台建设情况考察，并拍摄了照片作为审计证据。对其他建筑材料进行远程监盘，Z会计师事务所并没有组织相关人员安排一个特定时间到巴基斯坦境内进行详细的工程物资实地监盘，仅仅根据Q工程公司所提供的纸质材料证据进行审计。

向各事业部/项目部索取合同台账，了解在建工程的数量和合同金额。检查合同付款的账户、日期与金额，检查付款基础是否足够，是否有大量预付款；为了降低成本，是否存在将已交付使用的旧固定资产列在建设项目中的情况；根据重要性对在建工程进行现场检查；除了对资金利用与材料成本投入的审计检查之外，还要检查在建工程是否存在抵押、担保的情况。

审计人员评估风险后，选取若干影响重大的项目，对建造合同核算各环节进行细节测试。

1. 合同收入——成本审计

工程回款是A项目的主要收入来源，Q工程公司称，L工程公司受巴基斯坦外汇管制限制，无法直接向Q工程公司回款，因此委托第三方公司支付。审计人员认为，有关于外汇管制的法律法规事项缺失存在困难，理解Q工程公司的做法，并且事务所无法获取有关法律法规的相关文件，认为Q工程公司的处理合理，就没有再进一步执行审计程序。

审计人员获取了A项目应收账款明细账，对应收账款进行分析，获取了境外项目施工的价款结算明细账，根据Q工程公司提供的客户地址明细，选取大额且交易频繁的主要客户发函确认收入的存在，认定与金额的准确性，总共发函31

份，获得回函20份，未收到回函11份。Q工程公司解释由于境外信件传递的不便利，可能存在传递不准确的情况，由此审计人员认为Q工程公司的解释合理，对境外函证的控制本身就比较困难，存在很多限制，收到回函的金额都是正确的。对未回函的信件选取两个实施了替代审计程序，包括检查了结算合同、施工进度、图片以及材料成本结算单，认为其收入入账合理，由此得出其应收账款增长是由于A工程项目施工结算带来的合理增长，认定其不存在重大风险。

表9-2　主营业务与应收账款分析

内容 类别	2014年	2015年		2016年	
	金额（万元）	金额（万元）	增长率	金额（万元）	增长率
主营业务收入	49560.74	92563.55	86.77%	128528.47	38.85%
应收账款	3831.54	18220.12	375.53%	70425.70	286.53%
应收账款/主营业务收入	7.73%	19.68%	—	54.79%	—

从表9-2中可以看出，应收账款/主营业务收入从2014年的7.73%直线增至54.79%，审计人员验证了主营业务收入的前五大重要销售客户的地址，并向其发函确认。佐证完工进度的审计程序有：获取业务部门产值表核对完工进度；结合应收账款函证，对工程进度进行函证等。

索取预计总成本资料，若预计总成本发生重大变化则需要了解变化原因，关注计划毛利率水平的变化原因，审定预计总成本金额。按审计抽样方法选取一定量的样本进行测试，获取费用凭证、分包合同、验工计价单等关键资料，并按照重要性原则选择复印相关资料，编制好索引留于工作底稿中。

Z会计师事务所发现地址信息并非主要检查信息，位置不明显、显示不清晰导致难以发现；存在对境内付款的中介公司，同一公司为不同项目回款异常。在函证应收账款时，有11位客户没有回应，选取金额较大的两名实施替代审计程序。在审核期间，发现银行账户中存在重大违规行为，审计人员即要求Q工程公司提供了A项目的海外合作银行的证据，但没有获得银行对账单，也没有执行其他审计程序。工作文件中没有反映所寄信和退信的摘要统计，获取了境外函证具体地址但没有记录与留底。核实信函和证书单位的联系信息后，由审计人员直接寄出。来信和收到来信的记录都记录在审计工作底稿中。根据收入成本计量结果，审计人员认为执行相关审计程序后的毛利率是合理的，第三方公司回款在境外项目中较常见，交易形式并不复杂。

2. 材料周转与仓储循环审计

对于A工程项目建筑材料审计的关键风险点有：一是是否存在虚构建筑材料数量的情况从而虚增建筑材料价值；二是是否有运用会计政策、会计估计的改变来调节利润的情况；三是是否存在库存不合理、库存积压、闲置过量的情况；四是建筑材料处置环节是否存在不规范，处置价格不公允，处置资金回收不完整等；五是检查Q工程公司是否有通过A工程项目建筑材料跌价准备的计提冲销结转环节，以高流低转等方式来调节利润的情况。

Z会计师事务所在出具2015年年度审计报告前未对A工程项目的当地材料供应商和劳务供应商进行访谈或实施函证等审计程序，仅依据双方签订的合同确认业务发生的真实性。对于A工程项目的境外建筑材料，Z事务所的审计人员检查了管理建筑材料相关的部门职能，岗位职责是否明确，不相容职责是否分离；抽样检查建筑材料领用记录，关注从领用发出的申请与审批、销售、出库的申请与建筑材料处置价格确定与执行、建筑材料会计记录与建筑材料实物盘点等方面的各项凭证记录。检查建筑材料保管是否按照建筑材料类别选择适合的库房存放，保管环境是否与储存条件相匹配，建筑材料保管人员的安排是否合理；了解出库流程，检查出库环节仓储部门账簿的登记以及会计部门账务处理情况；了解Q工程公司设计建筑材料盘点的周期，检查其组织实施执行情况，并进行结果分析，检查账务处理情况；了解建筑材料跌价准备计提的流程，检查Q工程公司是否聘请有资质的中介机构进行审批，是否经单位决策机构进行决策，会计处理是否恰当。

审计人员获取了建筑材料明细表了解建筑材料基本情况后，执行实质性审查，了解建筑材料构成、价值、跌价准备等情况，检查建筑材料相关的会计政策，评价其是否符合会计准则与制度要求，是否与以前年度保持一贯性。对比前后会计期间相关科目的发生额余额，分析合理性、正确性，对比前后会计期间毛利率，建筑材料周转率等比率，分析后认为建筑材料方面不存在重大流转异常。

关于项目建筑材料出口情况记录如下：依据《中华人民共和国海关进出口货物申报管理规定》，报关企业接受委托办理报关手续时必须保证随附单证（包括提单）与报关单一并提交海关。报关单已显示运抵国为巴基斯坦，事务所有理由相信该相应提单存在。关于材料供应和劳务服务的底稿记录如下：A项目材料费用和劳务费用的发生额均低于本次审计的重要性水平，且期末余额为零。2016年9月，审计小组再次走访两家公司后获得的证据也能够印证相关审计结论。

3. 检查在建工程减值准备

Z会计师事务所的审计人员关注了A项目中存在的少量停建工程，调查其停建的原因，评估预期会发生的成本和减值的金额，同时判断了其是否存在人为责任，评估停建对企业的影响，最后得到的结果为：减值迹象明显，企业对A项目的减值计提合理。审计人员关注了A项目中存在几个公交车站已完工，但利用率不高，对已结算的车站进行前期论证和决策，对其当时开工的可行性进行评价。检查了建设项目是否经过财务决算审计，认为该公司已合理地派内部审计人员进行建造过程中的监理施工核算，认为其内部审计工作结果具有参考价值，审计已涵盖了主要风险点，根据审计报告中披露的问题的重要性做进一步追查。

Z会计师事务所的审计人员选取了一定量的样本，对期末建筑材料和工程结算余额较大的工程项目，判断其是否为亏损合同、是否存在减值或确认完工百分比与实际不符的情况，并检查确认了其工程结算的依据，认为结算充分合理。

（五）审计沟通与出具审计意见

1. 定期汇报工作进度

一方面，工程企业管理层应对境外A工程项目的财务审计工作要求现场审计组每日汇报工作进度；询问审计线索落实过程；核实确认是否能形成审计问题底稿。要求审计人员与结算审计组进行全面、有效的沟通，沟通事项包括：审计范围的划分、审计线索的共享、专业知识的咨询、其他。另一方面，核实、初步确认能够形成审计工作底稿的审计证据，周期性地与建设单位沟通，了解问题底稿相关事项的具体情况及产生的原因，初步与建设单位达成一致意见。

2. 编写审计工作底稿

依据所内财务竣工决算审计底稿模板，结合执行的审计程序，描述被审计项目的相关内容的基本情况和审计发现的问题。

3. 出具审计意见

按模板编写完成审计报告初稿、管理建议书初稿后，及时交于建设单位进行沟通；与建设单位沟通达成一致意见后，及时与委托方进行第二轮沟通，待与委托方沟通达成一致意见后出具正式版报告。比如，Z会计师事务所对Q工程公司2015年A工程项目的建设情况进行财务审计后，A项目作为Q工程公司当年的主要收入来源与重大风险领域，事务所认为其财务状况合规，没有重大问题，不影响给Q工程公司整体出具标准无保留意见的审计报告的结论。

三、Z会计师事务所审计过程中存在的风险

（一）承接审计业务时风险评估程序不到位

1. 合同审查不详尽

在巴基斯坦境内，并没有找到Q工程公司所称的L工程公司的注册信息，在Q工程公司所提供的详细境外地址处，也没有找到相应的公司。经进一步审查发现，除A公司外，上述境外A工程项目的建设并没有其他中国私营建筑企业的参与；其声称的HRL公司也仅参与了A项目中的第三标段的建设，并非Q工程公司所称的HRL承包整个A项目，又分包给自己的情况，因此有理由相信其提供的相关合同均为虚假编造的。

Q工程公司提供的A工程项目相关资料与调取的该项目资料在招投标时间、合同标的（包含公交车站、合同金额、施工期间、毛利润率、回款方式、建筑风格）等诸多方面存在着明显不同，事务所面对这一事实，本应在承接A工程项目的财务审计业务时，就A工程项目合同背后的真实性进行审慎的核查。审计人员不能只获取Q工程公司与L工程公司的合同，还应要求Q工程公司提供A工程项目的中标文件、总包方HRL公司将工程分包给L工程公司的分包合同等，从而能用充分的审计证据去证实A项目来源的真实性。如果Q工程公司不能提供相关的审计证据，事务所应当采取进一步的审计程序去核实；如果不能证明A项目来源的真实性，事务所就不应承接该项审计业务。

然而，本案例中的Z会计师事务所却没有执行进一步审计程序去获取更多审计证据加以验证A项目合同背后的真实性，仅获取了Q工程公司提供的发包方与施工方正式签署的合同就认为A项目是真实存在的；审计人员关注到的非财务信息均为来源于Q工程公司的内部证据，其证明效力低于函证等外部证据，且审计底稿并无相关记录。因此，审计人员在承接A工程项目的审计业务时，对项目合同背景的核查程序不到位，未能审慎核实A项目来源的真实性，从而使得后续的审计工作问题重重。

2. 未有效应对管理层凌驾于内部控制之上的风险

在执行风险评估程序过程中，审计人员本应充分了解被审计单位的内部环

境，包括组织结构、股权结构等，面对Q工程公司这样明显有管理层凌驾于内部控制之上风险的公司，审计人员应当保持高度职业怀疑态度，充分加大对公司上下游的延伸调查，除与管理层沟通外，还应加强与普通员工、非业务部员工的沟通；应该加强事前调查，对内部控制显著失效的工程企业，应当在评估认定层次重大错报风险的时候，认定其预期控制运行是失效的，不再进行控制测试，而直接实施实质性程序。然而，该案例中，审计人员并没有保持高度的职业怀疑态度，并没有发现公司内部控制上的重大缺陷，还进行了控制测试，即使控制测试程序设计与执行正确，也是没有任何作用的，还浪费了人力、物力与时间。

（二）分析性程序缺失

1.未充分关注毛利率的异常

表9-3　Q工程公司2015—2016年各项业务营业情况

内容 类别	营业收入（亿元）	营业成本（亿元）	营业利润（亿元）	毛利率	利润构成
2015年光伏	1.42	0.94	0.48	33.48%	11.88%
2015年金属	7.84	4.31	3.53	45.01%	88.12%
2016年光伏	2.87	2.13	0.74	25.76%	16.32%
2016年金属	9.92	6.16	3.76	37.87%	82.78%

审计师应注意：如表9-3所示，2015年Q工程公司的业务类型单一，抗风险能力差，当仔细考虑其是否具有连续经营的能力，以免由于存在重大错报风险而发表不恰当的审计意见。而且，注册会计师应该对其异常高的毛利率保持职业怀疑态度，充分了解其行业特性，在进行风险评估程序时，对财务数据执行分析性程序，如同行业对比分析等。Q工程公司2015年和2016年毛利率均远高于同行业上市公司等，财务报表内在关系决定着一个定理：凡是虚增收入的造假必涉及高毛利率和虚增资产。然而，该案例中的事务所并没有对毛利率的异常执行分析性程序，也就没有正确地将收入、毛利率等纳入重大错报风险领域，更没有正确地应对风险，将其降低为可接受的低水平。在前期风险评估中没有正确利用分析性程序发现这些异常是这次审计的最大问题。

表9-4　Q工程公司2015—2016年各地域营业情况

内容 类别	营业收入（亿元）	收入构成	营业利润（亿元）	毛利率
2016年境内	12.21	94.89%	4.31	35.28%
2016年境外	0.66	5.11%	0.23	35.58%
2015年境内	7.05	76.21%	2.35	31.45%
2015年境外	2.20	23.81%	1.65	74.78%

分地域来看，如表9-4所示，2015年境外市场毛利率74.78%远高于国内31.45%，这境外2.2亿元收入对应的就是A工程项目。A项目占当期利润总额的47.09%，且毛利率高达74.16%，具有重大性和异常性，Z会计师事务所设计和实施的分析程序不到位，未能对A项目的异常毛利率进行充分核查。审计底稿中仅记录毛利率较高的原因为人工成本低、材料价格下降，没有量化分析人工成本、材料价格对毛利率的具体影响。

2. 未发现应收账款与存货科目的异常

表9-5　2015—2016年部分科目余额及增长率

内容 类别	2016年	2015年	增长率
营业收入（元）	1285284657.39	925635483.47	38.85%
净利润（元）	241037962.50	266190536.94	-9.45%
应收账款（元）	704257022.38	182201245.25	286.53%
存货（元）	985087248.65	563142874.14	74.93%

由表9-5可见，2016年有着很高的存货余额，是98508万元，相比于2015年增长了74.93%；应收账款余额较大，为70425万元，增幅286.535%，而同时营业收入的增幅却仅有38.85%，应收账款与营业收入的增长极不匹配，然而审计人员在年报审计过程中，并没有发现这些数额的特别事项或者金额较大的业务，并未对这些高风险账户科目执行有效的分析性程序，从而导致没有发现其财务造假现象。

表9-6　Q工程公司2016年存货资产项目

项目	期末		期初	
	跌价准备	账面价值（万元）	跌价准备	账面价值（万元）
原材料	0.00	1969.64	0.00	100.67
在产品	0.00	0.00	0.00	0.00
库存商品	0.00	0.00	0.00	0.00
已完工未结算资产	0.00	96539.09	0.00	56213.62
合计	0.00	98508.72	0.00	56314.29

如表9-6所示，在2015年和2016年，Q工程公司的库存几乎全部是“由施工合同形成的已完成未结算的资产”，即项目未交付的资产。库存资产项目明细根本不包括在制品，库存货物和周转材料，这意味着通过A项目虚增的收入很可能藏入了“由建筑合同形成的已完成未结算资产”账户里，也就是说可能存在完工但没有结转固定资产的情况。存货账户存在异常，审计人员并没有执行分析性程序，也就没有发现虚增收入的事实。

在风险评估过程中，应当充分利用分析性程序，通过最基本的报表分析，发现这些异常的风险领域，对其保持高度的职业怀疑，将其认定为重大错报风险领域，在后面的实质性测试中扩大审计范围，将其确定为合理的重要性水平。而Z事务所由于分析性程序缺失，并没有正确把握重大错报风险领域，而导致后面很多无用功。

（三）控制测试设计不严谨，执行流于形式

1. 控制测试程序设计无法达到控制测试目标

审计人员在对Q工程公司与记录A工程项目回款（主要为应收账款）有关业务活动的控制实施控制测试程序时，设定的控制测试目标是检验是否所有记录的应收账款均已发出相应货物或者完成了相应的工程履约进度。正确的控制测试程序应该为：获取货物的出入库单据、运费单据等资料，并在审计底稿中详细记载和保留；获取项目建设进度详情单，实地检查相关项目建设情况并抽样检查成本费用的发生依据，比如材料出库单等。然而，该案例中Z事务所的审计人员设计实施的控制测试程序是抽取凭证，以及在底稿中记录凭证编号等；然后检查发票上是否有相符的印戳，以及是否输入应收账款借方、发票号码等信息。这种控制测试的设计，即便获取了全部的相关信息，也并不能印证货物已出库，以上获取

的信息并不能印证记录的应收账款均已发出相应货物，这种控制测试程序的设计是无法达到控制测试目标的。

审计人员单方面阐述，对出库单据的抽查仅保留在实质性测试的底稿部分。这种审计程序的设计是不符合风险导向审计正常程序的规定的，这与认定控制测试程序无法达到控制测试目标无关。

2. 材料领用单的核查方式流于形式

审计人员在对Q工程公司的销售与回款循环的内部控制实施控制测试程序时，本应及时发现并报告Q工程公司的销售合同部分有编号、部分无编号，即使有编号，编号也不连续的问题，并且指出其为内部控制设计缺陷，在后续的进一步审计过程中，扩大对收入实施进一步审计程序的范围，重点关注此类问题。但是，审计人员在控制测试实施的过程中，虽然已注意到合同编号等问题，但仅从财务人员口头获得一般性解释，并未进一步展开深入审计，也未获得更多直接证据以证明合同编号是正确的，并没有在进一步审计工作中为合同单扩大审查范围，未纳入重点关注领域，这是控制测试程序仅仅流于形式的表现。

A工程项目材料领用以工地确认后的领用单为确认依据，领用单连续编号是体现内部控制有效性的重要方面。但A项目的材料领用单样式不统一，至少有四种制式，且不编号。审计人员在进行销售与回款循环的内部控制测试审计时，未全过程保持职业怀疑态度，对发货单审慎核查，未获取充分、适当的信息与证据，也并未发现以上所说异常情形，导致对A工程出入库管理存在的漏洞未予以充分关注。

然而，Z会计师事务所的审计人员未审慎核查材料领用单的偏离行为，这违反了审计准则第3101号第十三条、第三十四条有关审计程序的规定，这种内部控制测试的程序的执行仅仅流于形式。由于审计人员的疏漏，反而为Q工程公司借助A工程项目虚增收入、肆意流转材料进出口提供了便利。

（四）未审慎核实工程回款的真实性

1. 未发现多个第三方公司大批小额回款

A项目的工程回款是Q工程公司2015年度和2016年度收入的主要来源，2015年9月至2016年3月，Q工程公司称通过中国香港、迪拜、美国、马来西亚等地的16家第三方公司以大批小额的方式取得A项目工程回款合计1528.77万美元

（约1亿元人民币）。经追查资金来源，其中大部分回款来自Q工程公司本身或者其关联方。

审计人员本应将上述交易，认定为符合《中国注册会计师审计准则问题解答第5号——重大非常规交易》中规定的“交易的形式显得过于复杂”“交易价格明显偏离正常市场价格”的情形，认定为重大非常规交易，应该收集和评价审计证据，对重大非常规交易保持职业怀疑，认定其存在收入舞弊风险，从而追加审计程序，例如，扩大审计的范围，对境外的付款公司进行函证等。对于其外汇管制的解释，应联系境外相关政府组织并结合法律文书进行追查。

然而，审计人员未能保持职业怀疑态度，未获取相关证据验证Q工程公司关于外汇管制的说法。对同一海外客户为不同项目回款的异常情况未进一步核实，对海外回款方公司地址在国内这种匪夷所思的事实也没有去追加审计程序，只是简单地听信了Q工程公司的一面之词，就认为其回款没有问题。

审计人员仅获取了Q工程公司提供的一份加盖L工程公司公章的付款方名单，就简单地认定其收入没有问题。没有发现C公司和D公司同时是A项目的客户与付款方，回款方B公司也未出现在Q工程公司提供的付款方名单中。

2. 对境外的函证程序缺乏控制

在应收账款的境外函证控制和回函处理以及对境外银行的函证确认上，事务所的函证程序极不规范。在这次审计中，事务所评估收入项目为一个存在重大错报风险的账户，因此，审计师应谨慎对待境外收入的确认函程序。在没有收到回函的情况下，根据独立审计准则的有关要求，审计师应首先进行进一步的审计程序并调查原因，而不是直接采用替代审计程序。但是，该事务所的实际运作过程并不是这样的，事务所向Q工程公司有关于A工程项目的合作方中的31个客户或供应商发送了询证函，其中11个没有答复，如表9-8所示。

表9-8　境外应收账款实施函证的情况

发函数量	未回函数量	实施进一步审计程序数量	未实施替代程序中虚构收回应收账款的客户数	虚增收入金额
31	11	2	6	13098.76万元

审计师应进一步执行审计程序，核对未答复客户的银行收据、销售发票、运输凭证和其他原始文件，前往银行核实付款人的信息，改善相关审计程序的不可

预测性，避免公司之间的串通；对于答复中的差异，询问被审计单位有关差异的信息及原因，检查相关原始文件以获得支持，并在必要时联系被查询方以进行更详细的说明。

但是，Z会计师事务所的审计师仅对其中的两个未回函的文件执行了进一步的审计程序，并且审计师没有更多地关注其中还存在三个答复金额不同的函件，没有采取更深入的审计程序，并且在执行替代程序时没有保持谨慎的态度，也没有对银行对账单中的销售收入金额展开一一检查。在没有充分执行替代程序和进行现场访问以获取相关证据的情况下，审计人员很容易地就相信了Q工程公司的陈述，这显然不符合审计准则的要求。而事实确实如此，既未收到答复也未执行替代程序的客户中，确实有Q工程公司为虚构应收款而虚构的客户，涉及金额13098.76万元。事务所以境外付款方地理位置不明确，境外函证流转困难等理由，解释其函证失效的事实，但是通过调查，付款方地理信息位置明显，显示清晰，事务所提出的申辩理由与事实不符。此外，事务所听证中提交的关于B公司等四家公司的注册文件仅能证明上述公司在我国香港注册，不能证明事务所对地址信息的异常情况予以充分关注。

此外，在对银行存款账户执行函证程序时，也出现了没有遵守审计准则的情况。境外欠发达国家的银行与企业发生勾结的风险很高，这不包括在“不重大及相关的重大错报风险较小”银行账户中，审计员向巴基斯坦一家商业银行发出信函时未收到答复，这进一步表明存在错误陈述的高风险。但是，该事务所的审计成员认为，该境外银行的来信不便，审计成本过高，并且认为该商业银行的往来不存在审计事项严重错报的风险，因此直接选择不再进一步向该银行发出询证函，也未在工作底稿中就其原因进行说明。结果，审计师没有发现该账户的借方总额为1444万美元，他们也没有认识到Q工程公司伪造境外银行单据并虚假地通过其他公司的资金流转增加成为A项目的应收款的行为。

（五）未对工程物资执行有效的实质性程序

1. 未验证建筑材料出口的真实性

2015年，Q工程公司向海关报关出口了价值2255.57万元的建筑材料，用于A工程项目建设，共计118个标准集装箱。上述报关出口的集装箱中，仅有6个运抵巴基斯坦且收货人为E公司。其余集装箱由Q工程公司通过货运代理公司进口回中国。

事务所应当依据提单而非报关单确认货物发出情况，提单是货物所有权人提货的凭证，能够确认货物的最终走向和权属。对于实践中存在报关单显示的运抵国与实际送达的目的地不一致的情形，应当区分海关的审核责任与事务所的审计责任，即海关对报关单和提单的审核不能代替事务所的独立审核，基于对法律规定的应然状态和海关审核的信赖均不能代替自身独立的审计程序。

然而，在审计Q工程公司向A工程项目出口建筑用材时，审计底稿中仅收集了A项目施工合同、报关单等材料，未获取能显示货物实际运输目的地的货物提单等证据以进一步核实建筑材料出口的真实性。

2. 未进行境外实地勘查确认存货权属

由于2015年底A项目尚未竣工结算，Q工程公司期末将其放置在“存货”科目进行列示。事务所负责审计A工程项目的小组成员张某曾于2015年12月13日赴巴基斯坦实地考察公交站台建设情况，在未能确认走访公交站台确为Q工程公司所建的情况下，张某仍拍摄了照片作为审计证据。对其他建筑材料的监盘也都是远程的，事务所并没有组织人员并且安排一个时间到巴基斯坦境内进行大规模的集中实地监盘，仅仅根据Q工程公司所提供的纸质材料证据进行，这对于审计质量的影响是巨大的。虽然有成本制约，但为了审计的规范，这些问题事务所应该提前就准备好，前期工作做到位，安排相关人员办理护照等手续，安排审查小组去境外进行长期的实地监盘。如果需要仪器设备或者专家的支持也应该提前准备好。Q工程公司称，L工程公司代Q工程公司支付了A项目中S材料公司的材料费用和Al劳务公司的劳务费用，共2494.88万元，并直接从A项目款中扣除。

审计人员未进行充分的境外实地监盘，现场核查程序不到位，未实施有效的审计程序确认存货权属，其行为违反了审计准则有关存货监盘与所有权认定风险的规定。

四、审计中所存风险的原因分析

（一）审计人员风险意识不足的影响

1. 未将风险评估程序放在首要位置

审计准则规定，审计人员应遵循风险导向的审计原则，将风险评估程序作为审计工作的第一步，在风险评估过程中，必须对企业有深入的了解，谨慎地作出决定。但是，本案例中，事务所与Q工程公司是常年合作的关系，面对客户的审计业务委托与行业压力竞争，在开展业务时盲目接受审计业务，甚至忽略客户的风险。在审计工作中，风险评估程序的重要性被忽略，审计人员没有充分关注行业风险和Q工程公司治理结构的舞弊风险，也没有对管理层进行深入的询问和调查，没有找到关键的审计领域。

相关事实表明，公司的管理高于公司的内部控制，不仅出现实际控制人非经营性占用资金的现象，而且出现了伪造内部和外部文件（如银行收据和银行文件）的现象。但是，事务所承接审计业务后，并未将风险评估程序放在首位，没有注意境外工程项目的特殊风险，也没有对公司的治理结构和内部控制有透彻的了解，这些敏感的风险点尚未得到足够的重视，并且对于评估出的收入特别风险也没有实施有效的审计程序或者追加审计程序。①

2. 未对异常的交易保持谨慎与职业怀疑

境外工程审计工作的特殊性以及涉及工程和施工知识的固有局限性，使得从未接触过此类审计的审计师有可能缺乏对审计风险评估的准确性。对于Q工程公司A项目的财务审计，在企业存在种种审计风险后，发现难以获得审计证据以及应收账款和存货账户余额存在较大异常，审计师继续出具无保留的审计意见，可见审计人员未能保持应有的职业谨慎。

在本案例中，审计师没有对审计过程中发现的异常现象给予足够的重视，并且在审计过程中并未始终保持高度警惕以防舞弊。例如，在公司的报表审计中，在会计期间开始时有很多红色的账目被注销，但是面对这些异常情况，审计人员没有足够的专业怀疑来关注它们，未亲自去银行等单位获取凭证与单位提供的原始文件（如银行文件）进行认真的比对验证。

根据调查，Q工程公司在2015年至2016年期间与其全资子公司F公司进行了巨额且不寻常的金融交易。经常发生在同一天从同一账户转出或第二天转入的交易，并且在月底清除了账户余额。在下个月初，上个月的异常将重复出现，该账户在2015年至2016年间有近2000笔转账，金额达1.6亿元人民币。在正常交易过程中这种频繁的支付并不常见，但是审计师对此没有给予足够的重视。后来的调查发现，Q工程公司向F公司支付了高额的采购费用，然后F公司将汇款转给了实际的供应商，供应商购买了F公司的工程材料，并将其计入A项目的材料账户中。就这样实现了自我购买和自我销售，没有真正的出口，并且海关证明也是

① 张星娟．会计师事务所审计质量控制研究[J]. 产业创新研究，2023（10）：171-173.

虚假的。如果审计师保持高度的专业怀疑，亲自去银行或者海关打印资金或者发货的原始凭证，不难发现这些舞弊与隐藏的关联方关系。A项目舞弊风险很高，但事务所没有保持高度的职业怀疑，对被审计实体提供的信息仍然具有高度的信心，没有收集足够客观的证据来支持其审计结果。

（二）事务所跨境审计能力不足

该事务所设计的审计程序只是检查Q工程公司的收入会计凭证，这些审计程序并不能获取完整充分的审计证据，一是审计师胜任能力不足，不能正确评估重大错报风险，专业水平急需提升；二是事务所对审计前期准备不足，人员和资金投入也不够，导致没有获取到充分、适当的审计证据来将风险降低至可接受的低水平。审计证据数量不足，质量再高也不能弥补，况且因为没有充分审查证据来源与真实性，审计证据的质量也远远不足，导致审计中不能发现上面所提到的各种问题，这是审计失败的关键因素。

如果会计师事务所不了解Q工程公司通过境外A工程项目进行的虚增收入的行为，没有串通，那么Q工程公司年报中披露的数据存在很多异常和矛盾，就说明了注册会计师没有勤勉尽责。2015年和2016年，Q工程公司的审计机构均为Z事务所，审计费用分别为66万元和63万元。该事务所没有在巴基斯坦设立分支机构，也没有与其他国际审计组织合作，其跨国审计质量令人担忧，难以保证跨境审计质量是当前国内会计师事务所的普遍缺陷。根据中国证监会的调查，该事务所在整个年度报告审计过程中只派了一位审计师到巴基斯坦核实该项目的真实性，但是审计人员在不确定眼前的工程项目是A项目的情况下，依然拍摄了照片作为审计证据，其他则让Q工程公司提供该项目的施工照片。但是，这些照片是由Q工程公司伪造的。事务所未能按照审计准则的要求设计和执行审计程序，对实地勘察工作敷衍塞责，存在未勤勉尽责情形。虽然审计存在固有限制，缺乏对境外具体项目的核查手段，但是，只要注册会计师提前计划，做好充分的前期准备工作，去境外进行实地走访，付出更多的人力和时间，是完全可以发现其中的问题的，“境外”两字并不是真正的限制，导致审计出现众多问题的根源还是注册会计师对审计投入的时间、人力、资金不足导致的。

（三）签字注册会计师没有深入参与审计全过程

在本案例中，签字注册会计师赵某和李某并没有亲历项目在境外的工程地点去做检查，更没有深入负责审计过程，没有全程参与并监督原始凭证的审查和函证控制等程序，对于风险评估和关键审计事项也只是听其他审计人员的调查配合进行简单形式上的沟通和签字。这样的行为一方面会从专业角度降低审计质量，毕竟其他审计人员的经验不足；另一方面是审计工作的失职，也反映出事务所质量控制得不到位，这种不严谨的态度会影响整个事务所的工作氛围。

A项目审计时间紧迫，有时为了赶进度，对一些小项不上呈给复核部门经理把控质量，直接由项目经理进行一级复核后便出具审计结论。在审计过程中审计人员就算检查出了问题，审计意见出具的相关人员也不能及时予以处理。因为在审计期间项目组成员基本都在外勤，不能当面针对问题进行解释说明而是通过远程委托内勤人员或其他同事的方式进行处理后便出具审计意见。表面上问题是处理好了，但是这些签字注册会计师并不了解审计的全过程，在出具报告上可能会存在偏差。

在审计意见的发表上，签字注册会计师李某迫于内外压力与实际审计结论产生偏差。比如，对于某些重要账项需要管理层进行调整的、在审计过程中发现的并产生重大疑虑的事项必须在审计报告中进行列报及披露。注册会计师在完成审计后，秉承对财务报表使用人负责的理念，发表了带强调事项段的无保留意见的审计报告。然而Q工程公司对这样的审计意见不满意，因为他们的要求是标准无保留意见的审计报告，而Z会计师事务所迫于在激烈的竞争中生存发展的压力最终会同意其客户请求便使审计风险转嫁到事务所和注册会计师的身上，从而为事务所埋下了安全隐患，加大了审计风险。签字注册会计师的失职严重影响了对A项目审计的质量，是这次审计工作失败的主要原因之一。

（四）事务所境外质量控制管理存在缺陷

本案例中Z会计师事务所质量控制不到位，体现为：一是缺乏质量控制体系。没有建立完整的质量控制体系，缺乏质量控制标准。对内部控制审计、舞弊、会计估计审计、重大非常规交易等重要环节的风险评估和应对存在不足。二是专业人员不足。审计人员缺乏经验，对上市公司的行业研究不深；事务所人才流动较快，甚至出现过审计过程中跳槽至上市公司的情况；质量控制复核人员缺乏独立性，导致质量控制体系出现重大问题等。三是流程管控不力。令不行、禁不止，事务所的质量控制制度没有得到有效落实。从承接客户开始，至审计报告报出，作业过程极不规范。例如，重要环节的审批授权制度没有落实，实施计划过于粗放，现场审计缺乏，工作底稿事实不清、证据不足，项目组档案整理不及时等。

对于项目质量复核控制方面，Z会计师事务所对于审计底稿的复核总体上算是把控得较为严格的，Z会计师事务所确实建立了完整的三级复核制度，但是在复核过程中仍存在执行不力的情况，从而给事务所带来审计风险。境外工程项目涉及的审查更为复杂，例如，严格按照国际惯例和东道国的法律法规建立和实施境外项目，但是不同国家的法律和国情有很大不同，企业对人员管理和会计核算的难度也会随之大大增加。另外，境外工程项目通常具有规模大，建设环境复杂，项目建设周期长，资金投入巨大的特点。因此，境外工程项目给事务所的质量控制提出了更高的要求。由于地域限制、审计成本高和情况的复杂性，审计人员很难找到足够和适当的审计证据，而且有些审计程序不通过现场审计很难实施，单单从被审计单位所提供的有限信息中进行审计，不能够获取企业具体施工现场的环节与过程，难以掌握项目建设的材料投入和价款结算等详细信息，这无疑增加了审计的难度和风险。而即使审计人员去了现场，也可能无法保证项目的真实性，之前还出现过一家外国公司租用在建工程以应对审计工作，临时雇用劳工人员来伪造该项目正在建设中的假象，以增加资产的其他案例。

目前从事建筑企业审计工作的基本是国际“四大”和本土“八大”会计师事务所，“四大”通常有很多国外分支机构，全球业务覆盖率较高，有着较好的合作能力，能更好地进行审计证据的收集和实施现场审计。但是对于本土的“八大”事务所来说，如果不能保证境外审计的质量，境外工程项目的事务所审计将成为财务欺诈重灾区。

第三节　完善现代境外工程项目财务审计的建议

一、将审计关口前移

（一）重视风险评估程序，正确识别重大错报风险

第一，要加强风险管理，必须建立风险意识。当前的审计实践存在一个缺陷，那就是强调实质性程序而不是风险评估程序。审计员一到达被审计单位，就会被凭证和账簿包围，他们将团队的大部分时间和精力都花在没有问题的地方，

但是忽略了可能存在重大错报风险的领域。审计人员可以在核实以及可能的后果方面以适当的方式将审核风险控制在可接受的范围内。

第二，充分利用分析性程序。现代风险导向审计的重点是审计前的风险评估，而风险评估主要是通过分析性审查方法进行的，在对境外项目面临的财务、市场、合同、法律和其他风险进行系统评估的基础上，审计师应采用分析性审查方法对财务数据和非财务数据进行分析，挖掘固有的高风险领域，得出风险评估结论，以有效把握审计的重点和方向，提高审计的效率和效果。

第三，除了分析性审查之外，还应做好审前调查和现场审计准备工作。为了形成一个完整而严格的质量控制程序并敦促审计师遵循该程序，我们可以识别、估计、评估和控制审计风险，以确保会计师事务所的质量和声誉。境外工程项目财务审计的重点之一是检查项目启动的决策是否具有充分的可行性论证依据。面对国内建筑企业参与境外项目建设的历史短、经验不足的情况，审计人员应当严格审查与项目批准有关的法律文件，检查施工过程的合法性和合规性。此外，审计师需要确定境外项目的建设是否具有充分的可行性论证。从专业的角度出发，有必要分析被审计单位项目的资金来源是否合法合理，核实资金链的可持续性，了解其管理过程，防止项目资金风险。境外项目的现场审核受官方签证期限的限制，因此有必要对项目进行全面调查制订可行的审计计划，并适当安排审计工作，做好审计前培训。

第四，要明确责任。在专业疏忽的情况下，这需要对客户或第三方承担责任，对于会计师事务所而言，在与客户的聘书中签署责任限制条款非常重要。

（二）强化对跨境工程合同的审查

如果公司未能仔细检查合同条款，则很可能会忽略细节。合同是项目实施的法律依据和保证，直接关系到企业的切身利益。开展境外工程项目的财务审计业务时，审计师应严格审查合同的签订，执行和质量管理情况。合同的内容不仅涉及国家法律问题，还反映了其他有关问题，如双方各自的权益。此外，境外工程项目建设的收益将涉及汇率波动问题，在合同履行过程中，汇率变化可能会导致项目周期、进度和资金投入发生变化。

针对这些问题，审计人员应评估被审计方合同分析的合理性，了解合同问题的处理方式，提高对合同细节的掌握程度，筛选合同的真实性和可靠性。审计人员必须阅读项目的各种合同，承包商与业主签订的主要合同是境外项目实施的总体计划，也是项目所有运营和管理活动的来源。实际上，由于工程合同大多篇幅长，有些审计人员不喜欢彻底阅读合同，主要是因为合同篇幅长，内容很多，而且大多是外语，所有信息都来自被审计单位，因此很难找到可靠的外部信息以进行交叉验证。

对于这些问题，应当评估被审计单位合同分析的合理性，了解其处理合同问题的方式，评价其合理性，甄别合同的真实性与可靠性。对于合同的真实性和项目的存在，审计人员很难独自判断时，可以寻求律师事务所或其他机构等其他专家的帮助，还可以利用其他信用调查机构、境外大使馆的信息等，以确认合同的真实性，提高对该合同细节的掌握程度，这将有助于提高审计证据的可信度和审计质量。

二、提高境外审计证据质量

（一）严格判断境外原始凭证的可靠性与真实性

要充分与被审计单位管理层进行沟通，对于境外工程项目，审计组应当进驻境外工程施工现场，并且召开座谈会。进驻现场后，审计组先不要急于开展工作，先要召开由审计组全员参加的座谈会，座谈时间不少于一个工作日，最好采取自由开放形式，使座谈会在轻松氛围中进行。其间安排关键岗位人员介绍各岗位管理情况，审计人员作好记录。根据座谈期间了解的新情况，及时调整审计思路和审计方向乃至审计重点。

成功的座谈会能为后续的审计工作打下基础，提高后期获取的审计证据的可靠性，并且加强审计人员对项目建设流程关键环节的把握，对采购合同、材料投入、价款结算等环节有更深的理解，提高对原始凭证真伪的鉴别能力。

充分利用被审计单位内审部门的信息，例如，物质材料的监控信息，查阅审计资料并结合审计访谈。严格控制获取的财务账簿、会议纪要、业务台账等资料的可靠性与真实性。

必要时，还可以走访分包商和供应商，拓宽信息收集渠道，获取更多的外部证据、书面证据，以提高原始凭证的可靠性与真实性。可以查询相关文件，包括采购计划和采购部门的采购清单，进出库的详细信息，生产车间的生产计划，设备维护清单和技术部门的专利证书，销售清单和市场销售部门的研究报告。

加强境外实地走访。更直观地了解工程项目的实际施工情况，检查现场材料、设备是否真实存在，询问非财务人员、施工人员以及境外管理人员相关信息，对凭证和询问笔录进行综合比较分析，获取更全面、准确的原始信息。

（二）规范境外函证程序

首先，正确选择函证的对象。在发出询问信之前，注册会计师必须考虑选择的被询证者是否合适，包括对方是否充分了解交易信息，是否具有客观性以及是否有权回复函证。加强对境外银行函证的监控程序，确保只有经授权的银行高管才能对发送的询证函做出回应。

其次，要提高注册会计师风险意识，严格控制函证实施过程。制作询证函时，应严格控制，在选择询问函对象时要保持独立性，不受被审计方的影响；在要填写的内容方面，审计人员必须仔细检查信函中所列的账户余额等信息是否与被审计方提供的信息相符，完成独立的填写工作，并防止被审计方变更询证函的内容；严格控制询证函的发送和接收，审计人员应直接发送确认函，会计师事务所必须收到答复，被审计单位不得收发；审计人员应记录接收和发送的过程，并将其反映在审计工作底稿中，保留相关的审核证据，包括已发送的确认函和收据的编号、回信等。

最后，要控制函证成本。选择境外函证程序时，注册会计师不应因为跨境工作费用高昂而放弃该程序，应该合理地计划审计成本，并选择最佳的审计程序组合。如果在发送询问函后的一定时间内未收到答复，并且注册会计师无法判断函件的内容是否与实际情况相符，导致没有获得必要的审计证据，那么审计人员必须执行替代审计程序。审计人员在执行替代程序时，应以检查各个时期每笔入账的成本与收入的真实性为起点，是否真实发生，检查其内部控制的执行情况，除了要验证当期记录的账簿金额是否真实准确外，还要能够为不同账户和交易采取不同的替代审计程序。

在上述案例中，审计人员应首先弄清第三方与Q工程公司的关系，以确保所有第三方信件都是独立客观的，不受被审计单位意见影响。信件信息应准确，尤其是待确认单位的地址大多数客户都在海外，应更加注意被审计单位提供的地址的准确性。最好能够从诸如增值税发票和贸易合同之类的官方文件中获得信函对象的确切全名和地址。此外，审计师应在寄出的信函中准备信封，注明本事务所的名称和地址，并明确要求信函的目的将答复寄给注册会计师，以防止答复被寄出给受函证方，并且不受被审计单位的控制。最重要的一点是，审计人员应直接负责信件的分发和答复的收集，而被审核方的工作人员不得转让，与信函有关的所有事项均应在审计底稿中得到充分说明，并应总结信函的结果。由于境外客户的特殊性，答复的结果可能并不理想，注册会计师应当根据实际情况执行相应的替代程序，例如，检查销售合同、销售订单、销售发票、货物出库手续、货物运输凭证、买方的收货确认记录以及检查期后收款，验证这些应收款的真实性。

（三）严格鉴别跨境物流真伪

境外工程项目最难伪造和最难审计的部分都是物流部分。造成这种困难的主要原因是物流成本太高和运输不方便，会留下痕迹，绝对经不起审计人员的实地盘点。

99.99%的公司都不能达到完美的物流伪造最高水平。Q工程公司为实现这一目标付出了“巨大的努力”，为了使虚拟工程材料更真实地流动，Q工程公司确实出口了一批建筑材料，Q工程公司声称这些建筑材料用于项目A的建设，但实际上并没有交付给巴基斯坦，而是交付给了中国香港。建筑材料到达中国香港后，Q工程公司又通过第三方公司进口了这些材料，这样，给人一种错误的印象，即海外项目正在建设中，审计师真的被蒙住了双眼，因为他只看到物流的表象。

伪造的物流一般都具有线路固定的特征，这样造假成本低，方便操作。审计师正可以抓住这一点，调查工程物资的供货商，从物资流转起点开始调查，除了要求其出示采购合同、发运凭证、海关报关出口凭证等，还应当检查境外工程明细账与工程施工材料费用的领用单，同时保持职业怀疑，对物流单据、合同进行真伪鉴别，检查其是否存在从边境点变换“马甲”转一圈之后又回到了起点的现象。另外，应当关注金额的准确性，在物流真实的基础上，检查其是否存在通过伪造单据把物流规模做大，物流与合同金额不符的情况，例如，合同记载10吨，会计记录却为30吨，这与物流公司的合同就不符，审计人员应当进行审计抽样，与物流公司进行金额和数量的核对。

三、重视分析性程序

（一）分析性程序用于风险评估

注册会计师不仅要分析被审计单位财务报表中的信息，而且需要通过重新计算等方式确定财务报表的真实性。同时，注册会计师还应当运用自己的专业判断，对被审计单位财务报表中相应的财务指标进行分析，并综合考虑和比较这些财务数据和指标，例如，可以与被审计单位进行纵向比较、与前一年同行业其他公司的整体水平进行横向比较。注册会计师应当在审计风险评估时就充分利用分析性程序，以发现报表财务数据的异常，目的是在风险评估程序时正确识别重大错报风险领域，合理分配重要性水平。这就要求导致财务数据异常的情况可以清楚地显示出来，因此注册会计师可以发现这些财务数据中隐藏的问题。[①]

审计人员如果对Q工程公司财务数据进行深入分析，是可以发现端倪的。毛利率可以用作测试公司运营稳定性，一家经营稳定、利润丰厚、发展健康的公司，主营业务通常相对稳定，毛利率短期内不会发生太大波动。如果出现跌宕起伏的情形，出现问题的概率就相对较高。如果重视分析程序，与建筑同行业进行比较分析，就可以发现问题。对比Q工程公司与建筑同行业的森特股份、江河创建几家公司以及行业平均2013—2016年的毛利率，发现通过A工程项目，Q工程公司当期实现收入2.01亿元，受汇率影响较高、当地技术程度较低等原因，审计人员只要重视分析性程序，进行同行业对比分析，可以发现，其他优秀的上市公司年度毛利率变化在5%以内，而Q工程公司在2015年的这种明显异常是非常能说明问题的，因为没有正常的因素会导致Q工程公司在2015年的毛利率大幅增加。

A工程项目的毛利率明显高于同行业的毛利率，长期以来几乎是行业平均水平的两倍，与国际技术创新水平相比，Q工程公司的技术水平还没有达到国际领先水平，结合以上分析，可以证明Q工程公司虚假的高毛利率是由于境外A项目的虚构建造造成的。

（二）分析性程序用于发现隐藏的关联方

使用分析程序可以发现财务报表中的异常交易和异常事件，这对于注册会计师和项目团队成员寻找新的业务很有帮助。这样我们可以集中精力并审计这些异常交易和事件，由于被审计单位经常故意隐瞒关联方及其交易，因此，这在一定程度上有助于识别和发现关联方关系和交易。在审计工作中，必须在整个审计过程中执行分析程序，并且必须始终谨慎对待异常数据和异常交易，异常数据的会计主体是关联交易审计的高风险领域，必须引起重视。如果交易不符合正常的会

① 陈非羽.分析性程序准则在注册会计师审计中的应用研究：以WG公司的审计为例[D].西南政法大学，2017：14-20.

计处理，则注册会计师和项目团队成员应使用专业判断来确定是否存在关联方关系和关联方交易，注意并分析这些异常数据的成因，以发现这些异常数据背后隐藏的问题，有助于发现被审计方隐藏的关联方关系和关联交易。这就要求注册会计师必须始终了解并关注被审计单位的财务信息和非财务信息，并结合两者进行比较分析，获取相关的审计线索，降低关联交易的审计风险。在寻找关联方时，审计经验总结了一些常规方法，例如，查看重要的会议记录，浏览前几年的审计工作文件以及询问直接参与交易的基层员工。

信息公开系统也可以用于查询相关信息。随着企业注册信息查询系统的逐步完善，借助该系统，查询企业法人代表的兼职信息，最初可能会怀疑具有兼职法律代表或亲属的任何公司为关联公司；可以查询供应商和客户的信息，将供应商和客户的名称输入系统后，可以详细查看和分析它们。

追查存在大额资金收付关系的个人。由于业务性质的关系，建筑企业的上下游合作方有很多工程物资供应商和建筑承包商。这些企业有的确实与被审计单位有真实业务往来，有些则专为造假而生，如本案例中的供应商香港西本、香港商宁。香港西本作为2015年A工程项目的第一大供应商，累计实现物资流转数额高达8747万元，然而这家公司在Q工程公司被查处后却神秘消失了。审计人员应当关注预付款项，是否存在先付款，又以销售回款的名义回到了第三方账上的现象，详细检查物资流转，由于是在境外的流转，与关联方的交易操纵起来灵活方便，应当将大额的现金交易作为存在重大错报风险的认定。

四、加强事务所的境外质量控制管理

（一）制定全面质量控制制度

制度建设是任何企业管理工作的基础，事务所也不例外，尤其是对境外项目的质量控制。事务所要建立符合自己特点的质量控制文化，每年对质量控制体系进行评价、修订和改进，提高体系的针对性和可操作性。根据有关法律、法规和规章的要求，可以建立项目质量控制的评审制，选择与审计项目无关的其他项目组的审核员，在出具正式审计意见前，考虑到上市公司的实际情况以及审计准则的要求，对项目组作出重大判断和编制审计意见得出的结论再进行客观评价，包括项目组对审计工程项目的内部控制、期初余额、舞弊等审计重点事项实施有针对性的审计程序，对以往年度审计意见中的关键问题进行评价，确定该行为对本财务报表重大错报风险的影响。工程质量控制评审应依据法律法规，本着实事求是、客观公正的原则，以提高工程质量，降低企业的审计风险。

提高事务所对质量控制的整体监控能力。事务所应持续考虑和评价质量控制体系，对所有实施的审计项目进行抽查，每年对每个项目合伙人至少一个项目进行抽查，并要求项目合作伙伴对质量责任事故负责。为了确保事务所里的全员都能树立质量控制理念，近些年监管部门也对上市公司财务报表的审计质量提出了更高的期望和要求。只有建立一支业务能力突出的团队，提供优质的服务，才能提高事务所的声誉，赢得被审计单位的信任，合作更多的客户，获得更长远的发展机会。要采取最简单且最有效的方法，例如，可以组织审计全员定期组团参与培训和对外学习，甚至可以将章程印发成手册发放给员工，也可以采取奖励制度，鼓励员工的相互监督。

项目合伙人要承担对境外工程项目审计工作质量控制的最终责任。事务所在选择项目合伙人时，尤其针对境外具有重大影响的工程，要严格考虑合伙人的职业道德、专业能力和工作经验的要求。项目组其他成员对自己的审计工作直接负责，质量控制复核员负责质量控制的监督工作，应明确其资格，包括但不限于技术能力。必要的经验和权限，也要满足独立性的要求，在此期间不得以任何方式参与相关项目。

（二）严格执行质量控制流程

1. 细心制订质量控制计划

计划工作是审计质量控制的起点。必须反复强调计划的重要性，没有计划就没有办法纠正审计过程中的错误。首先，项目组应制订审计项目实施计划。内容主要包括但不限于审计项目的名称、实施方式、审计目标、审计范围、时间和人员配备，对于复杂的大型项目，还应制定具体的操作指南，确定现场审核的关键点，并将其传达给审计小组的每个成员。其次，在项目审计过程中，不断根据收集到的信息，重新审视计划是否需要调整。调整需要是动态的，一方面体现在随时按照进程进行灵活调整；另一方面体现在调整也是增量的变动调整，而对于仍有作用的部分，要做到充分保留。

2. 精心组织现场审计

项目合伙人必须协调审计团队各成员之间的关系，确保审计重点不重复、不遗漏。可以通过定期组织审计项目调度会的方式，与审计人员充分沟通，深入分析审计问题，确保审计调查深入、细致、彻底，确保审计项目不偏离方向。要监督并确保现场审计程序和审计方式的合法合规，每日跟进审计项目进度，及时汇总现场审计发现的新问题、新情况，合理调配审计人员，确保能按照时限要求完成各项审计程序。质量控制复核员除了监督，还要直接参与复核，尤其是要协助和指导审计人员对复杂问题进行审计调查，并负责审核组发现的所有问题。在遇到双重验证的审计问题时，原则上由小组组长和审核员共同参与。

3. 工作底稿分级复核

审计工作底稿是实施质量控制的基础，虽然有些事项不用在最终的审计报告中披露，但一定要在审计工作底稿中留痕，才能在事后进行分析与评价，因此必须实行对工作底稿进行分级复核。审计组至少要实施二级复核，由项目合伙人、小组长对审计人员工作底稿提出复核意见。审计人员应根据复核意见修改工作底稿，对证据不足的审计事项应该扩大审计范围，执行进一步审计程序，进行补充查证。工作底稿经项目合伙人及小组长复核后，才能与审计对象沟通确认，沟通确认后要求被审计单位进行相关修改，并在工作底稿中记录过程。

4. 及时总结项目经验

为不断提高审计工作质量，应当在审计项目完成后的注册会计师发表审计意见后一个月内组织召开审计项目总结会议。项目总结会议的重点是分析审计目标和项目实施过程控制，以便项目小组的审计人员总结经验和不足之处，并为今后的项目开发提供指导。同时，项目合伙人应指出各审计人员工作中存在的问题和不足，并提出具体的改进要求。会议结束时，应及时组织信息归档、审计项目和人员评估，以更好地激励和约束审计人员。

（三）提升审计人员跨境审计能力

境外工程项目所处的境外环境通常政局不稳定，经济不发达，审计环境具有复杂性，这使得注册会计师在审计过程中能获得的信息的准确性和可靠性急剧下降，因此，建立更专业的审计团队是当下十分重要的工作。

1. 提升理论知识

境外工程审计要求审计师具有更高的整体素质，在专业技能方面，除了基本的审计程序，还应该增强对商业合同的熟悉度，具有相应的工程项目建设方面的业务知识，提高对国外法律、国际外汇管理，外国语言和国际文化的了解水平。从事务所管理角度看，事务所能做的除了聘请具有专业学术背景、有充足工作经验和综合能力的专职注册会计师之外，还可以聘请熟悉海外业务流程、法律知识并符合事务所长期境外审计规划的建筑专家、法律顾问等，甚至可以建立审计专家库。此外，事务所应注意加强对注册会计师的继续教育，学习建筑行业结构、关键审计领域等审计专业技能，同时也学习海外法律法规、人文风俗和国际惯例等实践知识，以提高其综合素质。

总的来说，审计人员工作时间越长，对问题的处理方式就越保守，其思维越跟不上时代的发展。而且分析不够全面，很容易将保守落后的思想应用到实际审计工作中，无法分析和解决实际问题。因此，作为审计人员，要与时俱进，不断学习新思想、新知识，努力培养先进的现代审计意识，提高分析、判断和处理审计工作的能力，掌握先进的审计理论知识和专业技能。对于工程造价，审计人员还需要学习使用各种计价计算软件，了解相关知识，提高自身处理问题的能力。此外，审计人员还可以拓宽专业范围，积极参加审计人员、造价工程师等相关专业资格考试，还可以带领各地审计人员共同提高专业技能，营造良好的学习氛围。

2. 加强培训学习

对于新入职的审计人员，企业应加强岗前培训和教育，结合国家政策、法律法规和事务所发展，制订全面、系统的教育培训方案，举办一批示范性培训班，确保审计人员掌握和熟练运用审计工作的各项理论知识，注重发展审计人员的思想水平、职业道德和协调沟通能力。加强思想道德、法律法规、沟通等方面的培训，例如，可以与高校合作办学，这样不仅成本低，而且培训效果好。

可以定期召开审计工作例会，如周例会、月例会，组织审计人员对这一期间的工作进行总结和评价，以及审计组成员之间的交流、相互学习，拓宽审计思路和视野，同时还能对优秀审计人员的成功审计经历进行总结，提炼审计方法，促使整个审计团队的进步和发展。

不断拓宽培训渠道，建立内部培训平台，收集员工培训需求，制订年度培训计划。例如，有些事务所采取“走出去，请进来”的方式，加强同行交流和学习。加大继续教育奖励力度，逐年增加培训预算。鼓励职工参加CMA、ACCA、CPA等各类职业资格考试和会计、审计等职称考试。

3. 加强职业道德建设

除了专业审计能力，加强注册会计师职业道德教育也十分重要。获得CPA证书拥有独立审计资格的注册会计师，作为境外工程项目审计的负责人，除了要具备专业的审计技能之外，遵守职业道德也对境外工程项目的审计效果至关重要，在未来，这种整体道德素质的提高对创建国际工程项目建设和跨境合作审计具有重要影响，可以为中国证券市场的整体氛围创造良好的环境，为广大会计师树立榜样，确保会计师能够遵守会计职业道德。①

应在会计师事务所内部注重营造良好的诚信氛围。事务所应当大力促进会计师的诚信建设，选择典型的诚信案例进行宣传教育，定期向审计人员报告境外工程项目的各国优秀的审计经验，介绍失败案例。还可以采取绩效标准与奖惩措施，通过这些方法营造良好的诚信氛围，提高会计师的职业道德。

① 李会楠，潘玉立．新体制下审计人员职业道德建设[J]．当代会计，2019（01）：81-82.

结束语

我国市场经济已经进入新时代的深入发展阶段，各种资源要素已经遵循市场经济原则进行了较为恰当的配置。工程项目的高效、精准实施就是在这样的时代背景下得以实现的。毕竟，完善的市场经济体制能够将工程项目所需要的各大要素从世界范围内整合进来，依靠必要的人力、管理和物料资源，实现工程项目的竣工以及良好的运行，最终给企业，也给社会大众带来令人满意的服务，以及丰硕的经济价值。

其中，工程企业内外的风险管理，特别是对财务风险的有效管控和审计是重中之重。一方面，工程企业要从自身出发，展开内部的财务制度建设、财务人力资源的培训等，只有做好企业在财务风险管理与审计方面的扎实内功，才能在发挥企业最大潜能的同时，实现对项目与企业的良好管理。另一方面，工程企业还要积极利用外部力量做好财务风险管控与审计方面的工作，这不仅体现在工程企业对会计师事务所乃至其他第三方机构的利用，还体现在对高校乃至研究机构等智力资源的积极利用上。

在我国社会主义市场经济深入建构的过程中，作为重要经济单位的工程企业既要积极利用法律、财务政策等塑造自身的经济法人角色，又要以自身的工程实践主动融入这场伟大的经济与社会变革，以创新的思维确立自己的经济法人地位，为我国的经济建设贡献应有的力量。

参考文献

[1] 覃春平，王玉秋.企业财务风险管理[M]．北京：人民邮电出版社，2022.

[2] 刘锋.战略财务与风险管控[M]．上海：上海交通大学出版社，2022.

[3] 卢惠贞.新时代背景下财务管理与风险控制研究[M]．哈尔滨：东北林业大学出版社，2022.

[4] 张奥.高管警觉性与企业财务绩效[M]．北京：社会科学文献出版社，2022.

[5] 李宏伟，吴静，王琳编.企业财务管理与风险控制[M]．西安：西安出版社，2021.

[6] 黎东升.工程项目投资决策的财务评价与风险分析[J].农业系统科学与综合研究，1997（02）：106-108.

[7] 王振强，钟登华.工程项目财务风险分析方法及在大型水电站项目中的应用研究[J].水力发电学报，2004（05）：10-14.

[8] 陈媛媛.关于施工企业境外项目投标过程中财务风险防范的探讨[J].现代经济信息，2010（24）：149-150.

[9] 王利坤.施工企业财务风险的管理[J].辽宁经济，2007（08）：105.

[10] 褚一伟.工程项目目标成本管理与财务风险控制[J].合作经济与科技，2007（17）：92-93.

[11] 王彩玲.加强施工成本控制与财务风险管理[J].商情（财经研究），2008（01）：23.

[12] 钱丹第.国际工程项目财务风险防范措施探讨[J].会计师，2009（07）：63-64.

[13] 陈卓.试论加强境外工程项目财务管理应重视的主要问题[J].中国城市经济，2011（01）：6.

[14] 左勇，毛伟.探析财务管控在工程项目风险管理中的运用[J].财会学习，2011（05）：69-70.

[15] 李松涛.电力企业海外工程项目财务风险及对策[J].国际经济合作，2011（09）：55-57.

[16] 李永杰.试论施工企业海外项目财务风险与防范[J].行政事业资产与财务，

2012（08）：61–62.

[17] 柴洪，马竹书.基于蒙特卡罗模拟法的工程项目财务风险评估[J].项目管理技术，2012，10（11）：79–82.

[18] 马琳麟.建筑工程中财务管理的风险规避措施[J].化工管理，2013（12）：17.

[19] 刘青伟.海外EPC工程项目的财务风险管理[J].现代经济信息，2013（22）：319，324.

[20] 王颖.大型国际工程项目财务风险控制优化模型研究[J].新会计，2013（12）：9–11.

[21] 刘峰.海外工程承包项目的财务风险控制[J].财经界，2014（17）：208–209.

[22] 崔志强，叶明.试论施工企业工程项目财务管理能力的提升[J].会计之友，2014（30）：34–36.

[23] 池洋.工程项目目标成本管理与财务风险控制[J].科技与企业，2015（01）：3.

[24] 王颖，马亮，白居，等.基于神经网络的大型国际工程财务风险控制评价[J].同济大学学报（自然科学版），2015，43（07）：1104–1110.

[25] 徐刚.基于PPP模式的BOT项目财务风险分析及防范[J].公路交通科技，2015，32（09）：150–153，158.

[26] 李丽，丰景春，张可，等.国际工程PPP项目财务风险治理策略组合优化研究[J].工程管理学报，2016，30（05）：60–65.

[27] 董玲.成本控制视角下通信工程项目实施全过程财务风险管理[J].行政事业资产与财务，2016（30）：79，55.

[28] 雷波.电力工程项目财务风险管理及控制措施研究[J].现代经济信息，2016（23）：263.

[29] 廖锦平.基于PPP模式实施水利工程项目财务风险管控研究[J].中国集体经济，2019（26）：131–132.

[30] 李青.电力工程项目财务风险的管控策略分析[J].纳税，2019，13（32）：94，96.

[31] 张琳.工程项目目标成本管理与财务风险控制问题的分析[J].绿色环保建材，2019（11）：226.

[32] 赵其参.基于财务管理信息化的工程项目风险管控策略研究[J].企业改革与管理，2019（23）：167，191.

[33] 姜涛.加强财务管理信息化，推进工程项目风险管控[J].财会学习，2020（06）：19–21.

[34] 祝军.探析建筑工程项目财务管理风险及其规避措施[J].财会学习，2020（07）：57，59.

[35] 舒涛.海外油气EPC工程项目财务管理中的风险及风险防控[J].商讯，2020（10）：36–37.

[36] 刘克文，叶佩兵.工程项目竣工财务决算审计要点[J].中国农业会计，2020（04）：14–15.

[37] 崔旭峰.建筑施工企业财务管理风险及审计对策思考[J].中小企业管理与科技（下旬刊），2021（04）：88–89.

[38] 黄燕.铁路建设项目投资控制审计研究[J].审计与理财，2023（03）：55–57.

[39] 卢杰.建筑工程项目施工过程中的财务管理风险研究[J].纳税，2023，17（04）：91–93.

[40] 黄琪.工程财务管理实践与风险防控分析[J].投资与创业，2023，34（03）：47–49.

[41] 唐珂.公路养护工程项目施工中的财务风险管理[J].纳税，2023，17（19）：103–105.